燕京研究院

燕京學報

新二十五期

北京大學出版社

二〇〇八年十一月・北京

圖書在版編目(CIP)數據

燕京學報·新25期/侯仁之主編.—北京:北京大學出版社,2008.11

ISBN 978-7-301-14181-6

Ⅰ.燕… Ⅱ.侯… Ⅲ.漢學-中國-叢刊 Ⅳ.K207.8-55

中國版本圖書館CIP數據核字(2008)第128184號

書　　名:燕京學報　新二十五期

著作責任者:燕京研究院　編

責 任 編 輯:王春茂

標 準 書 號:ISBN 978-7-301-14181-6/K·0543

出 版 發 行:北京大學出版社

地　　址:北京市海淀區成府路205號　100871

網　　址:http://www.pup.cn　電子郵箱:pkuwsz@yahoo.com.cn

電　　話:郵購部62752015　發行部62750672

出版部62754962　編輯部62752022

印　刷　者:北京大學印刷廠

經　銷　者:新華書店

787毫米×1092毫米　16開本　18.25印張　288千字

2008年11月第1版　2008年11月第1次印刷

定　　價:39.50圓

本學報出版承美國哈佛燕京學社資助。

The publication of this Journal has been financially assisted by the Harvard-Yenching Institute.

目録

Contents

論《學衡》

丁偉志

摘　要

《學衡》雜志，創刊於1922年，吴宓主編。刊物辦到1933年，一共出了79期。

《學衡》從問世起，就旗幟鮮明地反對陳獨秀、胡適等倡導的新文化運動，尤其是發表了大量文章批駁"文學革命論"。他們提出的文學觀，最主要的論點一是力主文學無新舊之分，二是力主文學無貴族平民之分。

《學衡》派所説"文學無新舊之分"，是在充分肯定傳統文學的成就，維護其具有普世價值，不贊成對它實行"棄舊圖新"式的革命。這種看似偏執的議論，並不好歸結爲守舊的"是古非今"。其立論的理由，包含着許多值得深入探索的文學觀念，諸如文學雖有流變，但是能否簡單地"以新舊定優劣"？文學雖有流變，但古今文學是否存在着共通之處？"新文學"雖日生，"舊文學"是否就已死？文學演變中的模仿與創造、承襲與更新，究竟是怎樣的關係？

《學衡》派强調，正如不可借口古典文學是"陳舊的"而宣判它死刑一樣，也不能將古典文學定性爲"貴族的"而主張把它一概"推倒"。他們反對以"階級"標準將固有文學强行切割爲性質截然相反的"貴族文學"與"平民文學"；也反對將所認定的"貴族文學"，一概判定爲不具有任何值得繼承的價值。

《學衡》派毫不含糊地論證了作爲人類文化重要組成部分的文學所具有的不可割斷的傳承性能，從而彌補和矯正了“文學革命論”“推倒舊文學”主張在立論上的偏差。不過他們又陷入了另一種偏差：隻字不肯提及在新的時代條件下固有文學有無“推陳出新”的必要。如果説“文學革命論”在如何對待古典文學上犯有虚無主義的錯誤，那麽《學衡》派則在如何對待古典文學上則犯有諱疾忌醫的毛病。兩種相反的文學觀，事實上是相反相成，互相在補正着。只不過《學衡》派的文學觀所包含的合理性，在當時並未獲得廣泛認可，而是在以後的新文學的實踐過程中事實上被接納的。新文學的後繼者們逐漸拋棄了“推倒舊文學”的觀念，將對待古典文學的態度調整到尊重、愛護、整理、分析、積極繼承的軌道上來。

《學衡》派反對“文學革命”，但並非主張排斥一切外來文化的“死守舊章”。他們是在提倡另外建立一套與“新文化運動”不同的“新文化觀”。他們明確認定，中國應當以開放的態度汲納西方文明的成果，建設融合中西文明精華的新文化。所以，理應承認《學衡》派事實上是20世紀前期中國新文化營壘中的一翼。當然，與《新青年》派提倡的以“破舊立新”爲基調的新文化主張不同，《學衡》派提倡的是以“承舊立新”爲基調的新文化主張。

值得重視的是，《學衡》派提出了一套系統的文化理論。他們依據的是美國白璧德（L. Babbitt）的新人文主義。白璧德認定，歐洲文化的精華是古代的希臘羅馬的文化以及基督教的教義，而認爲培根、盧梭爲代表的歐洲晚近文化，則是丢棄了宗教、道德和人文精神，只知道注重功利、注重科學、注重知識的“卑下一派”。據此，《學衡》派認定，胡適、陳獨秀倡導的新文化運動，錯就錯在把“西方晚近一派之思想”當成了“西方文化之全體”，把培根、盧梭鼓吹的“物質科學”之糟粕當成了西方文化的精華。

新人文主義的文化觀，堅決反對“文化進化論”，認定只有古典的文化精華才是永恒的範式。他們所説的將中西兩大文明的熔鑄與融合以建立一種新文化，乃是指將東方古典的儒學、佛教與西方古典的希臘哲理文章、基督教義結合在一起。至於後來的東西方的文明成果，則被他們一概排斥在視野之外。

新人文主義的文化觀，堅決反對“平民主義”的文化主張，竭力推崇高雅的“精英文化”。他們把平民大衆，一概看作是與文化無關、不應予以牽就的愚氓。

新人文主義反對以培根爲代表的“自然主義”，是他們與《新青年》派在“科學觀”上的分水嶺；新人文主義反對以盧梭爲代表的“平民主義”，是他們與《新青年》派在“民主觀”上的分水嶺。拒不承認人類文化事業進步的總趨勢，拒不承認新時代賦予文化的新使命，竭力抵制文化日益成爲平民大衆事業的時代潮流，這正是新人文主義文化觀的致命傷。

然而，不能不看到，新人文主義對於古典的高雅的精英文化的厚愛固屬偏執，但在文化思想史上突出精英文化的地位與價值，畢竟具有重要的理論意義。在人類文化發展史上，高深的精英文化歷來是文明發展水平所達到的高度的一項主要標志。決不能把精英文化誤認爲是與文化發展方向背道而馳的、脱離群衆的貨色。否定了精英文化，就等於否定了文化發展的生長點。堅持認定並反復論證，無論東方還是西方，高層次的精英文化具有不可磨滅的普世價值，正是《學衡》派的新文化論對中國現代新文化建設做出的重要的理論貢獻。

《學衡》，作爲新文化運動的旗幟鮮明的對立面，從創刊起便受到進步思想界的排斥。遭到魯迅辛辣的“估”過之後，《學衡》派更是倍受冷落。不過，《學衡》的同仁們倒還很有韌勁兒，硬是把刊物從1922年辦到1933年，出了79期，並且始終如一地堅持了他們的文化信念。

《學衡》雖然在幾十年間屢被作爲反對新文化運動的反面教員拿來示衆，但是幸虧《學衡》的基本成員多是學界中人，於政治瓜葛不多，所以共和國建立以來的歷次政治思想運動中該派並未被列爲重點打擊的首惡；其重要成員吴宓、胡先驌、柳詒徵等在各自學術領域裏的成就，也還得到認可；對《學衡》頗具同情的王國維、陳寅恪，更是長期被學界公認爲大師。當然，在主流的中國近代文化思想史著述中，《學衡》派是逆潮流而動“反動思潮”的

"鐵案"，確實是長期未動。直到20世紀80年代的思想解放運動高潮中，這"鐵案"才漸漸鬆動。《學衡》派文化觀的性質、價值與得失，才逐步得到比較冷静、比較公允的"重估"。1995年，湯一介教授主編的《二十世紀中國文化論著輯要叢書》出版，其中即輯有孫尚揚、郭蘭芳編輯的《學衡》派文化論著輯要：《國故新知論》。由於這本資料書幾乎將《學衡》派的主要代表作都輯録在册，所以它的出版爲研究《學衡》派文化思想提供了很大的方便。仔細閱讀所收篇章，讓人深深感到《學衡》派在中國近代文化思想史上，並非一個業已消逝的微不足道的流派；事實上它所提出的許多重要文化思想命題，至今仍具有值得認真探討的發人深省的重要價值。

謹就思慮所及，説説我對《學衡》派文化思想中相互聯繫着的兩個問題的初步想法。這兩個問題，一是關於《學衡》派對"文學革命"所作的尖鋭抨擊的是與非，二是關於《學衡》派建立的獨特的新文化觀的得失。

《學衡》派對"文學革命"所作抨擊的是與非

要對《學衡》派與新文化運動間的分歧作出較爲得體的評估，不得不首先要簡略分析一下他們之間發生分歧的時代文化背景。

新文化運動，雖然約定俗成以"五四"命名，但是實際上它是一個文化時期，也可以説它是一個有獨特的時代色彩的文化潮。這一文化潮，約略從1915年《青年雜誌》創刊算起，到南京政府"一統天下"爲止，大致也有十好幾年。當然，在30年代，還有這一文化潮的流風遺韵在一些大都市裏或多或少、或强或弱地延續着。

這一文化潮的特色是什麽？它在中國文化史上的特殊貢獻是什麽？概括説來，無非兩條：一是實現了中國文化史上一次劃時代的革新；二是體現了各種文化見解、各種文化流派間的真正的"百家争鳴"——足以和春秋戰國時期諸子百家蜂起前後映輝的"百家争鳴"。

應當説，這場新文化運動之所以能够取得劃時代的成功，之所以成爲不可抗拒的時代思潮，恰恰是由於它是通過平等的"百家争鳴"自由進行的，而不是服從於某種强權的指令。後來的有些研究"五四"新文化運動的人，往往受制於“對壘着的兩個陣營”的簡單分類模式，在肯定新文化運動業績的同時，便把對新文化運動持有這樣那樣不同意見者，一概歸結到保守的、守舊的、復古的，甚至反動的營壘中去，説他們是舊文化的代言人。其實，這是極不確切的分類，它扭曲了實情。實際上當年對新文化運動持有各種不同意見的人，他們的文化見解是有着很大差異的。況且，自從新文化運動興起以來，陸續出面與《新青年》派展開論争的主要代表人物，如杜亞泉、章士釗、梁漱溟，乃至林琴南等等，都已大不同於前清時那幫持文化排外主義的頑固守舊派，甚至也不同於辛亥革命後康有爲、陳煥章輩的尊孔讀經派。他們對西方文化都有着不同程度的瞭解。他們所不贊成新文化運動之處，以及他們所主張的文化見解，彼此也有不同。

當着“五四”過後，文化的探討進入了更具體更深入的階段，這時候發生的許多争論，就愈加不能簡單地劃歸到進步與保守的兩軍對壘的模式裏去。長期以來把西方文化看作一個内容單一的文化整體的觀念，發生了變化。隨着對於歐美文化思想瞭解的深入，特别是隨着在歐美和日本留學回歸的人員的增加，知識界人士業已明白西方的文化思想存在着各種不同的主張、不同的學派。這樣一來，中國知識界向國内介紹和推薦的“西方文化”，便不免各有所愛、各有所宗。人們把外國的“百家”引到中國來，在中國文化論壇上形成了不同主義、不同流派的“新百家”。不同文化流派，各自是其所是，非其所非，從而構成了具有新内容新形態的新争鳴；而其争論的尖鋭程度，並不下於“中西文化之争”。這種文化思想的新争論，與其説它是新舊文化觀點的分歧，倒不如説它是中國近代文化史上建設性探討的新篇章。儘管那時争論雙方有時會意氣用事，劍拔弩張，但放到中國文化發展史上來看，那却是新時代文化誕生過程中的相激相成，相攻相補，它給後世開闢出了一片得以進行理智思考的開闊地帶。

對於《學衡》派的文化思想，自然只有置於這樣的具體背景中加以分析，才能做出切合實際的評估。

《學衡》雜誌，創刊於1922年，吴宓主編，吴宓、梅光迪、胡先驌、柳詒徵、湯用彤、繆鳳林等是主要撰稿人，也發表過王國維、陳寅恪等著名學者的一些文章。

《學衡》派所發表的批評新文化運動的議論，涉獵的範圍較寬，但着重批評的是有關“文學革命”的問題。《學衡》派對於新文化運動文學觀進行公開批評，固然距當年胡適、陳獨秀提出“文學革命”已有六年之久，但是發端却早。早在1915、1916年間，胡適與梅光迪、任鴻雋等一起在美國留學時，他們就已經開始了關於中國文學應不應該進行改革的討論。胡適後來在多篇文章和晚年的“口述自傳”中一而再地詳細記述過此事，並且明確地把那時的辯論看作是孕育了他的“文學革命”論的“結胎時期”。胡適說，當年他覺察到“文言文”是不便於教學的“半死文字”，才主張改用“可讀、可聽、可歌、可講、可記”的口語，也就是白話這樣的“活文字”。他和梅光迪、任鴻雋就詩的改革問題展開了辯論。胡適從主張可以“作詩如作文”，用散文體寫詩，進而主張廢除“死文字”，改用白話作詩，並進而形成了提倡用白話文取代文言文的“文學革命”。這一主張受到梅、任的激烈批評，他們認爲文字本無“死”“活”之分；白話至多只能用在小說、戲曲上，而决不能用之於詩和文。正是通過這場辯論，胡適才形成了《文學改良芻議》八條。胡適說，正是當年在美國與朋友們發生的那場關於文學的辯論，把他“逼上梁山”，鬧起了“文學革命”①。

胡適、陳獨秀提倡“文學革命”，正是《學衡》派對新文化運動發動聲討的起點，也是他們在《學衡》上着力展開論辯的重點。簡要地說，《學衡》派在這方面的論說，集中在相互聯繫着的兩個方面：一是充分肯定中國傳統文學的成就，極力維護它所具有的貫通古今的價值，堅决反對毀棄古典文學、實行“棄舊圖新”式的“文學革命”；二是讚揚文言文，堅持採用文言文，反對白話文運動以及在相關的文體、詞語、文法、文字、標點等方面實行改革。

《學衡》派中人士，雖然多屬歸國的留學生，但是他們當中的許多人有着較好的舊學基礎。他們把中國幾千年來傳承的傳統文學，推崇仰慕，贊賞備至，將其認定是“可與日月争光”的中華燦爛文明的重要內容，是人類文化遺産中的無價寶藏。他們對待中國古典文學（即新文化派所指爲“舊文學”者）所持的基本態度，是主張珍惜它，愛護它，學習它，繼承它，對它發揚光大。雖然他們也承認文學亦有歷史的流變，但是他們絶口不提對古典文學要如何進行改革，更以深惡痛絶的態度堅決反對實行廢棄“舊文學”另建“新文學”的“文學革命”。由於他們對世界文化都有着比較寬泛的知識，所以就文學觀言，也不可簡單地將他們歸罪爲排斥新知的文化復古主義或文化守舊主義。

《學衡》派對新文學運動的抨擊，首先抓住的是胡適提倡的白話文運動。之所以從此處下手，是因爲胡適宣佈“白話是新文學的唯一利器”。指摘白話文運動的人曾經説過，文學應否改革，並不能歸結爲“文言白話之争”。胡適在《〈嘗試集〉自序》裏，反駁了這一論點，並就爲何要大力提倡白話文，寫下了一段很有名的議論文字。胡適在嘲笑對方既反對“文學革命”却又拿不出實行文學改革的具體辦法後，便理直氣壯地論證説，提倡白話文恰是實現文學革命的第一步。他寫道：

> 我們認定文字是文學的基礎，故文學革命的第一步就是文字問題的解决。我們認定“死文字定不能産生活文學”，故我們主張若要造一種活的文學，必須用白話來做文學的工具。我們也知道單有白話未必就能造出新文學；我們也知道新文學必須要有新思想做裏子。但是我們認定文學革命須有先後的程序：先要做到文字體裁的大解放，方才可以用來做新思想新精神的運輸品。我們認定白話實在有文學的可能，實在是文學的唯一利器。②

既然胡適如此高估“白話文運動”在新文學運動中的功能，于是《學衡》派便針鋒相對地把維護文言文之長、批評白話文之短，作爲顛覆新文學運動的主要突破口。梅光迪在《學衡》創刊號上發表的大有“宣言”模樣的《評提倡新文化者》一文中，斷言提倡新文化者“非思想家乃詭辯家”，所舉的證據之一，就是説彼等把“古文”和“八股”混爲一談，挑動“文學革命”，妄圖取消文言獨尊白話。他用文學史的實例來證明文言體的古文是中國文體的正宗，説縱然宋元以來有過一些白話體的小説戲曲，但是它並未能動摇、更不能取代古文的正宗地位。所以，提倡新文化者“乃謂文學隨時代而變遷，以爲今人當興文學革命，廢文言而用白話”，是根本站不住脚的。他説：“夫革命者，以舊代新，以此易彼之謂。若古文白話之遞興，乃文學體裁之增加，實非完全變遷，尤非革命也。”于是他斷言，以白話取代文言的“文學進化”之論不能成立，文言才是中國文學的正宗，而且具有永遠存在的價值[③]。吴宓與梅光迪相呼應，在他所寫的《論新文化運動》一文中，繼續闡述了這種中國“文學體裁有不同而文學正宗無變遷”的論點，並且把論證方式表達得更明白了些。他說，“一國文字之體制”與“一篇文章之格調”，不是一回事。文章之格調是作者自爲的，可以自出心裁、自由變化；而文字之體制，“乃由多年之習慣，全國人之行用，逐漸積纍發達而成”，是不可變的。他認爲，如果實行新文化運動所提倡的改變文字體制的“革命”，那必定會使得“文字破滅”，從而造成一團混亂的後果：“故行之既久者，一廢之後，則錯淆涣散，分崩離析，永無統一之日。”具體談到中國文學，他愈加强調固有的“文字之體制”不能改動，説：“誠以吾國之文字，以文之寫於紙上者爲主，以語之於口中者爲輔，字形有定而全國如一，語者常變而各方不同，今捨字形而以語音爲基礎，是首足倒置，譬如築室，先堆散沙，而後竪巨石於其上也。”“總之，文章之格調可變而易變，然文字之體制不可變，亦不能强變也。自漢唐迄今，文字之體制不變，而各朝各大家之詩文，其格調各不同。”“今欲得新格調之文章，固不必先破壞文字之體制也。”[④]

梅光迪、吴宓帶着愛憎分明的偏激與固執，就中國文學問題發表過一些十分武斷的意見。他們無保留地稱頌文言文是中國歷經數千年錘煉而成的文體正宗，已成爲中國不可動摇、不可替代的“千秋事業”。説古文是中國文章“最簡潔、最明顯、最精妙者”；極力貶低白話文，説由古文降而爲時文，再由時文降而爲白話，就等於貨幣所含金銀銅之價值遞減。所以他們主張，連翻譯外國文章，除戲曲小説外，也要一律改用文言[⑤]。他們毫不掩飾地表達對於白話文的厭惡與鄙棄，渲染閲讀文言的好文章如何“手之舞之，足之蹈之”，而白話文如何詰屈聱牙、散漫冗沓，讀起來只能讓人感到索然寡味、昏昏欲睡。在他們的議論中，僅僅有人勉强表示在小説、戲曲範圍内，白話文尚有活潑生動的長處，可以使用，但是他們一致斷言白話文絶對不能取代文言文的地位而成爲中國文體的正宗。他們一厢情願地宣告，白話文運動已經破産；或者預言白話文提倡的效果，縱能轟動一時、風靡一世，不久也必將烟消雲散。他們在反對白話的同時，連帶着也反對採用新式標點，反對注音符號（即吴宓所主張的“英文標點之不可用，注音字母之多此一舉”[⑥]），反對講求文法。直到三十年代，當着《學衡》派的人士們看到胡適等人提出將一切公文、法令、日報、新聞、論説一律改用白話的建議時，仍然義憤填膺，立即强烈抨擊，説這是胡適等人想“假政治權力來實行專制”，“思於學術上帝制自爲”，“欲霸佔文學界一切領域”，企圖實行白話文爲唯一權威的“文學專制”[⑦]。

在文學興革一事上，梅光迪、吴宓鍾愛文言、厭棄白話、反對“文學革命”的態度是鮮明的。不過，他們的長處是口無遮攔地亮明自己的觀點，宣泄自己的愛憎，至於從文學上、道理上和邏輯上進行細緻的分辨，則非其所長。真正能够以較高水平的古典文學素養和比較細密的學理分析，表達文化守成見解的，却是生物學家胡先驌。他舉出大量優秀的中國古典文學作品所具有的光輝成就和永恒價值，證明文言文絶非就是“死文學”；同時又敏鋭而巧妙地撲捉到胡適等提倡白話文主張中的幼稚、疏漏和偏差之處，進行了頗具説服力的剖析。胡先驌以胡適的《嘗試集》爲靶子，寫出長篇評論，用以指證白話文（尤其是白話詩）運動的失敗[⑧]。他開篇便以不屑的口吻，把胡適所作的白話詩貶得一錢不值，説你胡君對中國詩的造就，“本未登堂”，現今不過是撿了些歐美新詩的唾餘，又剽竊了一些白、陸、辛、劉的外貌，便不自量地“以白話新詩號召於天下，自以爲得未有之秘，甚而武斷文言爲死文字，白話爲活文字，而自命爲活文學家。實則對於中外詩人之精髓，從未有刻深之研究，徒爲膚淺之改革談而已”。接着，他便對胡適的新詩論、實際上是對胡適的全部新文學觀展開批判，系統剖析胡適提出的“文學革命”八事。他首先巧妙地將“不用陳套語，不避俗字俗話，須講求文法，不作無病呻吟，須言之有物”五事撇開不談，説這幾項“固古今詩人所通許，初非胡君所獨創”。言下之意是説，反對文章上的那些毛病，是自古以來文人們早已達成的共識，説不上是什麽創見，更算不上是提出了什麽“文學革命”的新主張。這一評論，看似平淡，實際上却是寓有深意的。試想，如果説舊文學具有所指斥的這些弊端，那麽新文學不也難免出現這些弊端嗎？如果説新文學有反對那些弊端的主張，那麽舊文學難道就没有反對那些弊端的主張嗎？可見，提出克服這些弊端，根本算不上是實行“文學革命”建立新文學的新主義。接下來，胡先驌便對胡適所主張的“不用典、不講對仗、不模仿古人”三項，展開分析批判。

胡先驌説，胡適以“打破一切枷鎖自由之枷鎖鐐銬”爲理由反對古體詩講求格律音韻的意見，是不對的。因爲，“文出於語言”，而“詩處於歌謠”，所以詩不能不有聲調格律音韻的特徵，這是“古今中外，莫不皆然”的通例。正因此，詩才能抑揚頓挫，形成節奏，朗朗上口，便於吟咏，利於記憶；況且借諸此乃得更加體現詩的不同風格，或音調鏗鏘，或跌宕起伏，或飄疾流利，或纏綿委婉。中國古典詩詞中的對仗，也正是適應這樣的要求而形成的傳統，講求對仗，也並非没有來由的。胡先驌將他的依據提高到一般哲理上作解，説：“天地間事物，比偶者極多，俯拾即是，並不繁難”，所以，採用對仗本是詩歌之原理，而且古文裏（如《老子》、《莊子》等）也多用對仗詞語，這是没有什麼奇怪的，問題僅僅在於用得好與不好而已。强行雕琢自不可取，反之運用得體則會大大增强詩的美感。胡先驌説，胡適的反對對仗，全然是不懂得“詩歌之原理”。至於白話文裏是否可用對仗，胡先驌未作解釋，其實從他的依據的一般原理推論，自然會得出答案，只是作者看不上白話文，所以才避而不答罷了。

至於説到“不用典”和“不避俗字俗句”兩項主張，胡先驌表示持“相對贊成”的態度，但是反對胡適把這兩項絶對化。他的理由是，“太古之詩”自然是無所謂“用典”的，後世人們看到古今之事往往有相合者，于是便有借人們共曉的古人之事，引以爲喻，爲現時情事生色的，這就是“用典”的開始。只不過文界末流，“矜奇炫博”，“句必有典”，那就鬧得文品低劣，令人生厭了。“用典”是中外詩文的通例，關鍵在於要用得好。他以辛棄疾“故人長別，易水蕭蕭西風冷，滿座衣冠皆雪”等詩詞，證明用典只要巧妙，那就不僅不會犯“用典”帶來的毛病，反而會使詩文增色。作詩可以不追求用典，但是要明白“歷史與昔人之著作，後人之遺産也”，不該棄置不顧，另謀徒手起家。

至於用白話入詩的事，胡先驌説，這是自古以來就一直存在，而且有衆多成功範例的。只是胡適以“白話入詩，古人用之者多矣”來證明應該用白話詩取代文言詩，理由是不成立的，因爲可以反問：“文言入詩，古人用之者，豈不更是很多麽?”胡先驌指出，分歧不在于是不是允許白話入詩，問題是在於胡適宣佈文言是“死文字”，白話是“活文字”；文言詩是“死文字”作的

“死文學”，白話詩才是“活文字”作的“活文學”。胡先驌説，這樣的意見完全錯誤，因爲“文學之死活，以其價值而定，而不以其所用之文字之今古爲死活”。所以，古典名作，可以是歷經數千年而不朽的“活文學”；而轟動一時之作，並不能因其用的是“活文字”，而必有真價值，而不死不朽，相反地却會因其無真正價值而會速死速朽。胡先驌斷言：“胡君之《嘗試集》，死文學也，以其必死必朽也，不以其用活文字之故，而遂得不死不朽也。物之將死，必精神失其常度，言動出於常規。胡君輩之詩之鹵莽滅裂，趨於極端，正其必死之徵耳。”“以此觀之，死活文學之謬論，不足爲白話詩成立之理由，明矣。”胡適的白話詩確實寫得不成功，可是，是不是胡適没寫好白話詩，就可以斷定誰也寫不好白話詩呢？能不能斷定就不應該提倡白話文呢？這樣的問題胡先驌没有理清楚。他只是指出了，作詩可以“不避俗字俗話”，但是只把日常生活中的“俗字俗話”寫出來，並不等於就是詩；因爲，“蓋詩之功用在表現美感與情緒”，入詩的白話理應加以藝術的錘煉與提高。

胡先驌對於“文學革命”的批評，寫得最精彩的部分，是有關“模仿”與“創造”之間關係的闡釋。他在這個問題上所發表的議論，不僅抓住了“文學革命”論的一大弱點，而且其所持見解的全面與深刻也超越了他的同道們。胡先驌首先表示，他對於胡適關於人們進行文化創作中應有創造性，“須句句有我在”的見解是贊成的。他説這是“高格之詩人與批評家皆知”的事，算不上是胡適的獨創。接着他便尖鋭剖析胡適所説“不模仿古人”這種主張的片面性，並用無可辯駁的事實和邏輯，深入淺出地論證了“模仿”在人類文化史上不可或缺的地位，及其在促進文化發展中的重大作用。他寫道：

> 夫人之技能智力，自語言以至於哲學，凡爲後天之所得，皆須經若干時之模仿，始能逐漸而有所創造。今試以哺乳之小兒，使之生於禽鳥俱無之荒島上，雖彼生具孔墨之聖智，必不能發達有尋常市井兒之技能。語言、文字、歌曲、舞蹈、繪畫、計算、雕刻、烹飪、裁縫之各種技術，均無由得之，其哲學思想藝術美感亦無由發達。雖其間或能有三數發明與創造，然以彼窮年纍月之力之造就，（未）必有能及今日小學生在校一二日之所得也。今所貴乎教育者，豈不以其能使年幼者得年長者之經驗，後人得前人之經驗，不必迂迴以重經篳路藍縷之困苦乎？

就是説，文化的發展不僅離不開對古人的模仿，而且只有善於模仿和掌握前人的經驗，才能更加快捷更有成效地促進文化的發展。值得注意的是，胡先驌在論述文化模仿的必要時，對於模仿並不是一味籠統讚揚，而是作了具體分析，提出了對模仿活動的規範性要求，並且對於模仿與創造的關係作出了比較精確的判斷與概括。第一，他明確指出，對古人文化成果的模仿，對古人的著作的模仿，應當是有選擇的，而不能是無選擇的全部模仿。比如説到書法，固然名家也都不能不有所模仿，但其所模仿者會因模仿者的性情之異，以及世俗的變化，而有不同的選擇。又比如説到詩，他説，模仿古人的詩作，自然是要選擇那些與今人性情、心理相通的來學習；"且古人之作，非盡可垂範於後世也。萬千古人爲詩，僅有十一古人可爲後人之所取法。彼能垂範於後世之古人，必在彼之一類之性情與表現事物之方法態度中，有過人之處。故與彼之性情及表現事物之態度相類似之今人，欲爲高格之作，必勉求與彼之心理嗜好韻味符合，斯能得其一類性情之高深處。又彼名家表現事物之方法態度，亦必有爲後人所難及處，必模仿研幾其所以然，始可望己所發語表物之方法態度可與古人媲美也。"第二，他明確表示，他並不贊成"但知模仿不知創造"的態度，之所以强調模仿的必要，惟在於證明"絶對不模仿古人"的意見是不對的。他在强調模仿重要性的同時，注意强調了創造的重要性，强調了文化發展是模仿與創造的統一。一方面他指出，模仿是創造的基礎，創造離不開模仿，比如就哲學思想而言，既要"洞悉其異同嬗變之迹，其所以能此者，即其思想曾循前人之軌轍，一與前人相合，亦即思想之模仿也。思想模仿既久，漸有獨立能力，或因之而能創造。雖然有創造，亦殊難盡脱前人之影響"。同時，他又明確强調模仿的必要，絶非所謂"無須乎創造"也。"斯之謂脱胎即創造，創造即脱胎，斯之謂創造必出於模仿也。"他贊同胡適所提倡的"句句有我在"的發揚個性的主張，贊同胡適指斥的"攝影之模仿"、"句句無我之模仿"。據此，胡先驌認爲，對待模仿古人一事的正確態度，除須發揚個人個性之外，還應當做到如下四項：一要"兼攬衆長"；二要因世而異；三要認定古人之一長，發揚而光大之。特別值得留意的是，胡先驌提出的第四點，即承認現代社會進步、文化進步的見解。胡先驌寫道："四則人世日遷，人文日進。社會之組織進步，日新月異，哲學歷史政治經濟各種學問，日有增益。甚至社會之罪惡與所持解決之方，亦隨人文進而有不同。彼真正之詩人，皆能利用之以爲材料，是雖題材模仿古人而無少變，實質上亦與之有異。新思想之李白、杜甫，庸詎不見容於20世紀耶?”承認人文隨着社會的進步而進步，這就突破了《學衡》派固守的藩籬，而與新文化運動具有了一些認識上的接近之處。當然，不難看出，胡先驌這時心目中的文化典範，仍與新文化運動提倡者所想像的，有着明顯差別，他所推崇的是有着新思想的“古人”——“20世紀的李白、杜甫”；遠不是胡適所追求的“前空千古，下開百世”，“爲大中華，創新文學”的一代新文化創業者。不過，胡先驌不同於《學衡》派其他人士，他更傾向於“文化進化論”。在討論中國詩史時，他明確地肯定中國之詩經歷了長期的“進化程序”，並且劃分出四個階段，具體探討了中國詩在進化過程中的精神的變動與發展。當他立足中西文化交流發展的現實，預言中國詩的未來時，還議論到整個中國文化學術事業的發展前景。他說：

> 他日中國哲學、科學、政治、經濟、社會、歷史、藝術等學術，逐漸發達，一方面新文化既已輸入，一方面舊文化復加發揚，則實質日充。苟有一二大詩人出，以美好之工具修飾之，自不難爲中國詩開一新紀元，寧須固步自封耶?

只不過，他說出這樣的開明估計之後，又趕緊把話題拉回到批評“文學革命”論對舊文學的破壞上，說：“然又不必以實質之不充，遂並歷代幾經改善之工具而棄去之、破壞之也。”當可看出，胡先驌是力圖在維護舊文學（主要是就詩而言）價值的前提下，也表達了一些對中國新詩新文化的進步讚許和向往的意願。正因此，他才在判定胡適《嘗試集》新詩“絶無價值與效用”之後，又挖苦說胡適的失敗，具有反面教員的作用。他說，當前正值“現代文學尚未產出”、而“社會終有求產出新詩之心”的時候，“苟一般青年知社會之期望，而勤求創作之方法，則雖‘此路不通’，終有他路可通之一日。是胡君者真正新詩人之前鋒，亦猶創亂者爲陳勝、吴廣，而享其成者爲漢高，此或《嘗試集》真正價值之所在歟”。應當說，胡先驌並非籠統地反對新詩，相反却有贊成新詩之意，所反對的只是胡適所作的新詩；他反對的只是毁棄舊詩的價值來另創新詩，而不是反對甚至是贊成在繼承舊詩的基礎上來創作新詩。胡先驌對待新文化整體的態度，大致亦如是。

胡先驌這樣的比較理智的對待新文學的態度，並未能成爲《學衡》派文學觀的主流。《學衡》派對新文化運動的文學觀所做的批評，主要是集中在兩個方面：第一，《學衡》派反對文學是進化的，力主文學無所謂新舊之分。第二，《學衡》派反對文學平民化，力主文學不應有貴族平民之分。

以文學無新舊之分爲立論基點，批評新文化運動提倡文學革命的主張，是《學衡》最爲看重的論題，他們就此發表過大量文章。可以說，從創刊號起，到最後一期止，他們始終抓住這個題目不放，一而再地反復闡釋其基本信念，與新文學觀相對壘。

《學衡》派的預言失敗了。他們不懂得中國已處在文學革新的大潮中，以白話文爲基本表現形式的新文學的迅速興起業已成不可遏止之勢，《學衡》派的抵禦已經引不起多少人的關注，在文化界也顯示不出具有多大的影響力。不過由於出自對於傳統文學的執愛，他們就新舊文學問題所發表的議論，却也表達了許多有關文學史的真知灼見；而且這些獨到的見解，恰恰彌補了或校正了“文學革命”論的疏漏與偏頗。概括説來，《學衡》派在文學史觀上的主要貢獻是：

第一，他們承認文學隨着時代的變化而發生變化，但同時明確認定這種“文學的流變”，只是一種無法斷然分清優劣的變化，而反對把它簡單歸結爲退化，也反對把它簡單歸結爲進化。比如，詩三百之變爲七言五言，賦之變爲駢文，古詩之變爲詞曲戲劇，既説不上是一代不如一代的退化，也算不得是進化、是革命。總之，“文學之流變”，不適爲“歷史進化之解釋”，不能斷言“後優於前”：誰能認定“戲曲優於詞，詞優於詩，而七言五言優於騷，騷又優於三百篇耶”[⑨]？因此，“文學之推演”，“固非進化，亦非退化”，而只能是“古今相孳乳而成”，“文學革命”論以新舊定優劣的論斷是不能成立的[⑩]。他們説，對文學的要求不論新舊應該一樣的，只能是“新舊一體”。至於文章易犯的弊病，也是新舊相同的。胡適所提出的文學改良八事，其實不僅是舊文學存在的毛病，而且在新文學裏、白話文學裏何嘗就没有這些毛病呢？況且胡適所指出的文章的八種弊病，是前人早已通曉的老生常談；“胡適所揭橥之八事，大都出於章實齋《文史通義》”，而且“凡治古文辭者胥能言之”。這就愈加證明文學是沒有新舊之異的，“既如上述，則新文學之名詞，根本不能成立”[11]。

第二，他們論證説，文學雖因時代而有流變，但是古今文學間却存在着共通之處，這就是表達人們心靈與情感的“文心”。“文體”是會變的，而“文心”是不變的：“作品雖異，文心則一，時代雖遷，文心不改。”相隔數千百年後人仍能够接受前人的文學作品，並且會被其感染，引起共鳴，是之謂“惟文心之不易也，故永世可以會通”。正因此文學的流變，並不意味着是舊死新生的“革命”；新的文學産生時，舊的文學仍會繼續存在，仍舊保持着它的活力。人的生命是舊細胞死新細胞生的以新代舊的“新陳代謝”過程，“然就文學史上觀之，殊不如是，新者固日以生，舊者仍未嘗死”[12]。可見文學更是不能以新舊定是非、判生死。

第三，他們着重論證了文學的演變從來具有强勁的承襲性質。他們指出，文學固然不斷有所創新，但是任何文學創新，即使是重大的創新，也一概是在舊文學的基礎上實現的，離開既有文學的積纍絶對不可能進行文學的創新。“文學之創造與進步，常爲繼承的因襲的，必基於歷史之淵源，以前之成績，由是增廣拓展，發揮光大，推陳出新，得尺以進程。雖每一作者自有貢獻，仍必有所憑藉，有所取資。苟一旦破滅其過程固有之文字，而另造一種新文字，而文學之源流根株，立爲斬斷。”文學上的創造，只能從摹仿始，摹仿漸成，乃能創造：“作文固以創造爲歸宿，而必以摹仿爲入手。世有終身止於摹仿或融化之境界者，仍絶無不能摹仿而能創造者也。”即使就創造白話文而言，“爲文學創造者之便利之成功計，亦不宜破滅文言而代以白話”，相反地却“亦當以古文爲師資”[13]。

第四，他們强調並論證了中國文學的獨特性。《學衡》派人士爲着反對新文學運動以“言文一致”爲理由提倡白話文，特意强調了中文與歐洲拼音文字不同的獨特性質。他們借助章士釗論中西文字區别“西文切音，耳治居先。吾文象形，目治爲先”的見解，推論説：中國文字與西方文字有着不同的特質和個性，中文是語文不一的：“蓋語發於口，應於聲，辨於耳。文著於手，成於形，辨於目。”何况方言衆多，無法靠拼音爲統一文字，取消中國的文字豈不就等於取消了中國文學。况且文字總是經過提煉和修飾的，文章不可能就是“有什麽話就説什麽話”；古文並不等于是古人説的話，也不能要求今文就完全等同於今天説的話。他們得出的結論是：“吾人可知，牽文就語，言文一致，在中國文字的特質上，爲不能實現，亦不可能實現也。”⑭《學衡》派關於漢字的特性的論述，無疑是涉及中國文字如何改革的大事。漢字經千年的積澱而成爲中文的載體，無論就文化遺産的繼承而言，還是就目前國人的通用而言，都是絶不能取消和代替的；漢字已成爲人類文化中的一種使用人數最爲廣泛的文字瑰寶。不過，《學衡》派關於漢字特性的議論，犯了一個簡單的錯誤，這就是他們混淆了漢字字體的改革和漢語文體的改革這樣雖有聯繫但是畢竟不同的兩件事。他們忽略了中國也是先有語言，然後才有用文字記録語言，也是“耳治爲先”的這一事實。他們不明白，不管漢字如何要一個一個地强行記取，不能靠拼音而直接上口朗讀，但是漢字仍舊可以做到忠實地記録語言，從而做到語文基本一致。新文學運動提倡採用與口語相一致的白話文，所説的白話文自然還是得用漢字來表達，並非就是主張廢除漢字、一概以拼音符號取代它。至於《學衡》派諸君談到，即使在使用白話的情况下“語”和“文”畢竟也還是有差别；一落筆爲文便不能不進行必要的“藝術加工”，而不能簡單地等同於重現口語，無法把文章做成“有什麽話就説什麽話”，則是説明了中外文章都不能不遵守的一條通例。指出文章之事所具有的把口頭語言加工爲書面語言的這一必具特徵，對於文學的創作無疑是有益的。

如果説，《學衡》派關於新舊文學的探討，就中國文學的傳承與革新作出的詮釋，雖有明顯舛誤，却又包含有許多合理見解，長期未能引起文化界重視的話；那麽，《學衡》派反對“平民文學”的主張，則更加是一向被輿論所忽視，從未被提上文學討論的臺面。其實，他們有關貴族文學與平民文學的評論，是《學衡》派反對“文學革命”的又一條理論支柱，很值得悉心研究。自從陳獨秀提倡推倒貴族文學、建設國民文學的主張，並且得到胡適的支持之後，平民文學便成爲新文學的一個最主要的標誌；相應地，貴族文學便成爲舊文學的一條最重要的罪狀。固然胡適、陳獨秀等並没有將舊文學簡單地等同於貴族文學，還舉出過一些古典文學中同情下層民衆的杰出作品作爲值得傚法的典範。可是，舊文學是否可以説基本性質或絶大多數作品，都該定性爲貴族文學？是否因爲它是貴族文學，就必須把它推倒，必須實行將其徹底消滅的

“革命”呢?《學衡》派人士敏鋭地覺察到這個問題意義重大，于是抓住它詳加批駁。

1924年8月,《學衡》上發表了《闢文學分貴族平民之訛》的專論。該文開篇便使用他們文學無分新舊的同樣邏輯，聲言：“文學無貴族平民之分，而有是非之别。”爲什麽説文學無貴族平民之分呢？該文的解答是，文學作品從來不是越粗俗簡陋就越好，文學必須經過修飾提高；優雅高尚的文學内容是不能否定的，文學絶非“僅得寫勞工戀愛之類事”。况且世間從來是“工爲文章者寡”，只有少數文學家才能寫得出精美的文學作品；即便是有關平民的生活與境遇，“不學無術”的農工商賈也是“不暇言、不敢言、不善言、不長言”的，只有靠理解他們的、敢於爲文、又有能力爲文的文學家們出面“代爲之”，諸如白居易、柳宗元等等的詩文[15]。

這樣一些看似簡單平易的道理，實際上則是提出了有關文學遺産的如何定性如何評估的根本理論問題。《學衡》派所持的基本論點是，無論從作者身份看，還是從作品的内容看，都不能按照“階級”的標準來區分並分别界定爲“貴族文學”與“平民文學”。他們舉出的理由是：“古代學問，官爲師法，純乎平民，殊難選也。”這就是説，在平民大衆中文盲充斥的時代，文學只能是掌握了豐富知識和具有高度文化素養的“知識階級”文人創造出來的精英文學；所謂民間文學，也都是經過“知識階級”文人們的加工提煉，才成其爲能够流傳於後世的作品。備受新文學推崇的《紅樓夢》、《儒林外史》的作者曹雪芹、吴敬梓，還不都是“知識階級中人”？所以如果按照作者的身份來定性，那麽,《紅樓夢》、《儒林外史》也只能算是“貴族文學”了。更進一步看，文學不但不能以作者身份别“平貴”，而且也不好以所寫的内容來定“平貴”。在古典文學裏，在一個作家的作品裏，或者在一部作品中，“典雅”與“俚俗”雜陳的狀况是常見的。例如，不能説經過孔子編定的《詩》三百篇裏,《雅頌》是“上古的貴族文學”，而《國風》則是“上古的平民文學”。同樣不好説經過屈原創作或加工的《楚辭》裏,《離騷》、《九章》是“上古的貴族文學”，而《九歌》則是“上古的平民文學”。至於在舊體詩詞裏，出自名家的名篇，往往是既有抒寫非平民生活的，又有專門抒寫平民處境與遭遇的。可見，古典文學受時代所限定，實在既無法從作者身份上、也無法從作品内容上，嚴格判定貴族與平民的區别。如果一定非要標出平貴的性質不可的話，那麽大量的文學作品，就只好叫做“平貴文學”。比如“一部《水滸》，兼有貴族文學、平民文學兩種特點，依理當名平貴文學”。于是《學衡》派的論者，便斷定説，“今之言文學者，平民貴族之辨”，只能算是想用“政客手段，葬送中國古來文學於貴族二字之中”而已，所以它是“無當於真理”的[16]。

《學衡》派關於文學無貴族平民之分的辨析，與他們關於文學無新舊之分的辨析，無疑是殊途同歸，從不同角度得出同一結論。他們認定，“文學革命”提倡“推倒貴族文學”的主張，如同宣佈“舊文學是死文學”一樣，無非是毁棄固有文學遺産製造出來的一種口實罷了。古典文學不可借口其陳舊而宣判爲死刑，也不可定性爲貴族而予以推倒。他們以明確的毫不含糊的態度，表達了維護傳統文學價值的見地，有力地論證了作爲人類文化的重要組成的文學所具有的不可割斷的傳承性質。他們以充分的熱情，爲古典文學的成就作了盡力的辯護，從而彌補和矯正了新文學提倡者“文學革命”論立論上的偏差；但是它在力證古典文學的珍貴價值時，却隻字不提在新的時代條件下文學有無改革的必要，更不肯正視和回答古典文學有無不適應於時代需求之處。這種文學觀，所要破的目標是清楚的，而所要立的主張却十分含糊，令人覺得它是矯正一種偏頗的同時陷入了另一種偏頗。如果説新文學運動的“文學革命”論，是對待古典文學犯了虚無主義的錯誤，那麽《學衡》派的文學觀，則是對待古典文學犯了諱疾忌醫的毛病。所以在文學觀上，與其説《學衡》派的論點是對“文學革命”論的矯正，不如説兩者之間是在互相補正：新文學觀的出現，也恰恰在矯正着《學衡》派的文學全無革新必要的論斷之偏頗。

《學衡》派所有這些旨在維護中國古典文學的見解，在發表的當時並没有引起多麽大的反響。它既未能引起新文學提倡者的充分關注和回應，也没有改變或遏止住公衆接受新文學的熱情。幾乎可以説其作用的範圍，僅僅是在知識高層的極小圈子内獲得程度不同的同情；而就文學論壇的整體狀況來説，並没有引發大規模討論的漣漪，甚至連鄭重其事的批評也没有招惹起來。新文學提倡者對《學衡》派的議論，基本態度是不屑一顧，除了魯迅嘲笑其爲“假古董發的假毫光”外，没有人肯出面與其進行認真的討論；這與以往與杜亞泉、章士釗、梁漱溟就文化問題展開大辯論，已不可同日而語。

《學衡》派文學觀所包含的合理性，不是在當時便被廣泛認可的，而是在以後新文學的實踐過程中，事實上被接納了的。新文學的後繼者們在建設新文學的旗幟下，逐漸捨棄了簡單否定和完全排斥固有文學成果的偏激觀念，逐漸把對待固有文學成果的態度調整到尊重、愛護和進行認真的整理、分析的研究軌道上來。對古典文學進行開拓性的新研究，終於構成新文學事業的重要組成部分。

《學衡》派新文化觀的得與失

《學衡》派與新文化運動的争論，發端於文學之争，《學衡》派爲文學之争確也傾注了大量精力。但是，他們與新文化運動間的分歧，並非局限於文學一事，而是擴展爲兩種文化觀的對立。學術界中有人將《學衡》派的文化思想定性爲“文化守成主義”，就《學衡》派對待中國古典文學的態度而言，這樣的定性大體上是不錯的，但是就《學衡》派整體的文化思想看，却不好如此定性；《學衡》派反對新文化運動，但是他們並不是主張一味守成，而是提出了自己的新文化觀。

《學衡》創辦之初，梅光迪、吴宓高張反對新文化運動的大旗時，便明確地將抨擊的矛頭指向新文化運動的整體文化觀，而不是僅限於批評“文學革命”論。梅光迪説：20 年來，中國的政治法制的改革失敗了，文化的改革也失敗了：“其言教育、哲理、文學、美術，號爲‘新文化運動’者，甫一啓齒，而弊端叢生，惡果立現，爲有識者所詬病。”他給自己提出的任務就是揭破這種“工於僞飾，巧於語言奔走，頗爲幼稚與流俗之人所趨從”的“新文化運動”之“假面”[17]。梅光迪、吴宓一再强調説，新文化運動的根本錯誤，是在於他們把西方文化的糟粕、唾餘，冒充西方的真文化，販賣到中國來，猶如商人之販劣貨：“嗚呼！今新文化運動，其所販入之文章、哲理、美術，殆皆類此，又何新之足云哉！”[18]據此，他們説新文化運動的“數典忘祖”的文化觀，與其説是“歐化”，毋寧説是“僞歐化”。他們表示最不能容忍的就是，新文化運動從西洋文化中“專取糟粕，採卑下一派之俗論”，用來“痛攻中國之禮教典章文物"[19]。

《學衡》派對新文化運動的批判，是着眼於對其文化觀整體的否定，亦即對新文化運動所持的價值標準、文化取向、人生態度的全盤否定。正因爲如此，《學衡》派便相應地提出了與新文化運動相對立的、他們所認定的唯一可取的文化觀。值得重視的是，《學衡》派提出的這一文化觀，並不是中國固有的那種復古的或守舊的文化觀，而是另一種"新文化觀"。梅光迪、吴宓等，都一再表示他們固然反對胡適、陳獨秀派的新文化運動，但是他們不僅不反對、而且是贊成在中國建設新文化。梅光迪説："夫建設新文化之必要，孰不知之?!"並且表示"真正新文化之建設"是有望的，而不是無望的。他一方面認定中國先民創造出的"燦爛偉大之文化"，是久遠不可磨滅的，應當發揚光大，一方面又指出歐西文化源遠流長，"各國各時皆有足備吾人採擇者"。只不過他將新文化建設一事，看作是一項十分艱巨的事業，所以强調説："故改造固有文化，與吸取他人文化，皆須先有徹底研究，加以明確之評判，副以至精當之手續，合千百貫中西之通儒大師，宣導國人，蔚爲風氣，則四五十年後，成效必有可睹也。"[20]《學衡》派所要建設的新文化，在這裏已經明確地表達出了"貫通中西"的要旨。吴宓將他們這種融合中西的新文化觀，表達得更爲充分，也更加清晰，他寫道：

> 文化者，古今思想言論之最精美者。……按此，則欲造成中國之新文化，自當兼取中西文明之精華，而熔鑄之，貫通之。吾國古今之學術德教，文藝典章，皆當研究之，保存之，昌明之，發揮而光大之。而西洋之學術德教，文藝典章，亦當研究之，吸取之，譯述之，瞭解而受用之。如謂材料廣博，時力人才有限，則當分别本末輕重、小大精粗，擇其尤者而先爲之。

吴宓爲建設新文化做出的設計方案是，以人本主義爲基礎來融匯中西文化：

> 孔孟之人本主義，原係吾國道德學術之根本，今取以與柏拉圖、亞力士多德以下之學説相比較，融會貫通，擷精取粹，再加以西洋歷代名儒巨子之所論述，熔鑄一爐，以爲吾國新社會群治之基。如是，則國粹不失，歐化亦成，所謂造成新文化，融合東西兩大文明之奇功，或可企致。此非

旦夕之事，亦非三五人之力，其艱難繁鉅，所不待言。今新文化運動，如能補漏趨正，肆力於此途，則吾所凝目佇望，而願馨香感謝者矣。此吾所擬爲建設之大綱，邦人君子，尚乞有以教之。㉑

從吴宓的概括表述中，可以看得明白，《學衡》派的文化觀，的的確確不是舊文化觀，而是充滿着真情實意的新文化觀。只不過它是一種不同於胡適、陳獨秀等人所主張的那種新文化觀的另一種新文化觀。

平心而論，《學衡》派提出的文化觀，在中國文化史上確實是嶄新的。第一，它不是晚清以來出現過的那種絶對排斥外來文化的頑固守舊的文化觀；它明確主張吸取外來的尤其是西方的文化精華。第二，它不是盛行過一時的“中體西用”式的文化觀；它没有把中西之間擺在不平等的位置上區分高下主次，而是以平等的態度一並尊重之。第三，它不贊成歐戰過後出現的那種“西方文化破産論”和“東方文化救世論”，而是確認在當代中西文化仍然均是人類文化的寶藏。第四，當然它也不同於惟“歐化”是尊，要求用歐美文化來替代中國固有文化的主張；它主張的是採取兩者的“精粹”，並使之貫通融匯，熔鑄爲一種前所未有的新文化。不待言，既然在主張“保存國粹”的同時，又主張以開放的積極的態度研究和吸取西方文化的精粹，以圖實現“歐化已成”之局，那當然就意味着不是反對而是主張在中國實行文化上的重大改革。以此來看，《學衡》派的文化觀，確實是貨真價實的一種新文化觀，理應將其劃歸爲二十世紀初中國興起的新文化營壘中的一翼。

在20世紀初年的中國，提出擷精取粹、會通中西的新文化主張，本質上無疑是正確的、適時的，而且就此融匯中西文化思想的這一精神而言，《學衡》派與《新青年》派之間，並不存在原則上的分歧。那麽，爲何《學衡》諸公却視《新青年》派的文化主張如寇讎，必欲痛殲而後快，甚至創辦《學衡》這份刊物的首要目標就放在聲討新文化運動上呢？吴宓對此回答得很乾脆：“吾惟渴望真正新文化之得以發生，故於今之新文化運動有所訾評耳。”可見，此一新文化觀與彼一新文化觀，各自心目中對新文化的理解，是大相徑庭、冰炭不相容的。關於雙方的這種分歧，《學衡》諸人在評論中的表述，基本上是直截了當、痛快淋漓的。

《學衡》派的新文化觀之與《新青年》派新文化觀的分歧，從根本上看，並不是發生在對某個或某些具體文化問題上的認識的對立，不是僅僅争論白話文言的優劣、孔子學説的是非之類，而是在所有争論的具體問題中都體現出雙方存在的是文化觀念總體上的根本分歧。簡言之，這一分歧，首先發生在如何回答“既要建設新文化，那麼應當怎樣對待舊文化”這個先决性的問題上。如何對待中國的固有文明成果，是《學衡》派與《新青年》派在文化觀上展開論争的主戰場。

在胡適、陳獨秀等發動的新文化運動中，關於如何對待固有的舊文化，固然也存在着激烈的和温和的、極端的和穩妥的種種不盡相同的論點，但是他們的基本態度、基本價值取向，却是有着明確的共同之處，這就是他們對中國舊文化採取的是批判的態度。這種對傳統文化的批判態度，不好説是新文化運動的首創，他們是繼承了晚清以來愛國志士中的先進分子的“文化自省”精神，要從傳統文化上尋求造成中國國民性弱點，從而找出造成中國積貧積弱的原因，借以制定從根基上救亡圖存之計。不過，新文化運動是將民主先行者們的“文化反省”精神發揮到了振聾發聵的啓蒙運動的新高度。他們的新文化觀的基本前提是，只有“破舊”，才能“立新”；只有解放思想，以無畏的勇氣把歷來視爲不可侵犯的聖賢權威拉下神壇，予以解剖，是其所是而非其所非，揭露、克服、消除固有傳統文化中錯誤的或過時的束縛人們時代精神的“糟粕”，才能建立起適應時代需要的新文化，才能喚醒人們理性的覺醒，賦予人們改造舊社會、建設新社會的新的思想武器。總而言之，新文化運動所持的是“不破不立”的新文化觀，“破舊立新”的新文化觀，“破字當頭”的新文化觀。

與《新青年》派新文化觀構成鮮明對照的是，《學衡》派建設新文化所依憑的，却是“立字當頭”的文化觀，是“承舊立新”的文化觀，是“舊爲新基”的文化觀。一般説來他們並不否認舊有文化中包含着失去時效的或者不當的内容，可是他們從不願意正面展開論及此點，相反地每當他們論述建設新文化時，着重强調的只是開掘和繼承舊有文化這一寶藏的必要和重要。因此他們每當論及固有文化時，總是只談“精粹”而不談“糟粕”，只説對舊文化應如何發揚光大，而不説應如何對舊文化祛弊解痼。吴宓所説對於“吾國古今之學術德教，文藝典章，皆當研究之、保存之、昌明之、發揚而光大之”，便是“學衡”派這一觀念的典型概括；固然也標明所説是泛指“古今”，可是緊接着便把中國文化定義爲：“以孔教爲中樞，以佛教爲輔翼”。且不論他所下的定義是否準確，但至少一眼便可看明白，其心目中的文化精華，仍是固有的傳統的“古”文化，至於“今”之文化有什麼精華，並未納入視野。所以他才説：“今欲造成新文化，則當先通知舊之文化。蓋以文化乃源遠流長，逐漸醖釀，孳乳煦育而成非無因而遂至者，亦非搖旗吶喊，揠苗助長而可至者也。”他們所指認的新文化運動的最大罪狀，就是把舊有文化的精華，“加以陳舊二字，一筆抹殺”[22]。

當着文化革新已成爲勢不可擋的時代洪流之際，《學衡》這種看重固有文化在建設新文化過程中的重要作用的呼聲，自然是顯得十分孱弱，很難聳動視聽。可是，不能不看到，從尊重傳統的樸素感情，到認可傳統的現實價值的自覺思考，畢竟是深深地沉潛存於民間的，在知識界學術界裏更是有着不容忽視的巨大的文化能量[23]。有還是没有高水平的舊文化作根基、作起點，直接決定着建設新文化大業的水平高低，成敗得失。《學衡》派對待傳統文化精華的維護，其可貴處不僅在於對傳統文化固有之價值做出了肯定的評判，而且更加值得重視的是，他們是將舊文化的價值評估與新文化的建設來作一體考慮，把“國故”“國粹”放在理當融入新文化的位置上來考察，並且將其看作構成新文化的不可或缺的組成部分。這種充分估價文化的連續與傳承的重要性能的新文化論，不待言是具有不能否定的合理性的。《學衡》派就此提供出一套學理依據，時至今日仍然不能不承認這是他們的重要貢獻。

像對待中國固有文化的評估一樣，《學衡》派對待西方文化的評估，着眼點亦在維護與褒揚西方古典文化的精華，尤其是古希臘的文明成果。他們强調要從整體上研究西方文化，進而確認其精華所在，方好吸取過來爲我所用；他們反對把西方的一派一家之説、一時一類之文，拿來充當新文化的唯一標準。但是每當他們把這樣的“整體研究”的立論落實爲具體目標時，便把西方文化的精華鎖定在古典的檔次上。因此吴宓在把“中國之文化”定義爲“以孔教爲中樞，以佛教爲輔翼”的同時，把“西洋之文化”定義爲“以希臘羅馬之文章哲理與耶教融合孕育而成”。于是他把“欲知新文化當先通知舊有文化”這一論斷，具體化爲“即當以以上四者：孔教、佛教、希臘羅馬之文章哲理及耶教之真義，首當研究，方爲正道”。於此可見，《學衡》派所主張的“融合東西文明”以“造成新文化”的“本旨”，無非就是要把東方的古典文明與西方的古典文明“熔鑄一爐”：兩種舊文化的精華合在一起，就誕生出一個新文化。更進一步，吴宓還提出了“聖道一”的論點來解釋中歐文化之所以能順利融合的依據。他將他心目中的中西“聖人”的遺教尊之爲“聖道”，把他們所主張的將中西文化“融會貫通，擷精取粹”，以期建設“國粹不失，歐化亦成”的新文化，解釋爲就是“維持聖道”。然後説，正由於都是“聖道”，才具有熔爲一體的基礎，而不致産生障礙。“故不特孔子之道爲聖道，而耶穌、柏拉圖、亞里士多德等之所教，皆聖道也。自其根本觀之，聖道一也。苟有維持之者，則於以上諸聖之道，皆一體維持之矣，固不必存中外門户之見也。”㉔

《學衡》派的新文化觀，對於固有文化精華的維護與宏揚，以及對於固有文化的短處的掩飾和强行辯解，都擺在明處，確實没有什麽玄妙難解之處。不過，他們的新文化觀，不同於泥古的文化保守主義，他們有着獨特的一套文化理論。正是由於《學衡》派建設新文化的議論是依託於這套文化理論，所以崇敬綱常名教之類的言論才没有成爲他們的文化論的主導思想，從而才使得他們避免了落入頑固守舊的泥潭。

以梅光迪、吴宓、胡先驌爲主要代表的《學衡》派人士，所持的文化理論，是一度流行於美國，而中國前此並不懂得的“新人文主義”。他們在《學衡》上拿出了相當的篇幅，介紹了他們的老師哈佛大學教授白璧德的新人文主義，並譯載了白璧德有關的一些論述。對於新人文主義的介紹、解釋、發揮和運用，才是《學衡》派文化論的主導思想，也是他們用來反駁新文化運動的主要理論武器。

《學衡》派一再指摘説，新文化運動犯下的一大錯誤，就是把“西洋晚近一派之思想”錯當成“西洋文化之全體”，也就是把西方已經唾棄的糟粕錯當做了精華。這一觀點，正是出自白璧德。《學衡》第3期上便發表過白璧德論述“中西人文教育”的文章。白璧德在這篇專門寫給中國人看的文章中，按照他的新人文主義的觀點，對中國的新文化運動提出明確的勸告。他説：

中國之人爲文藝復興運動，决不可忽視道德，不可盲從今日歐西流行之説，而提倡僞道德。若信功利主義過深，則中國所得於西方者，止不過打字機、電話、汽車等機器。或且因新式機器之精美，中國人亦以此眼光觀察西方之文學，而膜拜盧梭以下之狂徒。治此病之法，在勿冒進步之虚名，而忘却固有之文化，再求進而研究西洋自希臘以來真正之文化，則見此二文化（引者按：這是指中國固有文化和西洋固有文化），均主人文，不謀而合，可總稱爲邃古以來所積纍之智慧也。㉕

在這段文字中，已經把新人文主義的基本傾向表達得十分清楚。白璧德是説，只有他所提倡的希臘以來的人文主義，才是歐洲的真文化。今日歐洲正在流行着的文化却是僞道德、假文化。白璧德的新人文主義，是在批判歐洲文藝復興以來的文化革新思想的同時作出解説的，尤其是在聲討培根的實證主義、功利主義（白璧德有時候也將其叫做“科學的自然主義”）和盧梭的人道主義、平民主義（白璧德有時候也將其叫做“浪漫的自然主義”）的過程中，對照着進行闡釋的。

白璧德雖然也略微譴責過歐洲中世紀“重神性太過”，造成對人的“才智機能”的“致命束縛”，並且也肯定過文藝復興初期“對神性與人性之矛盾，所見較確”㉖。但是，他立論的基點是明確地放在批判和否定16世紀以來的文化革新運動上。在他看來，16世紀以來的文化改革是走了極端。走了極端的表現，就在於完全抹煞了中世紀的文化精神，尤其是完全否定了耶穌教的功績。白璧德説，耶教固然“重盲從”，損傷了“批評精神”，但是“耶教能令人謙卑而重立其意志”，有着“救世之功”。白璧德還援引别人的議論，説明所謂“黑暗時代”的中世紀，其實精神上却是“光明普照”，雖然“學術晦昧”，然而“聖賢之多盈千纍萬”，“社會風俗良好”。白璧德認爲，耶教的“主張上帝之恩典”之説，固然與“尊崇理性”的觀念不能相容，但是“上帝之恩典之説，乃歐洲中世紀社會之基礎，此説既摧毁，恐難望保存歐洲文明於不墜”。所以他認爲，當務之急，是搜求一種新説新理，來“補上帝之恩典之説所遺留之缺陷，而存其功用”㉗。他認爲，歐洲16世紀以來，尤其是英國工業革命以來，西方文化運動的根本錯誤，即在於注重知識、注重功利、注重科學，而丢棄了宗教，丢棄了道德，丢棄了人文精神。説：“此種自16世紀以來之西方運動，其性質爲極端之擴張，首先擴張人類之知識與管理自然界之能力，以增加安適與利用。”這種以培根爲先驅的注重功利的“近代運動”，其主旨就是“注重組織與效率，而崇信機械之功用”。白璧德說，這種狀況證明了，“吾西人今日之不惜舉其固有之宗教及人文的道德觀念，而全拋棄之”。因此，“今日之文化，捨繁複之物質發明外，别無他物。質言之，即非文化，僅爲一種物質形態，冒有精神之名而僭充者也”。白璧德對於以培根爲代表的一派，提倡科學忽視道德，提倡物質文明忽視精神文明的主張，深惡痛絶，認定它造成了物慾横流、文明喪失的惡果，甚至把世界大戰的成因也歸罪於它，説："並非人類可驚之奇變，而實爲英國工業革命以來，人類之物質欲望，愈益繁複，竊奪文化之名，積纍而成之結果。"[28]白璧德正是借着批判崇信科學的自然主義（即“物性主義”或“實證主義”），確立起他的新人文主義學説。他把人類生活分爲三界，説人之存心行事别爲三級：上者立於宗教界（或天界），中者爲人文界（或人界），下者爲自然界（或物界）；各界有各自的運行規律，相互間不能混淆和取代。他以此爲據，指責培根等人的自然主義，説他的根本錯誤就在於以物界的“自然之律”取代了人界的“人事之律”。白璧德的人文主義着重强調的是：無論個人或社會，欲圖生存，則必須在“物質之律”以外，另求一種“人事之律”；依靠這種“人事之律”，才能建立起精神上的規矩，使人們精神上能够循規蹈矩、中節合度。如果以爲這樣的原理是可有可無的，那就必定會使得人們的精神日趨衰頽、萬劫不復。所以舉凡想要革除這樣的原理的，都是社會的罪人。在新人文主義者看來，在歐洲中世紀倒還是尊崇理想主義的，但是自文藝復興以來，批評理想主義、崇拜物質之運動起，竟專務提倡科學，將科學視爲金科玉律，終至把人類等同於物質。及至到了十九世紀，這種自然主義更是極度猖獗，終成了“人間最大惡魔”，于是不能不痛加聲討：

> 若謂昔日者，人文主義受神道宗教之凌逼，有須衛護，則今日人文主義受物質科學之凌逼，尤極須衛護。必科學本有範圍，乃妄自尊大，攘位奪權，滅絶人道者，吾知其爲僞科學矣，此乃19世紀鑄成之大錯也。以崇信科學至極，犧牲一切，而又不以真正人文或宗教之規矩，補其缺陷，其結果遂至科學與道德分離。而此種不顧道德之科學，乃人間最大之惡魔，横行無忌，而爲人患者也。

新人文主義者説得明白，正是針對這種“物質科學之凌逼”，他們才起而謀求救世之道：“19世紀之自然主義，逼人類爲‘物質之律’之奴隸，喪失人性。今欲使之返本爲人，則當昌明‘人事之律’，此20世紀應盡之天職。”㉙不管新人文主義對於崇拜科學的自然主義的介紹是否妥當、評價是否公允，但敏鋭地捕捉到社會人文之事與自然界的運作性質的差異，無論如何是其一大貢獻。新人文主義不贊成把科學的作用範圍無限制地擴大，更不贊成借其抹煞人事的、人文的獨特性質和獨特運作定律，不贊成用自然科學來簡單詮釋社會和人文問題，把人類解釋成“物質之律之奴隸”。這無疑是對於推崇科學萬能論的“科學主義”理論偏頗的覺察。提出這一見解的理論意義，以及這一見解的形成在人類文化史上的意義，顯然是不容忽視的。新人文主義在它對自然主義的批判中，處處在努力説明，人類社會的事，不是可以用自然科學的定律解釋得了的，在人類社會的活動中，包含着大量不能納入自然界的物質活動的內容，而具有自身的獨立的非物質性的內容與特性。新人文主義在着重批判自然主義提倡“不顧道德的科學”的同時，特意强調了道德、宗教在人類社會文化事業中、尤其是在精神領域裏的重要價值。他們不贊成將中世紀宗教精神一筆抹煞，並且肯定中世紀宗教在建立精神規矩方面的功績，甚至進而論證説：“近世之文明，全本於自然主義，毫無人性之拘束，如是行之已久，而人類尤未至於滅絶者，蓋亦由昔日宗教教義盛行所養成之習慣規矩尚存。幸得其餘力之庇蔭爾。”㉚不論其對於宗教的社會作用的估價是否得體，僅從它能够認識到道德以至於宗教，具有自然科學所無法代替的特殊作用和特殊價值而言，也算得上是識辨出了人文精神所具有的不應抹煞的獨立性的。不過，科學（或從狹義上純指自然科學）究竟算不算是人類文化的組成部分？科學的成就對於人文學術道德等精神文明究竟具有還是不具有什麽影響？科學的精神、科學的思維、科學的方法，對於“人事之學“又起着怎樣的作用？所有這樣一類有關科學與人生關係的大問題，新人文主義却是一概避而不答，或者是根本没有認真考慮過的。

絶口不理會物質對人事、科學對人生産生何種影響，只是大講特講“物質之律”、“科學學説”根本不適用於社會人事，這是新人文主義文化觀的基調。《學衡》派完全遵從師説，全力論證撇開“物質之律”，依“人事之律”

明“爲人之道”的重要性，並且將其看作是新人文主義的要義之所在。吴宓在向國人介紹新人文主義時，即突出了這一點，他寫道：

> 其講學立説之大旨，略以西洋近世，物質之學大興昌，而人生之道理遂晦，科學實業日益興隆，而宗教道德之勢力衰弱。于是衆惟趨於功利一途，而又流於感情作用，中於詭辯之説。群情激擾，人各自是，社會之中，是非善惡之觀念將絶。而各國各族，則常以互相殘殺爲事。科學發達，不能增益生人内心之真福，反成爲桎梏刀劍。哀哉！此其受病之根，由於衆群昧於爲人之道，蓋物質與人事，截然分途，各有其律。科學家發明物質之律，至極精確，故科學之盛如此。然以物質之律施之人事，則理智不講，道德全失，私慾横流，將成率獸食人之局。蓋人世自有其律，今當研究人世之律，以治人事。……今將由何處而可得此爲人之正道乎？曰：宜博採中西，並覽古今，然後折衷而歸一之。夫西方有柏拉圖、亞里士多得，東方有釋迦及孔子，皆最精於爲人之正道，而其説又在在不謀而合，凡此數賢者，皆本經驗、重事實。其説至爲精確，平正而通達。今宜取之而加以變化，施之於今日用作生人之模範。人皆知所以爲人，則物質之弊消，詭辯之事絶。宗教道德之名義雖亡，而共用長在；形式雖破，而精神猶存。此即所謂最精確、最詳贍、最新穎之人文主義也。㉛

既然物質與人事截然分途，各有其律，不能以物質之律施於人事，而只能以人事之律治人事。那麽，兩種定律最爲突出的不同處究竟何在呢？新人文主義論證人類文化具有不同於自然科學的特徵時，特别强調了人類文化不具備“進步”這樣的特徵。白璧德等人承認自然科學的發展，不斷促進了社會生産，增加了財富，改善了人們的物質生活，因此認可“進步”是科學發展的定律。可是，他們又認爲，文化領域、精神領域的事，却並不存在這樣一種“進步”的必然律。他們説，現今人們喜歡説的“進步觀念”、“進步主義”，實際上乃是按照功利主義的觀念，誤將“道德與物質之進步混爲一物”，“誤以物質進步爲精神進步”。事實上物質的進步，帶來的是物質欲望的膨脹、道德觀念的淪喪。新人文主義，一再聲言他們反對復古，但是他們勾畫出的人類文化的歷史狀況却是一幅反方向運動的圖像：物質在進步，科學在進步，人文精神却在退步，道德却在退步。在他們看來，科學是今勝於古，人文却是古勝於今。科學是進步的，所以還是新的好；道德是退步的，所以還是老的好。無法否認，新人文主義的文化觀，是斷言舉凡精神文明諸事，均是今不如古，新不如舊。所以新人文主義反復申述的救治現今社會病態的文化方案，均是提倡返本溯源，要人們從古代文化遺産中去尋找。如說：

> 夫爲人類之將來及爲保障文明計，則負有傳授承繼文化之責者，必先能洞悉古來文化之精華，此層所關至重，今日急宜保存古文學，亦爲此也。自經近世古文派與今文派偏激無謂之争，而古文之真迹全失，系統將絶，故今急宜返本溯源，直求之於古。蓋以彼希臘羅馬之大作者，皆能洞明規矩中節之道及人事之律。惟此等作者爲能教導今世之人如何節制個人主義及感性，而復歸於適當之中庸。故誦讀其書而取得之精神，爲至不可緩也。㉜

爲着闡發這種向古代文化尋求救世良方的主張，白璧德還提出了今人可奉爲典範的東西古代“四聖”説。他説：

> 比而觀之，若欲窺歷世積纍之智慧，擷取普通人類經驗之精華，則當求之於我佛與耶穌之宗教教理，及孔子與亞里士多德之人文學説，捨是無由得也。論其本身價值之高，及其後世影響之巨，此四聖者，實可謂爲全人類精神文化史上最偉大之人物也。㉝

這就愈加使人看得明白，新人文主義所看重的文化精華，只是古代的宗教與道德的成果，他們只承認這些古代的文化成果是人類經驗的積纍和文明的結晶，將其看作是“捨是無由得”的人類文化的唯一來源。至於後世出現的與這些古老文明成果不一致的新思想和新文化，他們則不僅不承認他們具有任何進步意義，而且一概視之爲毁師滅祖的反文明行爲。這種否定人類文化的發展史是不斷進步過程的論點，是新人文主義文化觀的主要支撑點。靠着這樣的論點，他們才得以將其“新不如舊”的文化論打理得自圓其説，才得以將其“重傳承而輕創新”的文化觀表述得理直氣壯。

反對“文化進化論”，是《學衡》派借以抨擊新文化運動的一個主要理論武器。吴宓、梅光迪在他們最初發表的評論新文化運動的文章中，都明確援引白璧德反對文化進化論觀點爲據。梅光迪説，“文學進化”是“至難言者”。國内迷信“以新代舊”的文化革命，無非是受西方近代興起的“文化進化論”的鼓惑，其實那種認定“後派必優於前派，後派興而前派即絶迹”的文化進化論，正是犯了“流俗之錯誤”的“妄言”，不足爲訓的[34]。吴宓把這一主張鋪陳開來，講解出一篇文化無新舊的道理。他首先從事物發展的最一般定律上，闡釋“新舊難辨”的哲理依據，説：

> 何者爲新？何者爲舊？此至難判定者。原夫天理、人情、物象古今不變，東西皆同。蓋其顯於外者，形形色色，千百異狀，瞬息之頃毫厘之差，均未有同者。然其根本定律，則固若一。……故百變中自有不變者存。變與不變，二者應兼識之，不可執一而昧其他。[35]

他以這樣看上去無可挑剔的四平八穩的議論爲據，從中推論出不必看重“新”之價值的判斷，並且特别强調了“人事之學”不同於“物質科學”，不遵守“循直綫以進”的特性。他寫道：

> 天理、人情、物象，既有不變者存，則世中事事物物，新者絶少。所謂新者，多係舊者改頭换面，重出再見，常人以爲新，識者不以爲新也。俗語云：少見多怪，故凡論學應辨是非精粗，論人應辨善惡短長，論事應辨利害得失。以此類推，而不能拘泥於新舊，舊者不必是，新者未必非，然反是則尤不可。且夫新舊乃對待之稱，昨以爲新，今日則舊，舊有之物，增之損之，修之琢之，改之補之，乃成新器。舉凡典章文物，理論學術，均就已有者，層層改變遞嬗而爲新，未有無因而至者。故曰不知舊物，則决不能言新。凡論學、論事，當究其始終，明其沿革，就已知以求未知，就過去以測未來。人能記憶既往而利用之，禽獸則不能，故人有歷史，而禽獸無歷史，禽獸不知有新，亦不知有舊也。更以學問言之，物質科學，以積纍而成，故其發達也，循直綫以進，愈久愈詳，愈晚出愈精妙。然人事之學，如歷史、政治、文章、美術等，則或繫於社會之實境，或由於個人之天才，其發達也，無一定之軌轍，故後來者不必居上，晚出者不必勝前。因之，若論人事之學，則尤當分别研究，不能以新奪理也。總之，學問之道，應博極群書，並覽古今，夫然後始能通底徹悟，比較異

同。如只見一端，何從辯證？勢必以己意爲之，不能言其所以然，而僅以新稱，遂不免黨同伐異之見。則其所謂新者，何足重哉！而况又未必新耶。語云：城中好高髻，四方高一尺。當群俗喜新之時，雖非新者，亦趨時阿好，以新炫人而求售，故新亦有真僞之辨焉。今新文化運動，其於西洋文明之學問，殊未深究，但取一時一家之説，以相號召，故不免舛誤迷離，而尤不足當新之名。[36]

吴宓所作的這一關於新與舊的長篇論述，反對在文化上“是新非舊”的態度是鮮明的，但是他的理論分析却頗多疏漏，邏輯推論更是十分混亂，議論中不斷地偷换了命題。例如，開始他是宣稱，事物發展過程中新舊難辨，這講的是認識問題。可是，接下去，就突然轉而講起世間事物中新與舊的比重問題，説新東西極爲稀少，甚至有些新東西實際上不過就是舊東西的“改頭换面”，所説已與認識問題毫不沾邊。再往下，突然又跳躍到議論新與舊的價值評估問題，斷定新舊不等于是非，這些論斷與剛剛論列的關於新舊認識、新舊比重問題又完全掛不上鈎。再往下，他撇開對新舊的價值評估，轉而論證“新自舊來”的新舊關係，並且把“人有歷史”這一特徵擡高到人之區别於獸的高度。按照這一立論，本來理當進而論證歷史形成的固有文化的重要性，可是，接下去他爲着强調“人事之學”不同於“物質科學”，又一次自亂陣脚。他説，物質科學是“以積纍而成”，故其發達是“循直綫以進”，“愈晚出愈精妙”；與此相反，“人事之學”如歷史、政治、文章、美術之類，則由“社會實境”或“個人天才”所决定，而“無一定軌轍”，故而新不必勝舊。這番議論，不免又引發雙重混亂：一方面是爲着證明舊文化的價值，就不得不承認文化歷史積纍的意義，從而導致不得不承認一部分文化、即“物質文化”是“積纍而成”，“直綫以進”，“愈晚出愈精妙”，這就説明部分文化的進程是“新出於舊”却又“新强於舊”；另一方面爲着貶低新文化的價值，又不得不同時竭力論證新文化不一定必勝於舊文化，乃至於硬説一部分文化（即所謂“人事之學”）不遵循新出於舊的軌轍。那麽這部分文化是否也是“積纍而成”，是否也有其發達的歷史呢？如果按照這部分“人事之學”不遵循新勝於舊的進化軌轍的判斷，那麽豈不是等於也否定了這部分文化中舊的文化積纍的價值？吴宓他們反對文化進化論的論證，使其自身的判斷陷於兩難中：爲着證明新文化未必具有什麽積極意義，便無法不連帶着否定舊文化是歷史積纍的進化過程；而爲着證明舊文化具有珍貴的價值，就無法不連帶着肯定在文化歷史積纍的過程中新文化是進化的産物。《學衡》派陷入對新舊文化情感上愛憎分明、理論上邏輯混亂中，無法理出個清晰的頭緒。

《學衡》上所發議論文化問題的文章，態度大體一致，即着重於論證舊文化之價值不可抹煞，但理論上也因人而略有差異。有較爲温和的，如李思純認爲固不可斷定“精神文化”和“物質文化”都是今勝於古，但是也不應斷定人類文化不是進化的而“恒爲退化”的，他爲着照顧兩面，得出的是個含糊的結論：“故禮俗、學術、道藝、政治之爲物，古者固多不如今，而近者亦未必其勝古，其真價值固難確定也。”並據此進一步議論道：“故國人者正確態度，當對舊文化不爲極端保守，亦不爲極端鄙棄；對於歐化不爲極端迷信，亦不爲極端排斥。所貴準於去取始終之義以衡量一切，則庶幾其估定文化改正舊物之態度，成爲新生主義之現實，而不成爲番達主義之實施。”[37]積極支持《學衡》的東南大學副校長劉伯明，則直言新文化運動的功績，説“其要求自由，而致意於文化之普及，借促進國民之自覺，而推翻壓迫國民之制度”，“確有不可磨滅之價值”。更進一步，他還充分肯定了“五四”運動所體現的激進行動，説“蓋積習過深之古國，必經激烈之振蕩，而後始能焕然一新，此必經之階級，而不可超越者也”[38]。《學衡》上當然也發表了一些帶着偏激情緒極力貶斥新文化的文章，例如邵祖平，雖也表示不可以新舊定文化之優劣，説“夫新舊不過時期之代謝，方式之遷换，苟其質量之不變，自無地位者軒輊，非可謂舊者常勝於新者，亦不可謂新者常優於舊者”。不過接下去，他便就道德文藝二事，以舊新定優劣，放言新不如舊了。他以中國爲例，説：以道德論，數千年禮儀之邦的中國，倫理道德，“莫不完備”，“實足贍養於無窮”；以文藝論，中國數千年來之詩、古文詞曲、小説、傳奇，“固已根柢深厚，無美不臻，抒情叙事之作，莫不繁簡各宜”。據此他斷言，新道德、新文藝之提倡，純粹是有人故意操縱的“騖新趨世”敗壞風氣的有害行爲[39]。顯然邵氏的這種見解，已經從不以新舊論優劣的前提，滑到崇尚“舊勝於新”的（至少在道德文藝的範圍内）以舊新定優劣的另一極端。

看來這種邏輯上、理論上頗爲混亂的文化觀，似乎是無法自圓其説的。但是，留心觀察，還是可以看出，吴宓等《學衡》派力主的文化不以新舊論其價值之説，畢竟還包含有一種對於人類文化特性的深層次的理解，雖然他們一時還不能把這種理解表達得十分清晰和完善。簡要説來，《學衡》派關於文化價值不得以新舊論優劣的論斷，捕捉到了在人類文化的存在與發展過程中，因受作爲其主體的人所具有的獨立創造能力的左右，從而具有着非自然過程的社會人文的特性。人類文化發展的總趨勢，固然無可懷疑的是由低到高的進化過程，但是就特定的具體的文明成果而言，它一旦創造出來，其價值就會具有或短或長的延續功能，而不會隨生而隨滅；文明成果具有長久價值，甚至具有後世難以超越的水準的事，在文化史上是屢見不鮮的。在文明的歷史長河中不世出的文明成果，會具有難以磨滅的、甚至是永恒的光輝價值的事例，不勝枚舉。放諸文學藝術境域，這更加是無須做多餘詮釋的通例。就此種意義而言，吴宓等關於“精神文化”或“人事之學”，因“社會之實境”或“個人之天才”而不能一概遵循“後來居上”、“新勝於舊”的論斷，是合理的。《學衡》派正是本着對於文學的延續功能和持久生命力的深切感悟，才對胡適等宣佈舊文學爲“死文學”的論斷下了切中要害的有力一擊。

問題在於，正由於《學衡》諸公把反對“文化進化論”的理由展開來細加論列，這就使得新人文主義反對文化發展具有進步性的立論的漏洞，也暴露得更加無從掩飾。固然可以説，“人事之學”或“人文之學”，因其受“社會實境”、“個人天才”所左右，而不遵循“後來居上”“直綫前進”的定律，那麽是不是就由此可以斷定，人事的、人文的人類文化，就必定完全不遵循進化發達的總趨勢呢？反對“文化進步論”的論斷，是顯然説不通的。事實上，人類社會的發展史，已經明白無誤地證明，人文學術和“物質科學”一樣，和物質生産、經濟生活一樣，總趨勢都是由低向高發展的，也就是説，人類文明史不管經歷過多麽曲折的道路，但大趨勢無疑是不斷進步的。儘管兩千年前，四千年前，甚至一萬年前，人類的確産生過燦爛的文明，其中某些成就甚至是後世永遠無法望其項背的，但是從文明總進程上看，21 世紀的人類文明程度無論如何也是大大超過紀元前、超過幾千幾百年前，這是任何人也否認不了的絶對的歷史真實。

新人文主義及其支持者們，爲反對“文化進化論”所發的議論中，最大的敗筆，是喋喋不休地聲討“文化應符合世界潮流”的主張。他們既然不承認精神文明是在不斷進步着，他們就進而推論説，時代潮流或世界潮流，並不具備什麼進步意義；因此，在他們看來，如果要求文化跟上時代的步伐，符合世界潮流，那就無非是在提倡文化學術“趨時媚俗”、投機取巧，放棄了以特立獨行的人文精神引導時代風尚的責任。他們把亞里士多德的一句名言，當做堅持不混同於時俗的箴言：“亞里士多德嘗言：一事之真相之定斷，當從賢哲，否則徒從‘順應世界潮流’，而不知其本題之價值，亦將爲世界賢哲所竊笑矣。”㊵

如果説戀古情結是新人文主義文化觀的一大特色的話，那麼極端厭煩和無條件地排斥現時文化思潮，則是其同時具有的文化情結的另一面。如果説新文化運動的文化觀的基本傾向是“厚今薄古”，得在“厚今”，而失在“薄古”。那麼，新人文主義的文化觀，恰是“厚古薄今”，得在“厚古”，而失在“薄今”。

新人文主義者對當世文化思潮的鄙薄與批判，矛頭主要是指向盧梭等人倡導的“平民主義”，以及盧梭用以支持“平民主義”的博愛觀、平等觀、自由觀和人權論。白璧德和他的中國學生們，聲討新文化運動時，一再説其根本錯誤，是對於歐西文化，僅取“糟粕”，僅取“卑下一派”，所指均是盧梭學説。在他們看來，盧梭的“平民主義”不止是卑下的，而且是罪不可赦的反文明的言論。反對“平民主義”的“精英文化論”，構成了新人文主義對抗“文化進化論”的又一個主要支撑點。新文化運動所推重的文化理論，恰恰是盧梭的人權平等、個性解放説，由此才推導出他們表達“平民主義”信念的民主主義。如果説，新人文主義對培根的批判，是他們與新文化運動在如何對待“科學觀”上的分水嶺，那麼，也可以説，新人文主義對盧梭的批判，則是他們與新文化運動在如何對待“民主觀”上的分水嶺。

白璧德派對於他所反對的培根的和盧梭的文化觀的實質，常常給予不很規範的定性。有時候把二者都叫做“自然主義”，説培根的主張是“科學的自然主義”，盧梭的主張是“感情的自然主義”；有時候又把二者都叫做“人道主義”，説培根是“凡百科學的人道派之始祖”，盧梭是“凡百感情的人道派之始祖”㊶。不過，細心辨别，當可察覺，他們在批評“自然主義”時，着重的是針對培根之說，而在批評“人道主義”時，着重的則是針對盧梭之說。做這樣的區分，大約是與培根更注重强調科學，而盧梭更注重强調人權有關。白璧德把他與盧梭的分歧，曾經概括爲人文主義（Humanism）與人道主義（Humanitarianism）的區别，並説這種區别即在於：“人道主義重博愛，人文主義則重選擇。”固然白璧德也常説到，“同情”與“選擇”均不可偏廢，要在二者間保持平衡，要執兩而取中，但他主要還是致力於批判盧梭的博愛説。按照新人文主義的觀點看來，盧梭的人道主義的博愛説，是在主張“泛愛”，鼓吹“不加選擇的同情”：“漫無甄别之普遍同情，即所謂四海之内皆兄弟之義。”他斷定，如果此説流行，則必定造成舉世混亂。爲什麽會對博愛説如此反感和恐懼呢？白璧德做出解釋的主要理由，是認爲提倡這種取消差别的普遍的愛，就會否定了在人群中應當保持的訓練與選擇，從而也就否定了人世必須遵循的紀律與秩序。他説，現今的人道主義博愛説，是“以泛愛人類代替一切道德”，標榜“納衆生於懷中，接全球以一吻”。這樣便違背了古希臘所説的“博愛”一詞的原義。他説就古希臘的“博愛”一字的字義而言，本來“含有規訓與紀律之義，非可以泛指群衆，僅少數優秀人選者可以當之。要之，此字之含義，主於優秀選擇，而非謂平凡群衆也”。所謂重“選擇”、反“博愛”的本意，在這裏應該算是透露得比較明白了。它的意思，無非是主張把社會的“優秀分子”與“平凡庸衆”嚴加區别；愛只能及於“優秀”，而不必顧及“庸衆”。按照這樣的文化尺度和道義標準，新人文主義者談到古希臘的人文主義時，雖然也偶爾會略微表示一下對其失之於孤傲的惋惜，但基本意向還是在表達無限崇敬向往之情，如説：“古代之人文主義實帶貴族性。區别極嚴，其同情心甚爲狹隘，而共輕蔑一般未嘗受教之愚夫愚婦，固勢所必然矣。”“兹所欲明者，即古之人文主義者之自立崖岸，輕蔑惡俗，實與近世廣博之同情絶對相反，不可不知也。”並且説，這種“自立崖岸，輕蔑惡俗”的精神，後來“復見於文藝復興時代之人文主義”。所以文藝復興時代的人，靠着堅持“自己的”信條與訓練“和”淵博之文學，能“自駕於庸衆之上”，乃得以保存“傲兀之人文主義之遺響”[42]。新人文主義的這種反平民主義的文化觀，包含着兩方面的基本内容。一方面是認爲人文道德諸事，其内容應當體現尊卑有别的“選擇”，從而維護有序的人間的紀律與秩序。另一方面則是認爲文化的承擔者、創造者，只能有賴於有教養的精英，而不能也不該寄託或遷就於平凡的庸衆。也就是説，在新人文主義者看來，文化第一不能是"爲平民着想的文化"，第二不能是"靠平民創造的文化"。

當着新人文主義者聲討科學昌盛而人文精神淪喪時，已經順便把他們心目中的健全的人文精神是什麽樣子講解得非常清楚。他們將其一再强調的道德人文精神應重"選擇"、"紀律"、"秩序"的本意，直截了當地解釋爲要求凡人皆須具有和保持"屈服之心"、"謙卑之德"。屈服於誰？對誰謙卑？他們捧出的偶像是："高尚之意志"。他們要求人們要心安理得地服從於這種"高尚意志"。新人文主義照此原則，擬定的基本信條是："故凡人須以平常之自己，屈服於一種高尚神聖之意志之下，而始得安樂。"據此，便推崇宗教教義，説耶、佛兩大宗教，"其中樞最要之旨義，皆謂人之内心中，高尚之意志對於平常劣下之意志（即放縱之情慾）有制止之機能與權力"。二教具體説法雖有不同，"然皆承認此高尚意志之存在"。"此實莊敬與謙卑之心之根源也。屈服於此高尚意志，惟而至乎其極，則得精神之安慰也。"他們聲稱，使凡人們受到管制約束，避免"理智放縱"或"情慾放縱"，這就是東西兩大宗教對道德文明做出的莫大貢獻。他們也承認，宣揚"上帝之恩典"的宗教文化觀，難免具有損害"批評精神"的弱點，因此最爲完善的人類文明的規範，還是得屬亞里士多德、孔子爲代表的古代人文主義學説；他們的學説才能保證人們精神的統一與安定。據此，白璧德在評價孔子學説時，才鄭重地寫道：

> 吾人今試就此積無量之實在經驗而成之孔教之舊説，以求解吾前此所云今日最重要之問題，即如何而能使人類之精神統一，而非如今日機械之發明，僅使人類得物質之接觸，而精神仍涣散崩離也。孔子以爲凡人類所用具者，非如近日感情派人道主義者所主張之感情擴張，而無人能所以自制之體。此則西方自亞里士多德以下人文主義之哲人，其所見均相契合者也。若人誠欲爲人，則不能順其天性，自由胡亂擴張，必於此天性加以制裁，使爲有節制之平均發展。但世人十之九，如亞里士多德所云，寧喜無秩序之生活，不願清醒而安静。可見東西之人文主義者，皆主以少數賢哲維持世道，而不依賴群衆、取下愚之平均點爲標準也。[43]

把耶穌、釋迦換成亞里士多德、孔子，無非是將“上帝之意志”、“神之意志”換成了“少數聖賢之意志”，要求建立下愚絶對服從“高尚意志”的絶對秩序，這種精神實質並没有任何改變。正是按照這樣的標準，新人文主義把盧梭代表的博愛説、人權平等説、平民主義，看作是破壞“高尚意志之管束”，破壞尊卑上下之“神聖秩序”的禍水了。依照這樣的論點與邏輯推演開去，新人文主義對於盧梭等啓蒙派所倡導的個性解放説、自由説，也一概予以無情申斥。白璧德將盧梭學説定型爲“感情擴張運動之先覺”，而且將其“注重感情之擴張”解釋爲“對人則尚博愛，對己則尚個性之表現”這樣兩個方面[44]。崇尚個性的獨立與自由，就必定會使得人放縱個人的感情，不再具有服從“高尚意志”的“謙卑之德”，這種思想的提倡，當然就會和提倡崇尚“愛無差等”的博愛一樣，打亂社會尊卑上下的秩序，引起動亂。據此，白璧德特别贊賞孔子要求人們注重“自制”的見解，説：

> 凡願爲人文主義之自制工夫也，則成爲孔子所謂之君子與亞里士多德所謂之甚沉毅之人。予嘗佩孔子見解之完善，蓋孔子並不指摘同情心爲不當（孔子屢言仁，中即含同情心之義），不過應加以選擇限制耳。中國古代亦有如西方今日之抱博愛主義者，孟子所攻墨子之徒愛無差等。孟子之言亦可用於今日，以正西方托爾斯泰之徒，抱感情主義者之非。[45]

在新人文主義者看來，盧梭、托爾斯泰式的所謂“感情主義”的自立與自由主張，就是主張“人欲自由”，主張“順其天性”（按，即指順人的自然本性）的“自由胡亂擴張”。他們斷定，這種“惑於想象，溺於感情，將舊傳之規矩，盡行推翻”的主張，必將給人類帶來莫大灾難，理由是“凡個人及社會之能有組織，能得生存，其間所以管理制裁之道，决不可少”。可是盧梭的自立説、自由説，却是在“身外之規矩”已經被推翻的今日，又要破壞人們“内心之規矩”，所以這是“近世最可悲最可痛之事”。他們説盧梭的主張是喪失人性的禍害，“其學説之要點，即痛惡凡百牽累、凡百拘束、凡百規矩、凡百足以阻止吾人率意任情行事者，以及各種義務責任，盧梭皆欲鏟除之”。他們認定，盧梭的這種學説，正是鬧出歐洲大戰的原因：“此種感情主義與人類弄權作威之天性，毫無拘束，以及操縱物質所得之力量，惟所欲爲。兹數者相遇，則必生大戰。此勢之必不可免，而千古莫能易者也。”[46]

新人文主義對於人權平等、人格獨立觀念支撑下建立起的自由平等博愛思潮，是完全不理解的，甚至可以説是深惡痛絶的。他們固執地認定，人世間如無高尚與庸衆之分，就等於否定了社會的正常秩序，如無賢哲與下愚之分，就等於毁滅了人類的文化寶藏。新人文主義完全不理解人權平等觀念爲靈魂的啓蒙思潮，是反映着社會發展的新的時代需求，不懂得這是要求用新的人際關係、新的社會秩序，來取代宗法貴族的舊的等級關係、舊的統治秩序；而是將這樣的社會變革和表達這種變革的社會思潮，一律看作是在圖謀破壞人間的一切制度與規章，取消社會上所有秩序和紀律。新人文主義否認人類文化是循着進步軌迹的總趨勢，以及他們對於新興起的平民文化、大衆文化的厭惡與排斥，正是他們没有認識到人類社會正處於重大轉型期、没有認識到與這樣的社會轉型相適應必然伴隨着要發生一場文化的轉型。新人文主義，不懂得也不屑於去認識新時代賦予文化的新使命。這正是新人文主義的致命傷。

人類社會進入了19世紀、20世紀之際，文化的大衆化、平民化，已是不可阻擋的大趨勢；再也不會像遠古文明初創時，文化只能是極少數人獨具的技能和獨攬的專業。教育的普及程度，科學知識的普及程度，文學藝術的普及程度，在迅速提高的情況下，文化自然日益成爲廣大民衆的共同事業。當然，文化大衆化，是要經過一個長期的過程。至今，要想在全人類中完滿實現文化的普及，仍然存在着許許多多的困難。不過，這樣一個文化日益大衆化的總趨勢，是任何力量也無法阻擋住的。一切將平民大衆看作是愚昧無知、與文化無緣的觀念，一切對於文化大衆化、平民化趨勢不加分析地統統厭惡與排斥的情緒，如今只能算是一種過時的、精神貴族式的、與時代潮流不合節拍的遺響。

那麽，是不是説在人類文化中高雅的、高深的、高層次的文化，已經變成了“過期作廢”的、没有價值的、應當消滅了事的東西呢？顯然絶不能作如是觀。一則，既有的人類文明遺産中，最有價值的部分、最有生命力而影響久遠的部分，無疑是那些出自歷代文化精英之手的高水平的成果。二則，任何時代，標誌文化發展所達到的水準的，只能是那個時代的最杰出的文化人作出的最杰出的文化成果。即使是在文化高度大衆化的現代，文化發展所達到的水平的高度，其標誌仍只能是這個時代的精英文化。即使這些精英文化的成果，因其高深奧妙而一時不能爲大衆所理解和接受，它也是文化時代發展水平和發展方向的代表；任何時代文化發展的水平和發展的方向，的確是不能以大衆達到的平均文化水平爲準，更不能以粗俗的、低級趣味的、純功利的要求爲準。就這種意義而言，提倡文化大衆化者，如果以精英文化爲所反對的對立項，鄙棄精英文化、高雅文化，把高層次的文化定性爲“脱離群衆”的、“和之者寡”的、應該打倒的“貴族文化”，則是完全錯誤的。就其本質而言，這種錯誤的傾向乃是反文化的傾向，——貶低或抹煞最高水平的文化成就，那就是扼殺文化發展的生長點，扼殺文化的生機。在這一點上，新人文主義對精英文化的厚愛，雖屬過度，其見解仍不失具有認識論上的重要價值。儘管有千錯萬錯，肯定高層次文化的價值這一見解，是《學衡》派所推薦的新人文主義一項重要文化理論貢獻。正因如此，《學衡》派的文化論，在歷經數十年之後，重新被人們記起，重新被人們閲讀時，仍然可以從中獲得拒絶文化虚無主義和庸俗文化觀的啓示。

注　釋

① 參見《中國新文學運動小史·逼上梁山》、《胡適口述自傳》等，《胡適文集》第1卷，北京大學出版社1998年版。

② 《〈嘗試集〉自序》，《胡適文集》，北京大學出版社1998年版，第9卷，第82頁。

③ 《評提倡新文化者》，《學衡》第1期（1922年1月）。

④ 《論新文化運動》，《學衡》第4期（1922年4月）。

⑤⑥　吴宓《論今日文學創造之正法》，《學衡》第15期（1923年3月）。

⑦ 易峻《評文學革命與文學專制》，《學衡》第79期（1933年7月）。

⑧⑨　這篇書評，因篇幅甚長，分作兩次發表。前半部分以《評〈嘗試集〉》爲題，刊登於《學衡》第1期（1922年1月）。後半部分以《評〈嘗試集〉（續）》爲題，刊登於《學衡》第2期（1922年2月）。以下引自該文者，出處不另注。

⑩⑪　曹慕管《論文學無新舊之異》，《學衡》第32期（1924年8月）。

⑫ 吴芳吉《三論吾人眼中之新舊文學觀》，《學衡》第31期（1924年7月）。

⑬ 同注⑤。

⑭ 同注⑦。

⑮ 劉樸《闢文學分貴族平民之訛》，《學衡》第32期（1924年8月）。

⑯ 同注⑩。

⑰《評提倡新文化者》,《學衡》第1期（1922年1月）。

⑱⑲ 吴宓《論新文化運動》,《學衡》第4期（1922年4月）。

⑳ 同注⑰。

㉑㉒ 同注⑱。

㉓ 20世紀20年代,《學衡》在具有濃厚文化興趣的青年中，還是具有吸引力的。比如翻譯家楊憲益在2006年回憶年輕時讀書的經歷，便説到喜歡看當時時興的雜誌，比如《學衡》。他還説，30年代在英國留學時，向往古希臘，認爲“要瞭解西方文明，就要瞭解它的源頭古希臘和古羅馬”，于是決定學希臘文和拉丁文。這樣的情趣，顯然和《學衡》派的文化觀一致（語見2006年7月12日《中華讀書報》第20版）。

㉔ 同注⑱。

㉕ 胡先驌譯《白璧德中西人文教育説》,《學衡》第3期（1922年3月）。

㉖ 徐震堮譯《白璧德釋人文主義》,《學衡》第34期（1924年10月）。

㉗ 吴宓譯《白璧德論歐亞兩洲文化》,《學衡》第38期（1925年2月）。

㉘ 同注㉕。

㉙㉚ 吴宓譯《白璧德之人文主義》(原文爲法國人馬西爾［Mercier］所作),《學衡》第10期(1923年7月)。

㉛ 胡先驌譯《白璧得中西人文教育説》，吴宓按語,《學衡》第3期（1922年3月）。

㉜ 同注㉙。

㉝ 同注㉗。

㉞ 同注⑰。

㉟㊱ 同注⑱。

㊲《論文化》,《學衡》第22期（1923年10月）。番達主義（Fandalism）義即文化摧殘主義、文化破壞主義。

㊳《共和國民之精神》,《學衡》第10期（1922年10月）。

㊴《論新舊道德與文藝》,《學衡》第7期（1922年7月）。

㊵ 梅光迪《現今西洋人文主義》,《學衡》第8期（1922年8月）。

㊶ 同注㉙。

㊷ 同注㉖。

㊸㊹㊺ 同注㉕。

㊻ 同注㉙。

丁偉志，1931年生。中國社會科學院榮譽學部委員，研究員，曾任中國社會科學院副院長，中國史學會副會長，中國老教授協會副會長等職。

On The Magazine *Xue Heng*（《學衡》）

Ding Weizhi

Summary

The magazine *Xue Heng*（《學衡》） started publication in 1922 under the direction of Editor-in-chief Wu Mi. It had been published to the 79th issue by 1933 when it was stopped. From the beginning it was clearly and definitely against the new cultural movement initiated by Chen Duxiu and Hu Shi, especially their "theory of literary revolution," on which it published numerous refuting articles. The concept of literature it propagated actively, to speak essentially, consists of two notions. The first notion is that literature should not be divided into the old and new parts and that the achievements of traditional literature should be fully affirmed and their universal value should be upheld. The second notion holds that literature should not be divided into the aristocratic and the common people's branches. It opposes dividing literature by the "class" standard and taking the so-called "aristocratic literature" to be without any inheritance value. The school of new cultural movement represented by the *Xin Qingnian*（《新青年》）advocated "destroying the old and establishing the new," while the *Xue Heng* group maintained "inheriting the old and establishing the new." The latter's theories of culture came from the Neo-Humanism of L. Babbitt of the Umited States, who opposed "cultural evolutionism" and "the common people's culture," negated the general progressive tendency of mankind's cause of culture, and resisted the tide of the times where culture was increasingly becoming the common people's cause. These are just the vital defects of the Neo-Humanists's cultural viewpoints. However, their great love for the classic, refined cream of culture emphasized its position and value in the history of culture and ideology, which, after all, has important theoretical significance despite their stubborn bias. In the history of mankind's culture, the advanced cream of culture is all along a mark of the height a civilization has reached in its development. In any cases it should not be taken as a sort of trash running in the direction opposite to the development of culture and separating itself from the masses. To deny the cream of culture is right to deny the growing point of cultural development. To maintain consistently and to argue repeatedly for the indelible universal value of the advanced cream of culture for either the West or the East constitute just the important theoretical contribution of the *Xun Heng* group's concept of neo-culture to the construction of new culture in modern China.

《水經注》所見南陽地區的城邑聚落及其形態

魯西奇

一　引　言

二十世紀九十年代初，得從先師石泉先生讀書。入門之初，先師即令研讀《水經注》南方諸水各篇，並教以讀書之法：當以王先謙合校本爲主，輔之以楊守敬、熊會貞注疏本，參以武英殿之官本；于諸家異説不明處，則當參合今見《永樂大典》本；于注文及諸家疏釋所涉及之史實，當溯本求源，翻檢史志之記載，如有可能，更與後世之地志所記相比照，以明其源流，見其同異，尤須于常人所不注意處覓得間隙，發現問題。遂乃遵從先師之教誨，仔細研讀《水經注》之江、沔、湘、資、沅、澧、溳、淯、比、丹、淮水諸篇，成讀書劄記若干篇：先迻録各篇經注文，於其下簡要注出諸家注疏解説之異同，以及自己之疑問；然後於有疑處拾綴相關史事，略加辨析。時尚無電腦檢索工具，羅列史事僅以所見爲限，而不佞年輕氣躁，讀書粗疏，兼以見識淺陋，今日觀之，此等劄記，或已無價值。然憶及先師晚年，仍念念不忘對《水經注》所記南方諸水，特别是荊楚地區各水之整理、分析，曾多次與諸學長及不佞談及如下願望：

研究進展到現在，已經有條件對今本《水經注》有關長江中游各水的諸篇（特别是《江水篇》與《沔水篇》）進行一次全面分析，系統地考察一下其中究竟有哪些可確認是出自酈道元的手筆，哪些是出自後世“訂補”、整理者的手筆；哪些記載可與其他先秦至漢魏六朝時期的古記載相合，可信其爲歷史事實，哪些不能相合；其不能相合的部分，又有何者是因爲酈注時代人們認識的局限，又有何者是由於後人依據後世之地理觀念進行“訂補”而造成的。只有弄清楚這些問題，我們才能盡可能準確地把握今本《水經注》的史料價值，也才能放心地使用其中的史料。[①]

這一願望先師在日未得實現；不佞不肖無才，兼以學術旨趣略有轉移，已無力遵循先師此一遺教。今惟拾綴當年舊劄，略事增補，以《水經注》卷三一《淯水篇》，卷二九《比水篇》、《湍水篇》與卷二十《丹水篇》所記南陽地區的城邑聚落爲主線索，稍事考辨，草成此文，略志先師當年之教誨于萬一，兼以紀念先師逝世兩周年。

二 《水經注》卷三一《淯水篇》所見城邑聚落

淯水，《漢書·地理志》作“育水”，其南陽郡“酈”縣下原注云：“育水出西北，南入漢。”則淯（育）水源出漢酈縣西北境，當即今白河。今本《水經注》卷三一《淯水篇》述淯水所經城邑聚落甚悉，兹略考之。

1. 北酈縣

《水經注》卷三一《淯水篇》首云：

> ［經］淯水出弘農盧氏縣攻離山[②]，東南過南陽西鄂縣西北，又東過宛縣南。［注］淯水導源，東流逕酈縣故城北。郭仲産曰：酈縣故城在攻離山東南。酈，舊縣也。《三倉》曰：樊、鄧、酈。酈有二城，北酈也。漢祖入關，下淅、酈，即此縣也。

按：《讀史方輿紀要》卷五一河南六鄧州内鄉縣“酈縣城”條謂南酈乃漢晉酈縣，北酈爲後魏所析置。所謂“北酈”，乃《魏書·地形志》東恒農郡之北酈縣。注文即云此爲北酈，則非漢晉酈縣，更非漢高祖“下淅、酈”之酈。《注》文拉雜言之，反生歧義。戴震謂：“後魏析置南、北酈，湍水逕南酈東，淯水逕北酈北。”可從。此北酈既在淯水發源東流後不久，其地或當在今南召縣中部、白河合今鴨河之前，或即在今南召縣南河店北一帶。

2. 魯陽關、皇后城、雉縣故城

淯水東南流，合魯陽關水（當即今之鴨河）。其水出魯陽關北，西南流，逕皇后城西、雉縣故城東，匯入淯水。《注》文稱：

> 淯水又東南流，歷雉縣之衡山，東逕百章郭北。又東，魯陽關水注之。水出魯陽縣南分水嶺。南水自嶺南流，北水從嶺北注，故世俗謂此嶺爲分頭也。其水南流逕魯陽關，左右連山插漢，秀木干雲……關水歷雉衡山西南，逕皇后城西。建武元年，世祖遣侍中傅俊持節迎光烈皇后于淯陽。俊發兵三百餘人，宿衛皇后道路，歸京師。蓋税舍所在，故城得其名矣。……關水又西南，逕雉縣故城南。……光武獲雉於此山，以爲中興之祥，故置縣以名焉。關水又屈而東南流，注於淯。

魯陽關，在所謂“分水嶺”南坡。《史記》卷四三《趙世家》云：趙惠文王九年（前290），“趙梁將與齊合軍攻韓，至魯關下及”。張守節《正義》引劉伯莊云：“蓋在南陽魯陽關。”則魯陽之置關甚早。《元和郡縣圖志》卷二一山南道二鄧州向城縣“魯陽關”條：“在縣北八十里。今鄧、汝二州於此分境，荊、豫徑途，斯爲險要。張景陽詩云：‘朝登魯陽關，狹路峭且深。’”是關控扼所謂“三鴉路”之南口，自古即爲必争之地。皇后城，在魯陽關南，當即在今南召縣東北境之皇后鎮稍北處之皇后村附近（在鴨河東岸，對岸有娘娘廟）。其築城相傳即在東漢初年。酈《注》稱“蓋税舍所在，故城得其名矣”。税舍，又作“脱舍”，《儀禮》卷八《聘禮》“遂行舍於郊”句下鄭玄注云：“於此脱舍衣服，乃即道也。”《方言》卷七釋發、税二字云：“舍車也。東齊海岱之間，謂之發；宋趙陳魏之間，謂之税。”則“税舍”乃行聘之禮的一環節，蓋所謂“皇后城”乃爲行此禮而營築之城垣。

雉縣故城，處魯陽關水之西北岸，或當在今南召境内之雲陽、太山廟一帶[③]。雉縣置於秦漢，非光武時初置，酈《注》誤，前人已有詳辨。晉屬南陽國。《宋書·州郡志》“南陽太守”條下謂《永初郡國》所記南陽郡屬縣中仍有雉縣，而何《志》無，則雉縣當省于劉宋中期。《注》文稱之爲“雉縣故城”，蓋因已省之故。

3. 博望縣故城、西鄂故城

淯水復東南流，其河道當在今皇路店、石橋鎮段河道之東，或相當於今鴨東幹渠一線；水西有博望縣故城、西鄂故城。《注》文云：

> 淯水又東南流，逕博望縣故城東。郭仲産曰：在郡東北一百二十里，漢武帝置。校尉張騫隨大將軍衛青西征，爲軍前導，相望水草，得以不乏。元光六年，封騫爲侯國。《地理志》曰：南陽有博望縣，王莽改之曰宜樂也。淯水又東南，逕西鄂故城東。應劭曰：江夏有鄂，故加西也。昔劉表之攻杜子緒于西鄂也，功曹柏孝長聞戰鼓之音，懼而閉户，蒙被自覆，漸登城而觀，言勇可習也。

博望爲漢舊縣，屬南陽郡，東漢、魏晉因之。《宋書·州郡志》謂《永初郡國》及何《志》仍有此縣，徐《志》則無，或廢于劉宋中朝。其故址當即今方城縣博望鎮西1公里之博望老街。遺址東西長1300米，南北寬400米，面積約0.52平方公里。文化堆積厚7米，西部殘留有城垣遺址；城内出土有漢代磚瓦、井圈、水管道及銅鐵器等物[④]。

西鄂故城在淯水西岸，又在洱水入淯之前、洱水之北（見下引注文），其地當在今南召縣東南境皇路店鎮以南、南陽縣蒲山鎮以北之白河兩岸（鴨東幹渠之西）。出土于皇路店鎮南魏莊村唐墓中的《大唐故朝議郎行房州長史王懷壁墓誌銘並序》謂王懷壁於貞元中任向城縣令，“貞元十三年（797）歲丁丑十一月四日，營葬于鄧州向城縣西鄂鄉遵孝原”。《元和郡縣圖志》卷二一鄧州“向城縣”下稱：“本漢西鄂縣地，春秋時向邑。江夏有鄂，故此加‘西’。後魏孝文帝于古向城置向城縣，屬淯陽郡。”又記有“西鄂故城”，謂“在（向城）縣南二十里。張衡即此縣人，故宅餘址猶存。”隋唐向城縣城遺址即在今皇路店鎮稍南之沽沱村，西鄂故城更在其南二十里，則當南陽北境之石橋、蒲山間。今石橋鎮西南有一處故城遺址，又名小洱城，城址爲正方形，邊長300米，城牆夯築，北牆和西南牆殘高50厘米，仍依稀可辨。城内發現有房基、古井和大量磚瓦片，並採集有三棱形銅箭鏃。當地文物工作者定爲“西鄂故城”，當可從[⑤]。據《宋書·州郡志》所記，西鄂縣當與博望縣同時廢于劉宋中期。

此西鄂城之歷史當甚古。戰國時楚懷王六年（前323）所制之《鄂君啟節·舟節》銘文所見之“鄂”，據考證，當即此西鄂[⑥]。酈《注》所述杜子緒事，見於《三國志·魏書》卷二三《杜襲傳》，其文曰：

> 建安初，太祖迎天子都許。襲逃還鄉里，太祖以爲西鄂長。縣濱南境，寇賊縱横。時長吏皆斂民保城郭，不得農業。野荒民困，倉庾空虚。襲自知恩結於民，乃遣老弱各分散就田業，留丁彊備守，吏民歡悦。會荊州出步騎萬人來攻城……賊得入城。襲帥傷痍吏民決圍得出，死喪略盡，而無反背者。遂收散民，徙至摩陂營。吏民慕而從之如歸。

則至遲到漢末，西鄂縣已築有城垣。當漢末亂離之際，"長吏皆斂民保城郭，不得農業"，正説明在此之前之太平歲月，民户當"散就田業"，亦即分散居住，居處靠近"田業"；只是當社會動亂時，才保聚城郭，形成聚居狀態。

4. 房陽城

淯水過西鄂故城後，左合洱水。《水經注·淯水篇》"洱水"條云：

> 淯水又南，洱水注之。水出弘農郡盧氏縣之熊耳山。東南逕酈縣北，東南逕房陽城北，漢哀帝四年封南陽太守孫寵爲侯國，俗謂之房陽川。又逕西鄂縣南，水北有張平子墓。墓之東側墳有《平子碑》……今惟見一碑，或是余夏景驛途，疲而莫究矣。水南道側，有二石樓，相去六七丈，雙跱齊竦，高可丈七八，柱圓圍二丈有餘，石質青緑，光可以鑒。其上欒櫨承栱，雕簷四注，窮巧綺刻，妙絶人工。題言：蜀郡太守姓王，字子雅，南陽西鄂人。有三女無男，而家累千金。父没當葬，女自相謂曰：先君生我姊妹，無男兄弟，今當安神玄宅，翳靈后土，冥冥絶後，何以彰吾君之德？各出錢五百萬，一女築墓，二女建樓，以表孝思。……洱水又東南，流注于淯水，世謂之肄水，肄、洱，聲相近，非也。《地理志》曰："熊耳之山，出三水，洱水其一焉，東南至魯陽入沔。"是也。

此段所記張衡墓及其碑、二石樓等，顯係酈道元所親見。《張平子碑》，見《隸釋》卷十九；蜀郡太守王子雅，《金石録》卷十九録有《漢蜀郡屬國都尉王君神道》，並辨明酈氏以王氏作蜀郡太守之誤。張衡所出之南陽西鄂張氏，亦爲漢晉間南陽望族；王子雅之三女"家纍千金"，亦屬富貴之家。張平子墓與王氏石樓似皆處其家族莊園之中，或可推測二氏皆居於莊園，而非西鄂縣城之中。

洱水，陳澧以今之潦河當之，熊會貞已辨其非，然亦未能指明其究係何水。揣其源流所經，當係今之泗水河，其入淯之口正在今石橋鎮東南，與上引《注》文西鄂城在其北正合。若然，則房陽城自當在今石橋鎮西南、泗水河南岸之宋營、刁溝一帶。其北岸小石橋村正爲張衡墓所在，與《注》文所記相合。房陽，酈氏雖引漢代封孫寵爲侯國故事，然《漢書》卷十八《外戚恩澤侯表》所記方陽侯孫寵封地在沛郡龍亢，與《注》文所記不合。疑此城或爲孫寵所築，因其爵爲名，並非其封地所在。

5. 瓜里津、夕陽聚

淯水合洱水後，南流，過預山（今南陽市郊區東北境之獨山）東；轉西南流，逕瓜里渡、夕陽聚。《注》文云：

> 淯水又南逕預山東，山上有神廟，俗名之爲獨山也。……淯水又西南，逕《史定伯碑》南。又西，爲瓜里津。水上有三梁，謂之瓜里渡。自宛道途，東出堵陽，而道方城。建武三年，世祖自堵陽西入，破虜將軍鄧奉怨漢，掠新野，拒瓜里。上親搏戰，降之夕陽下，遂斬奉。《郡國志》所謂‘宛有瓜里津、夕陽聚’者也。阻橋即桓温故壘處。温以升平五年，與范汪衆軍北討所營。

瓜里津爲宛城東渡淯水的津渡，原當爲舟渡，後架梁爲橋，遂成通途。此津以“瓜里”爲名，瓜里或即一鄉里之名。夕陽聚與瓜里津相近，或在其西不遠處。

聚，《説文解字》：“邑落曰聚。”段玉裁注云：“邑落，謂邑中村落。”《史記·五帝本紀》：“一年而所居成聚，二年成邑，三年成都。”張守節《正義》云：“聚，謂村落也。”《漢書·地理志》與《續漢書·郡國志》所記南陽地區之“聚”，除宛縣所屬之夕陽聚外，育陽縣有南筮聚、東陽聚，上雒縣有蒼野聚，宛縣另有南就聚，冠軍縣有臨駣聚，新野縣有黄郵聚，復陽縣有杏聚，平氏縣有宜秋聚，棘陽縣有黄淳聚，鄧縣有鄾聚，武當縣有和成聚，順陽縣有須聚。凡此諸聚，似皆當爲較大之村落。夕陽聚處於交通要道上，距瓜里津甚近，當係因津渡而成。《後漢書·光武帝紀》“伯升于是招新市、平林兵，與其帥王鳳、陳牧西擊長聚”句下李賢注引《前書音義》曰：“小于鄉曰聚。”則聚是比“鄉”小的村落。

6. 宛城（南陽郡城）

淯水西南流，逕南陽郡城之東。《淯水篇》云：

> 淯水又西南，逕晉蜀郡太守鄧義山墓南。又南，逕宛城東。其地，故申伯之國，楚文王滅申以爲縣也。秦昭襄王使白起爲將，伐楚取郢，即以此地爲南陽郡，改縣曰宛，王莽更名郡曰前隊，縣曰南陽。劉熙曰：在中國之南，而居陽地，故以爲名。大城西南隅即古宛城也，荊州刺史治，故亦謂之荊州城。今南陽郡治大城，其東城内有舊殿基，週二百步，高八尺，陛階皆砌以青石。大城西北隅有［殿］基，週一百步，高五丈，蓋更始所起也。城西三里有古臺，高三丈餘。文帝黄初中，南巡行所築也。淯水又屈而逕其縣南。故《南都賦》所言"淯水蕩其胸"者也。

漢南陽郡治宛縣在今南陽市區，自來無異辭。據考古調查和挖掘，古宛城位於今南陽市區的東北部，有大小城兩重，小城即現在的老城區，是沿前代城址改建而來，城周六里，正好位於大城西南部。大城東北隅城牆遺跡十分清楚，據1959年調查，殘高10米，寬15米，夯層厚約8厘米，内含大量周代和漢代陶片。城外護城河的痕跡還清晰可辨。在城址内外，常有大量周至漢代遺物發現。1959年，河南省文物隊在大城遺址中部、小城以北，發掘了一座規模較大的漢代鐵工廠遺跡，另在城内還發現地下排水管道等排水設施⑦。考古發現的大城，當即酈氏所説的漢以來南陽郡治所在的"大城"，小城即"古宛城"。《續漢書·郡國志》南陽郡"宛"縣下劉昭補注引《荊州記》曰："（南陽）郡城三十六里。"當即指大城。北魏孝文帝太和二十一年（497）南征，"至宛，夜襲其郛，克之。房伯玉嬰内城拒守"⑧。則宋齊時南陽城仍有兩重城垣。

此種大小雙重城垣的格局，形成於何時？《史記·高祖本紀》記秦末劉邦領兵西向入關，略南陽郡，"南陽守齮走，保城守宛。沛公引兵過而西"。後納張良之諫，"乃夜引兵從他道還，更旗幟。黎明圍宛城三匝"。其時劉邦軍力尚弱，而得"圍宛城三匝"，説明其時之宛城絶非後來周長三十六里之"南陽郡城"。換言之，秦漢之際的宛城當即後世南陽大城中之"小城"，其時尚無大城。至東漢靈帝光和末（183），南陽黄巾趙弘據宛城，朱儁破斬之；趙弘部將韓忠退保宛城，"儁兵少不敵，乃張圍結壘，起土山以臨城内，因鳴鼓攻其西南，賊悉衆赴之。自將精卒五千，掩其東北，乘城而入。忠乃退保小城，惶懼乞降”[9]。則至遲至東漢時，南陽已形成大小兩重城垣的格局，其中小城在大城之西南隅，西、南兩面城垣與大城城垣有部分重合[10]。頗疑此種格局之形成，當是在兩漢之際更始帝建都于南陽之時。王莽地皇四年（更始元年，公元23年）二月，新市、平林將帥立劉玄爲帝，設壇埸于宛城南淯水岸邊沙中（其時尚未拔宛城）；五月底，入都宛城；十月，即北都洛陽[11]。更始都南陽之時間雖甚短，然據上引《注》文所記，知其時已營築宮殿；而所營之宮殿分別在大城之東部和西北隅，規模甚大，則大城之築與營建宮殿同時。

《注》文稱小城（古宛城）爲“荊州刺史治，故亦謂之荊州城”。此處之荊州刺史，楊守敬按語稱：“此謂曹魏荊州治也。”當可從。“今南陽郡治大城”，則當係酈道元作《注》時之情形。蓋魏太和末孝文帝南征，取沔北諸郡，大破齊軍，南陽郡於此時亦入於北魏。十餘年後，酈道元受命出任東荊州刺史，治所即在南陽以東不遠之比陽（今泌陽縣）。故《注》文所稱之“今南陽郡”當指北魏南陽郡。據《注》文所記，當時南陽大城内已多殘垣荒基，似荒廢已久。《宋書·州郡志》雍州“南陽太守”條下記劉宋中期南陽郡領七縣，有户4727，口38132，平均每縣不足七百户、五千餘口；即便宛縣户口稍多，也不會太多；更經太和末圍城之役，户口消散，城中之荒涼自可想見。

7. 吕城、杜衍縣故城

淯水過南陽城後，復南流，西合梅溪水。《水經注·淯水篇》“梅溪水”條云：

> 淯水又南，梅溪水注之。水出縣北紫山，南逕百里奚故宅。……梅溪又逕宛西吕城東。《史記》曰：吕尚先祖爲四岳，佐禹治水有功，虞夏之際，受封於吕，故因氏爲吕尚也。徐廣《史記音義》曰：吕在宛縣[西]。高后四年封昆弟子吕忿爲吕城侯，疑即此也。……梅溪又南，逕杜衍縣東，故城在西。漢高帝七年，封郎中王翳爲侯國，王莽更之曰閏衍矣。……梅溪又南，謂之石橋水，又謂之汝溪，南流，而左注淯水。

按：《初學記》卷八山南道“梅溪、棘水”條下引《南雍州記》曰：“南陽縣西七里，有梅溪。”《藝文類聚》六十四《居處部四·宅舍》引盛弘之《荊州記》曰："［南陽］（新野）郡西七里有梅溪，源出紫山，南流注淯。故老傳：溪西有百里奚宅。"《魏書·地形志》南陽郡"宛"縣下原注稱："有［淯］（清）水、梅溪水。"則梅溪距南陽甚近，在其西七里處，當即今自北而南穿過南陽市區西部的三里河。然則，百里奚故宅當在今南陽市區西北，吕城或在其南不遠處，梅溪之西。此處之吕城，《注》文雖附會漢世，而不能確指，但其城在酈《注》時代仍存，而以"吕"爲稱者，很可能即爲吕氏所築之塢堡。杜衍縣，爲漢舊縣，屬南陽郡，東漢無。則《注》文所記之杜衍縣故城，當爲漢舊縣所在。《太平寰宇記》卷一四二鄧州南陽縣"杜衍故城"條謂"漢縣，廢城在今縣西南十三里"。揣其地，或即在今卧龍崗一帶。

8. 南就聚（三公城）

淯水合梅溪後，繼續西南流，水南有南就聚；聚有城，是爲三公城。《注》文云：

> 淯水之南，又有南就聚。《郡國志》所謂南陽宛縣有南就聚者也。郭仲産言：宛城南三十里，有一城，甚卑小，相承名三公城。漢時鄧禹等歸鄉餞離處也。盛弘之著《荆州記》，以爲三公置。……城側有范蠡祠。蠡，宛人，祠即故宅也。……城東有大將軍何進故宅。城西有孔嵩舊居。嵩字仲山，宛人，與山陽范式有斷金契，貧無養親，賃爲阿［里］街卒[12]。遣迎式，式下車把臂曰：子懷道卒伍，不亦痛乎？嵩曰：侯嬴賤役晨門，卑下之位，古人所不耻，何痛之有？故其贊曰：仲山通達，卷舒無方，屈身廝役，挺秀含芳。

南就聚之城，雖其卑小，然確築有城垣，當無疑問。此城郭仲産、盛弘之並稱爲"三公城"，似爲兩漢故城[13]，然諸家皆稱相傳，不能確指。由范蠡祠（故宅）、何進故宅、孔嵩舊居皆在城外觀之，城或爲後築，很可能亦即漢末魏晉時普遍興修的塢堡之屬。

街卒，由上引《注》文及《後漢書·范式傳》所記觀之，顯係賤役。《文獻通考》卷三五《選舉八》"吏道"下引《公非劉氏送焦千之序》曰："東西漢之時，賢士長者未嘗不仕郡縣也。自曹掾、書史、馭吏、亭長、門幹、街卒、遊徼、嗇夫，盡儒生學士爲之。"則街卒當即遊徼、嗇夫之類役職。《藝文類聚》卷八五《百穀部·素》下引《揚雄答劉歆書》曰："天下上計孝廉及内郡街卒會者，雄常把三寸弱翰筆，齎油素三尺，以問其異語。"則漢時諸郡皆當置有街卒。孔嵩傭爲街卒之"阿里"，據《後漢書·范式傳》，當在新野縣，蓋爲新野縣城中所置之里，則縣城諸里亦有街卒。南朝宋劉敬叔撰《異苑》卷八記建康城中有街卒：

元嘉初，建康大夏營寡婦嚴，有人稱華督與嚴結好。街卒夜見一丈夫行，造護軍府。府在建陽門内。街卒呵問，答曰：我華督。造府，徑沿西牆而入。街卒以其犯夜，邀擊之，乃變爲鼉。

據此，街卒當負責巡察街衢、呵拿非違，職掌城内治安。范式以荆州刺史道經新野，"縣選嵩爲導騎，迎式"。導騎，確爲喝街警蹕之屬。《後漢書·范式傳》稱"嵩在阿里，正身厲行，街中子弟，皆服其訓化"。似城中按里置有街卒。

9. 小長安聚、淯陽縣故城、安樂鄉（樂宅戍）

淯水南流，入淯陽縣境，逕小長安聚、淯陽縣故城與安樂鄉（樂宅戍）。

［經］（淯水）又屈南過淯陽縣東。［注］淯水又南入縣，逕小長安。司馬彪《郡國志》曰：縣有小長安聚。謝沈《漢書》稱：光武攻淯陽不下，引兵欲攻宛，至小長安，與甄阜戰，敗於此。淯水又西南，逕其縣故城南。桓帝延熹七年，封鄧秉爲侯國。縣，故南陽典農治，後以爲淯陽郡。省郡復縣，避晉簡文諱，更名雲陽焉。淯水又逕安樂鄉北。漢桓帝建和元年，封司徒胡廣爲淯陽縣安樂鄉侯，今于其國立樂宅戍。郭仲産《襄陽記》曰：南陽城南九十里，有晉尚書令樂廣故宅。……其故居，今置戍，因以爲名。

今本《續漢書·郡國志》南陽郡"育陽邑"下原注云"有小長安"，無"聚"字。然《後漢書·光武帝紀》"與王莽前隊大夫甄阜、屬正梁丘賜戰于小長安，漢軍大敗，退保棘陽"句下李賢注引《續漢書》曰："淯陽縣有小長安聚。"並稱"故城在今鄧州南陽縣南"。又，《太平寰宇記》卷一四二鄧州南陽縣"小長安城"條稱："在（南陽）縣南三十七里，淯水之東。謝承《後漢書》云：漢兵與甄阜、梁［丘］賜戰于小長安，漢兵敗，退保棘陽。城周回一里二百步。”則小長安聚確築有城垣，週一里二百步。其地或當在今南陽縣瓦店附近。

淯陽，又作“育陽”，兩漢舊縣。淯陽縣置有南陽典農都尉及淯陽郡之事，不見於魏晉記載，如酈《注》不誤，或當置於曹魏、西晉之時。淯陽縣故城，據上引《經》文，淯水過淯陽縣東，則縣城在水西；注文稱淯水逕其故城南，則城在水北。蓋城在水之西北岸。今南陽縣英莊鄉大胡營村東500米處發現有一座古城遺址，現存城垣高出地面0.3米，西部和東南隅殘存0.3～0.8米高的牆基，東北角有一段長100米、寬300米、深2米的城壕遺跡。據實測，城址南北長464米，東西寬426米，面積約0.2平方公里。城内及四周散存大量漢代遺物。地方考古工作者判斷這個遺址可能就是漢代淯陽縣故城[14]。如所説不誤，則古淯水在今南陽縣南境英莊、瓦店一帶的古河道當在今河道之西。此淯陽縣，後於晉孝武帝時改爲“雲陽”，見於《宋書·州郡志》與《南齊書·州郡志》，則其廢當在齊梁之際、北魏孝文帝南征之後。

樂宅戍，原址即爲樂廣宅，戍立於後，當是劉宋時所置。《太平御覽》卷一八〇《居處部八·宅》引盛弘之《荊州記》曰：“［南］（襄）陽范蠡祠南，有晉河南尹樂廣宅，周回十餘畝，囊舊井猶未頽。檀道濟置邏其中，即名爲樂宅［戍］。”樂廣宅似本爲莊園性質，雖然廢棄，仍當有殘垣斷壁，故檀道濟據之以立邏戍。

10. 新野縣故城（新野郡城）

淯水復南流，合湍水後，逕新野縣故城西。《水經注·淯水篇》云：

> ［經］（淯水）又南過新野縣西。［注］淯水又南，入新野縣，枝津分派，東南出，隰衍苞注。左積爲陂，東西九里，南北十五里，陂水所溉，咸爲良沃。淯水又南，與湍水會。又南，逕新野縣故城西。……晉咸寧二年，封大司馬扶風武王少子歆爲新野郡公，割南陽五屬，棘陽、蔡陽、穰、鄧、山都封焉。王文舒更立中隔，西即郡治，東則民居。城西傍淯水。

新野，爲兩漢舊縣，晉太康中立爲義陽郡治，惠帝以後爲新野郡治。宋、齊、後魏因之。王文舒，即王昶。《三國志·魏書·王昶傳》謂正始中王昶任征南將軍、都督荊豫諸軍事，“昶以爲國有常衆，戰無常勝；地有常險，守無常勢。今屯宛，去襄陽三百餘里，諸軍散屯，船在宣池，有急不足相赴。乃表徙治新野，習水軍於二州，廣農墾殖，倉穀盈積”。則曹魏荊州刺史、征南府嘗治於新野。《注》文所謂“王文舒立中隔”事當在此時。所謂“立中隔”，當即於城中增築土垣，將城一分爲二：“西即郡治，東則民居。”當王昶分隔新野時，尚未置有新野郡，居於西城者當即荊州刺史治與征南府，顯然是駐軍所屯駐。晉宋繼承了這種格局。《注》文所謂“西即郡治，東則民居”當即指晉宋時之情形。

此種於城中增築城垣、分隔城區的做法，另可舉出一例。如《水經注》卷十一《滱水篇》記盧奴城之內部結構云：

> 盧奴城內西北隅，有水淵而不流，南北一百步，東西百餘步，水色正黑，俗名曰黑水池。或云：水黑曰盧，不流曰奴，故此城藉水以取名矣。池水東北，際水有漢［中山］王故宮處，臺殿觀榭，皆上國之制。簡王尊貴，壯麗有加。始築兩宮，開四門，穿北城，累石爲竇，通涿唐水流於城中，造魚池、釣臺、戲馬之觀。歲久頹毀，遺基尚存。今悉加土，爲刹利靈圖。池之四周，居民駢比，填褊穢陋，而泉源不絕。暨趙石建武七年，遣北中郎將始築小城，興起北榭，立宮造殿。後燕因其故宮，建都中山。小城之南，更築隔城，興復宮觀。今府榭猶傳故制。

則盧奴城之北部雖爲漢時中山王故宮所在，但至石趙、慕容燕之時，宮殿臺閣早已荒廢，遺基已成佛圖寶刹之所。黑水池周圍，更已成爲居民聚居之區。故後趙建武七年（341），于漢時故城之南另築小城，“立宮造殿”；後慕容垂定都中山（事在建興元年，396），復於小城之南，“更築隔城，興復宮觀”。另築隔城之目的，顯然是將宮觀區與居民區阻隔開來，有類於後世之子城。

新野縣（郡）城緊臨淯水。《元和郡縣圖志》卷二一鄧州新野縣“淯水”條稱：“西去縣二百步。”與上引《注》文所記“城西傍淯水”相合，説明唐新野縣城當即在漢晉新野縣城之舊址。今新野縣北境沙堰鎮李莊村西北有一處古城址，近臨老白河，南北長500米，東西寬450米，城牆夯土痕跡不明顯。城內採集有銅洗、陶甕與繩紋瓦片。1975年發現有唐代墓誌“大唐故吏部常選柳府君墓誌銘並序”，據稱其中述及晉置義陽郡史實及方位。地方考古工作者據以判斷此城址爲晉義陽郡城故址[15]。若此處果即晉義陽郡城故址，自當即爲漢新野縣、晉宋新野郡及唐新野縣故址。舊説漢唐新野縣故城即在今新野縣城附近，當略誤。

宋齊新野郡乃南陽地區之大郡。北魏孝文帝南征，“至新野，新野太守劉思忌拒守……魏軍攻之不克，築長圍守之”。圍攻數月，方克之。新野城或即廢於此時[16]。

11. 穰縣故城、凡亭、朝陽縣故城

淯水過新野縣城後，轉東南流（故道當在今河道之東），西合朝水。《水經注·淯水篇》“朝水”條云：

> （淯水）又東，與朝水合。水出西北赤石山，而東南逕冠軍縣界，地名沙渠。又東南，逕穰縣故城南，楚別邑也。秦拔鄢郢，即以爲縣。秦昭王封相魏冉爲侯邑，王莽更名曰豐穰也。魏荊州刺史治。朝水又東南，分爲二水：一水枝分，東北爲樊氏陂。陂東西十里，南北五里，俗謂之凡亭陂。陂東有樊氏故宅。樊氏既滅，庾氏取其陂，故諺曰：陂汪汪，下田良，樊子失業庾公昌。……朝水又東，逕朝陽縣故城北，而東南注于淯水。

朝水，一般認爲即今内鄉、鄧州境内之刁河，在今新野南境新甸鋪北流入白河。今内鄉縣西南境刁河上源不遠處有地名“岞曲”，或即《注》文所記之“沙渠”。穰縣，在朝水之北。《太平寰宇記》卷一四二鄧州穰縣“湍水”條引《南雍州記》云：“（穰）縣北七里有湍水。”則穰縣城距湍水尚有一定距離，而南近朝水，揣其地，當在今鄧州市區東南一帶。這裏發現有一座城址，周長3000米，城牆夯土遺跡不明顯。城内發現有水井、房基、路土、繩紋磚瓦、陶甕、壺等遺跡、遺物。文物工作者定爲穰縣故址，當可從[17]。《元和郡縣圖志》卷二一鄧州“穰縣”條云：“漢舊縣，本楚之别邑，取豐穰之義。後屬韓，秦武王攻取之，封魏冉爲穰侯。漢以爲縣，屬南陽郡。後魏既克南陽，於此城置荊州。”魏克南陽事在太和二十二年（498），《魏書·地形志》“荊州”下稱：“太和中，治穰城。”上引《注》文所謂“魏荊州刺史治”即指此。

朝水過穰縣後，分爲兩支，北支即出爲樊氏陂，揣其地，當在今鄧州東南北幹渠一帶。樊氏陂又謂之“凡亭陂”，其地或有“凡亭”，當爲漢時亭部所在。樊氏故宅在陂東，田業後爲庾氏所取，正是東漢大莊園性質[18]。

朝陽縣亦爲漢舊縣，屬南陽郡。劉宋時屬順陽郡，而穰縣屬新野郡，則朝陽縣當在穰縣之西南。上引《注》文稱朝水東逕朝陽縣故城北，則城在朝水之南，揣其地勢，當在今鄧州東南境構林鎮或襄陽西北境黑龍集一帶。今本《水經注》卷二九又有《白水篇》，其文云：

> ［經］白水出朝陽縣西，東流過其縣南。［注］王莽更名朝陽爲厲信縣。應劭曰：縣在朝水之陽。今朝水逕其北，而不出其南也。蓋邑郭淪移，川渠狀改，故名舊傳，遺稱在今也。［經］又東，至新野縣南，東入於淯。

《隋書·地理志》南陽郡“穰縣”下原注稱：“有白水。”蓋其時已以朝陽縣地併入穰縣。此處之“白水”，出朝陽縣西境，“東流過其縣南”，復東流，至新野縣南境，入於淯。其下游復分出一支，流爲濁水，見於《淯水篇》之“濁水”條（詳下文）。這條白水究當今之何水，向無定說。楊守敬按語稱：“考今無此水，蓋鄧州、襄陽、新野之交，地勢平衍，其水久已湮塞也。”然細究“朝水”條與《白水篇》所記，則知白水必與朝水相關。上引“朝水”條稱朝水下游分爲兩支，而但述其北支，頗疑白水即其南支，在朝陽縣西分朝水而東流入淯水，復枝分爲濁水之上源。若然，則白水（朝水下游南支）當即在今刁南幹渠一線。在今刁南幹渠南、襄陽縣黑龍集鎮朱楊村東南發現有一處漢代城址，面積約10萬平方米，遺址西北角暴露出磚砌下水道、陶井等遺跡；城內採集有石斧、磨、銅鏃、弩機、“長宜子孫”鏡、“五銖”、“大泉五十”錢和大量陶片[19]，很可能就是朝陽故城所在。《宋書·州郡志》“順陽太守”下謂“朝陽，大明元年省”。蓋其時大行土斷，朝陽之省廢或即在此時。

12. 黃淳聚、棘陽故城、黃郵聚

淯水合朝水後，復東南流，東合棘水。《水經注·淯水篇》“棘水”條云：

> （淯水）又東南，與棘水合。水出棘陽縣北[20]……又南，逕棘陽縣之黃淳聚，又謂之爲黃淳水者也。謝沈《後漢書》：甄阜等敗光武于小長安

東，乘勝南渡黄淳水，前營背阻兩川，謂臨比水，絶後橋，示無還心。漢兵擊之，三軍潰，溺死黄淳水者二萬人。又南，逕棘陽縣故城西。應劭曰：縣在棘水之陽。是知斯水爲棘水也。漢高帝七年，封杜得臣爲侯國。後漢兵起，擊唐子鄉，殺湖陽尉，進拔棘陽，鄧晨將賓客會光武於此縣也。棘水又南，逕新野縣，歷黄郵聚。世祖建武三年，傅俊、岑彭進擊秦豐，先拔黄郵者也。謂之黄郵水。大司馬吴漢破秦豐于斯水之上。其聚落悉爲蠻居，猶名之爲黄郵蠻。棘水自新野縣東，而南流入于淯水，謂之爲力口也。棘、力，聲相近，當爲棘口也。又是方俗之音，故字從讀變，若世以棘子木爲力子木，是也。

棘水，當即流經今新野縣東境之溧河，其源出今南陽、新野交界處之葉橋、趙湖一帶，南流（略偏西），經溧河鋪、五星鎮，在溧河口注入白河。然則，黄淳聚即當在今南陽、新野交界地帶之鄧橋、焦營一帶。甄阜等敗光武于小長安東之後，乘勝南渡黄淳水。小長安在今瓦店南，則黄淳聚正當其南（偏東）。棘陽縣故城更在其南，而在新野縣之北，則當即在今溧河鋪附近、溧河東岸地。在溧河鋪以東、今前高廟鄉張樓村發現有一處漢代城址，平面呈長方形，南北長1000米，東西寬約400米，城牆夯土遺跡依稀可辨。城内多次發現有房基、水井、陶甕、罐、繩紋瓦片、石磨、銅印及畫像石墓等。附近的老關廟遺址亦發現有水井、房基等遺跡及“大泉五十”銅錢、銅器等。考古工作者認爲這裏可能就是漢晉棘陽縣故址[21]，應可從。

棘陽縣至劉宋時尚未廢棄。《宋書·州郡志》河南太守“棘陽令”條謂：“漢縣，故屬南陽，晉《太康地志》屬義陽，後屬新野。大明土斷屬此。”則晉宋僑置之河南郡當包括今新野東境[22]。黄郵聚在棘水下游，屬新野縣。《續漢書·郡國志》南陽郡“新野”縣原注：“有黄郵聚。”《漢書》卷九九上《王莽傳》記哀帝時“以黄郵聚户三百五十，益莽封”。此聚是否有三百五十户雖不能確定，但其户口必甚繁，當無疑問。至東晉、劉宋之世，僑置河南郡於這一地區，亦當有部分北來户口遷入。然至南北朝後期，特别是太和二十二年魏孝文帝南征取沔北諸郡之後，太陽蠻進據南陽盆地東南部，其首領桓叔興于魏宣武帝延昌元年（梁武帝天監十一年，512）接受魏命，任南荊州刺史（治安昌城）；兩年後，梁軍自襄陽一帶“寇南荊之西南，沿襄沔上下，破掠諸蠻”，被桓叔興擊退[23]。上引《注》文稱：“其聚落悉爲蠻居，猶名之爲黄郵蠻。”則正是這一地區已成爲蠻區的寫照。

13. 士林戍、鄧縣故城、鄧城、鄧塞、鄾城

淯水復南流（入今湖北境），經士林戍、鄧縣、鄧塞、鄾城東，入于沔水。

> 淯水又東南，逕士林東。戍名也，戍有邸閣。水左有豫章大陂，下灌良疇三千許頃也。［經］（淯水）南過鄧縣東，南入於沔。［注］縣故鄧侯吾離之國也，楚文王滅之，秦以爲縣。淯水右合濁水，俗謂之弱溝。水上承白水於朝陽縣，東南流，逕鄧縣故城南。習鑿齒《襄陽記》曰：楚王至鄧之濁水，去襄陽二十里，即此水也。濁水又東，逕鄧塞北，即鄧城東南小山也，方俗名之爲鄧塞。昔孫文台破黄祖於其下。濁水東流注於淯。淯水又南，逕鄧塞東。又逕鄾城東，古鄾子國也，蓋鄧之南鄙也。昔巴子請楚與鄧爲好，鄾人奪其幣，即是邑也。司馬彪以爲鄧之鄾聚矣。

士林戍，不知置於何時。戍有邸閣。邸閣，《資治通鑑》卷六一漢獻帝光平二年十二月下記事“（孫）策攻劉繇牛渚營，盡得邸閣糧穀戰具”句下，胡三省注云：“邸，至也，言所歸至也；閣，庋置也。邸閣，謂轉輸之歸至而庋置之也。”豫章大陂，石泉先生認爲當在今新野南境、白河東岸之低窪地帶，當可從[24]。士林在豫章大陂之對岸，處白河之西，很可能即在今新甸鋪鎮南之南王村遺址[25]。

《經》文所記在淯水之西的鄧縣，與《注》文所記在濁水北岸（亦在淯水之西）的鄧縣故城，非爲一城：前者當即古鄧國、兩漢南陽郡鄧縣及南朝宋齊僑置京兆郡所屬之鄧縣，故址即位於今襄樊市西北十餘里的鄧城遺址[26]；《注》文所記之鄧縣故城（鄧城），則是兩晉襄陽郡所屬之鄧城縣，亦在淯水西岸，濁水北岸；鄧塞在此鄧城稍南處，濁水南岸；鄾城更在其南。古濁水，楊守敬認爲即今之清河，當可從[27]。然則，《注》文所記之鄧縣故城（實爲鄧城縣故城）或當在今樊城東北之官莊一帶，鄧塞當在今團山附近，鄾城則或已在今樊城城區[28]。

鄧縣究廢于何時，石先生未有詳考。魏孝文帝南征，與齊軍戰于鄧城，齊軍崔慧景、蕭衍所部大敗。《資治通鑑》卷一四一綜記其事云：

(齊明帝永泰元年，北魏孝文帝太和二十二年) 三月壬午朔，崔慧景、蕭衍大敗于鄧城。時慧景至襄陽，五郡已陷没。慧景與衍及軍主劉山陽、傅法憲等帥五千餘人進行鄧城，魏數萬騎奄至，諸軍登城拒守。時將士蓐食輕行，皆有饑懼之色。衍欲出戰，慧景曰："虜不夜圍人城，待日暮自當去。"既而魏衆轉至，慧景于南門拔軍去。諸軍不相知，相繼皆遁。魏兵自北門入，劉山陽與部曲數百人斷後死戰，且戰且卻行。慧景過鬧溝，軍人相蹈藉，橋皆斷壞，魏兵夾路射之，殺傅法憲，士卒赴溝死者相枕。山陽取襖仗填溝乘之，得免。魏主將大兵追之，晡時至沔，山陽據(樊) 城苦戰。至暮，魏兵乃退。諸軍恐懼，是夕，皆下船還襄陽。

則齊末鄧縣城垣仍完好，有南、北二門，其南有鬧溝（當即《水經注》所記之濁水、弱溝)。其城蓋於此役中受到徹底破壞，其後即廢棄。

三　《水經注》卷二九《比水篇》所見城邑聚落

比水，亦作泚水、泌水。其正源當即源出河南泌陽縣東境之泌陽河，西南流，在今唐河縣源潭鎮南合毗河、唐河，改稱唐河；復西南流，在湖北襄陽縣北境雙溝鎮附近與白河（古淯水）匯合後，稱唐白河。今本《水經注》於今唐河正源（即東源）之泌陽河（古比水）所記較詳，而于唐河北源（古堵水）則羼入《淯水篇》之"棘水"條下，誤以堵水注入棘水。兹參合二者所記，考述今唐河流域古城邑聚落如次。

1. 比陽縣故城、長岡月城、瀙陰縣故城

《水經注·比水篇》之《經》文謂"比水出比陽東北太胡山，東南流，過其縣南，泄水從南來注之。又西至新野縣，南入於淯"。酈《注》云：

太胡山在比陽北，如東，三十餘里，廣圓五六十里。張衡賦南都，所謂"天封太狐"者也。應劭曰：比水出比陽縣，東入蔡。……余以延昌四年蒙除東荊州刺史，州治比陽縣故城。城南有蔡水，出南磐石山，故亦曰磐石川，西北流注於比，非泄水也。……比水又西，澳水注之。水北出

> 茈丘山，東流，屈而南轉，又南入于比水。……比水又西南，歷長岡月城北。舊比水，右會馬仁陂水。水出灋陰北山，泉流競湊，水積成湖，蓋地百頃，謂之馬仁陂。陂水歷其縣下西南，堨之以溉田疇。公私引裂，水流遂斷，故瀆尚存。

《注》文所引“應劭曰”出自《漢書·地理志》南陽郡“比陽”縣下應劭注，《經》文亦稱比水出比陽東北太胡山之後，爲東南流，過比陽縣南。則漢比陽縣城當在東南流之比水的北岸。今泌陽河正源爲西南流，而梁河則基本南流，略偏東，故《水經注》所記之比水上源當爲今之梁河。蔡水出比陽南境，西北流，注入比水，當爲今之馬穀川。這樣，比陽縣故城即當位於今泌陽縣城西北、梁河西北岸之陳樓、賒灣一帶，而非在今泌陽縣城[29]。

《注》文稱北魏延昌四年（515）東荊州治比陽縣故城；《太平寰宇記》卷一四二“唐州”下引《周地圖記》亦稱：“魏太和中，置東荊州于比陽古城。”則其城已於此前廢棄，故得稱爲“故城”。據《宋書·州郡志》“南陽太守”條所記，劉宋初南陽郡所領仍有比陽縣，中期已無比陽。《魏書》卷一〇一《蠻傳》云：“延興中，大陽蠻酋桓誕擁沔水以北、滍葉以南，八萬餘落，遣使内屬。高祖嘉之，拜誕征南將軍、東荊州刺史、襄陽王，聽自選郡縣。”則北魏孝文帝延興間（471～475）此一地區已淪爲蠻區，比陽縣之廢棄或即在此時。

《注》文所記之澳水，當即今泌陽縣西境、唐河縣東北境之洪河；馬仁陂水當即今之毗河。然則，長岡月城或當在今唐河縣東境、泌陽河南之古城鎮附近。灋陰縣在馬仁陂水上游，另見於卷三一《灋水篇》：

> ［經］灋水出灋陰縣西北扶予山，東過其縣南。［注］……滎水又東北，于灋陰縣北，左會灋水，其道稍西，不出其縣南。漢以爲縣，其故城在山之陽。……城之東有馬仁陂。郭仲産曰：陂在比陽縣西五十里，蓋地百頃，其所周溉田萬頃，隨年變種，境無儉歲。陂水三周其隍，故瀆自隍西南而會於比，灋水不得復逕其南也。且邑號灋陰，故無出南之理。

則馬仁陂在灋陰縣城之東，陂水西南流，繞城而過，復入于比水。今泌陽縣西北境羊册鎮古城村發現一處城址，平面呈長方形，南北長 770 米，東西寬 640 米，夯築城垣遺跡尚存，城内文化層厚 1.5 米，出土有陶磨、井模型、陶水管、花紋磚及“軍司馬印”銅印等，當即古潕陰縣故址[30]。其地或于劉宋中期即已淪爲蠻區，蕭齊於此置有潕陰戍，並于建武末年棄守，其城蓋廢於此時。

2. 小堵鄉、堵鄉、堵陽故城

《比水篇》記比水合馬仁陂水後，“比水又南，逕會口，與堵水枝津合”。蓋以堵水爲棘水之上源，入比水者乃爲枝津。然如上所説，出自今方城縣境内之古堵水只能東南流入比水（今唐河），不可能西南流成爲棘水（今溧河）之上源。故宜將今本《水經注·淯水篇》“棘水”條下有關堵水之記載，度入《比水篇》中，置於“比水又南，逕會口，與堵水枝津合”句下。

> 堵水出堵陽縣北山，數源併發，南流逕小堵鄉，謂之小堵水。世祖建武二年，成安侯臧宫從上擊堵鄉。東源方七八步，騰湧若沸，故世名之騰沸水。南流逕於堵鄉，謂之堵水。建武三年，祭遵引兵南擊董欣於堵鄉。以水氏縣，故有堵陽之名也。《地理志》曰：縣有堵水。王莽曰陽城也。漢哀帝改爲順陽。建武二年，更封安陽侯朱祐爲堵陽侯。堵水於縣，堨以爲陂，東西夾岡，水相去五六里，[左右]（古今）斷岡兩舌，都水潭漲，南北十餘里，水決南潰，下注爲灣。灣分爲二：西爲堵水，東爲滎源。堵水參差，流結兩湖，故有東陂、西陂之名。二陂所導，其水枝分，東南至會口入比。是以《地理志》比水、堵水，皆言入蔡，互受通稱故也。二湖流注，合爲黄水，惟所受焉。

酈《注》于堵水之源頭似不甚詳悉，故但云“出堵陽縣北山，數源併發”。據《注》文所云，堵水在堵陽縣附近堨坡而分爲二支，其東支東流爲滎源，西支爲堵水。今方城縣境東南流的唐河上源諸水（趙河、潘河等）中，只有最東面的三里河方可能堨之東流，成爲潕水上源，故《注》文所記之堵水正源之小堵水當爲今之三里河（東源之沸騰水則當爲流經今方城縣城的潘河）。然則，小堵鄉當在今三里河上游，堵鄉則很可能就在堵陽縣城附近，爲堵陽縣之都鄉，或即在今方城縣城附近。今方城縣東大涼村北發現一處古代水利工程遺跡，爲一東西走向的土堤，全長1800米，堤高10米，底寬約50米，頂寬15米，採集有銅瓦、板瓦、鐵鍤、鐵夯等遺物。當地考古工作者定爲東漢時遺存[31]。很可能就是酈《注》所記堵陽縣附近所堨之陂。若然，則更可證明古堵陽城即在今方城縣城附近。

古堵水過堵陽縣城後，似形成散流，而其下游所經之地（今社旗、唐河縣境）又正是南北朝交争與蠻族活動地帶，故《注》文所記甚爲簡略。實際上，堵陽可能亦與比陽一樣，約于劉宋中期或更早即已廢棄，《宋書·州郡志》南陽郡領縣中已無堵（赭）陽縣。《魏書·地形志》襄州“襄城郡”下原注稱：“蕭道成置，魏因之。治赭陽城。”而襄城郡所領六縣中有赭城，並無赭（或“堵”）陽。所謂蕭道成所置之襄城郡，當即《南齊書·州郡志》所記寧蠻府所領之北襄城郡，則此襄城郡屬於蠻郡。蓋北魏於太和中據有南陽盆地後因齊之舊而立，然其城或早已廢隳，故酈氏不得其詳。或亦正因此故，酈氏于堵水、比水之關係不甚詳悉，致以堵水爲棘水之上源。

3. 平氏縣故城

比水合堵水後，復西南流，合澧水。《水經注·比水篇》“澧水”條云：

> 比水又南，與澧水會。澧水源出於桐柏山，與淮同源，而别流西注，故亦謂水爲派水。澧水西北流，逕平氏縣故城東北，王莽更名其縣曰平善。城内有《南陽都鄉正衛彈（勸）碑》。澧水又西北，合溲水。水出湖陽北山，西流北屈，逕平氏城西，而北入澧水。澧水又西，注比水。比水自下，亦通謂之爲派水。昔漢光武破甄阜、梁丘賜于比水西，斬之于斯水也。

澧水，即今之三家河（三夾河）。其正源鴻儀河出桐柏山太白頂西麓，淮源出於東麓，故注稱與淮同源。溲水，當即今之曹河。平氏故城在澧水之西南岸，曹河之東，正在今之桐柏县平氏鎮附近。《注》文稱爲“平氏縣故城”，蓋其時亦已廢棄。《元和郡縣圖志》卷一四二唐州“平氏縣”條稱：“本漢舊縣，屬南陽郡。晉屬義陽郡，其後爲北人侵掠，縣皆丘墟。後魏于平氏故城重置，屬淮州。”則平氏之廢已久。

4. 謝城、新都縣故城

比水西南流，西合謝水，水側有謝城；比水復南流，逕新都故城西。《注》文云：

> 比水又南，趙、醴二渠出焉。比水又西南流，謝水注之。水出謝城

北，其源微小，至城漸大。城周回側水，申伯之都邑，《詩》所謂“申伯番番，既入于謝”者也。世祖建武十三年，封樊重少子丹爲謝陽侯，即其國也。然則是水即謝水也。高岸下深，浚流徐平，時人目之爲渟瀅水，城戍又以渟瀅爲目，非也。其城之西，舊棘陽縣治，故亦謂之棘陽城也。謝水又東南逕新都縣，左注比水。比水又西南流，逕新都縣故城西，王莽更之曰新林。《郡國志》以爲新野之東鄉，故新都者也。

謝水，當爲今南陽、唐河二縣交界地帶之澗河。謝城“周回側水”，當在謝水與比水之間，揣其地，應在今唐河南境郭灘鎮附近（其西不遠處即爲古棘陽縣故址，與《注》文所記正合）。此謝城淵源可上溯至西周時謝國[32]，至酈道元時代仍築有城垣。

新都縣原爲新野之東鄉，西漢末年永始元年（公元前16），割以封王莽爲新都侯。《漢書・王莽傳》稱：“國南陽新野之都鄉，千五百户。”據《續漢書・郡國志》南陽郡“新野”縣下原注及上引酈《注》，知“都鄉”當爲“東鄉”之誤。今新野縣東南境與湖北襄陽縣交界處之王莊鎮九女城村發現有一處古城遺址，城垣呈方形，邊長約200米，東南城垣殘高約4～5米，西北城垣殘高約2～3米，底寬約10米，平夯，夯層厚5～6厘米。城垣内外發現有房基、水管道、排水溝，水井等遺跡，並採集有筒瓦、板瓦，銅鏡等。當地考古工作者認爲當即新都故城[33]。然此故址今在唐河西岸，而上引《注》文稱新都縣故城在比水東，或此段比水河道略有變動之故，古河道當在今河道之西。

5. 渟瀅戍、湖陽胡城、唐子鄉（唐子亭）

比水過謝城、新都縣故城後，入湖陽縣境。《注》云：

比水于岡南西南流，戍在岡上。比水又西南，與南長、阪門二水合。其水東北出湖陽東隆山……隆山南有一小山，山阪有兩石虎相對，夾隧道。雖處蠻荒，全無破毁，作制甚工，信爲妙矣。世人因謂之爲石虎山。其水西南流逕湖陽縣故城南。《地理志》曰：故蓼國也。《竹書紀年》曰：楚共王會宋平公于湖陽者矣。東城中有二碑，似是《樊重碑》，悉載故吏人名。……其水四周城溉……其水南入大湖，湖陽之名縣，藉兹而納稱也。湖水西南流，又與湖陽諸陂散水合，謂之板橋水。又西南，與醴渠

> 合。又有趙渠注之。二水上承派水，南逕新都縣故城東。兩瀆雙引，南合板橋水。板橋水又西南，與南長水會。水上承唐子（襄）鄉諸陂散流也。唐子陂，在唐子山西南，有唐子亭。漢光武自新野屠唐子鄉，殺湖陽尉于是地。陂水清深，光武後以爲神淵。西南流於新野縣，與板橋水合。西南注于比水。比水又西南流注于淯水也。

岡上之戍，當指上段《注》文所言之渟灊戍，當在今蓼陽河下游北岸之許崗、後丁崗一帶崗地之上。阪門水，當即今唐河縣南境之蓼陽河；南長水，或即蓼陽河以南不遠之礓石河。此段古比水河道既在今唐河河道之西，則蓼陽、礓石二河（古阪門、南長二水）匯合後（稱板橋水）之河道或即今唐河河道。湖陽故城在阪門水上游北岸，或正當在今湖陽鎮之稍北處、蓼陽河北岸[34]。湖陽，漢舊縣，屬南陽郡。《漢書·地理志》南陽郡"湖陽"縣原注："故廖國也。"《左傳》桓公十一年（公元前701）記蓼曾參與鄖、隨、絞、州諸國伐楚而未成，杜預注云："蓼國，今義陽棘陽縣東南有湖陽城。"則晉時已省湖陽縣，地入棘陽縣，然尚存城垣。宋齊於此置有城戍。《南史》卷五五《馮道根傳》記齊建武初，道根鄉人"蔡道班爲湖陽戍主，攻蠻錫城，反爲蠻困"。《魏書·高祖紀》：太和二十二年（齊明帝永泰元年，498）春正月，魏軍下新野，齊"湖陽戍主蔡道福棄城遁走"。《資治通鑑》卷一四一於此條記事下胡注云："湖陽縣，故蓼國，漢屬南陽郡，晉宋省。齊於此置戍。湖陽既入魏，置西淮安郡。唐爲湖陽縣，屬唐州。"據上引酈《注》，其時湖陽戍仍當有城，《注》文且謂"東城中有二碑"，則湖陽城或分爲東、西二城，可能與新野城一樣，立有隔城，故中分爲二。

南長水上承唐子鄉諸陂之散流，則唐子鄉在南長水之上源。今棗陽北境與唐河交界地帶之溝渠皆北流，成爲礓石河之上源，則唐子鄉當即在其地；唐子陂在唐子山之西南，或即在今周橋水庫一帶。《後漢書·光武帝紀》"進屠唐子鄉"句下章懷太子注稱："唐子鄉有唐子山，在今唐州湖陽縣西南。"鄉、亭之謂，當本諸兩漢舊稱。

本段《注》文甚爲詳悉，當本諸酈氏之親歷目驗。《魏書·蠻傳》載："永平初，東荊州表口口太守桓叔興前後招慰太陽蠻歸附者一萬七百户，請置郡十六、縣五十。詔前鎮東府長史酈道元檢行置之。叔興，即暉弟也。延昌元年拜南荊州刺史，居安昌，隸于東荊。三年，蕭衍遣兵討江沔，破掠諸蠻，百姓擾動。”四年，“叔興上表請不隸東荊，許之”。道元即于是年除東荊州刺史，治比陽故城。酈道元很可能在此數年間曾親歷湖陽及其周圍，而此一地區顯然早已淪爲蠻人活動之區，故《注》稱其地“處蠻荒”。酈氏于此段《注》文中述樊氏遺跡甚詳：湖陽故城之東城中存有一碑，似爲《樊重碑》，“悉載故吏人名”；城之東南，“有《若令樊萌、中常侍樊安碑》。城南有數碑，無字。又有石廟數間，依於墓側。棟宇崩毁，惟石壁而已”。則湖陽城及其附近，樊氏之遺存甚多。樊氏田業亦在湖陽。《注》云：

> 司馬彪曰：仲山甫封于樊，因氏國焉。爰自宅陽，徙居湖陽。能治田，殖至三百頃，廣起廬舍，高樓連閣，波陂灌注，竹木成林，六畜放牧，魚嬴梨果，檀棘桑麻，閉門成市。兵弩器械，貲至百萬。其興工造作，爲無窮之功，巧不可言，富擬封君。世祖之少，數歸外氏。及之長安受業，齎送甚至。世祖即位，追爵敬侯。詔湖陽爲重立廟，置吏奉祠。巡祠章陵，常幸重墓。

西漢末樊氏莊園之情形，於此可見一斑。《後漢書·樊宏傳》亦云：

> 樊宏，字靡卿，南陽湖陽人也。世祖之舅。其先周仲山甫封于樊，因而氏焉。爲鄉里著姓。父重，字君雲。世善農稼，好貨殖。重性溫厚，有法度，三世共財，子孫朝夕禮敬，常若公家。其營理産業，物無所棄；課役童隸，各得其宜，故能上下戮力，財利歲倍，至乃開廣田土三百餘頃。其所起廬舍，皆有重堂高閣，陂渠灌注。又池魚牧畜，有求必給。

顯然，樊氏所起廬舍，並不在湖陽城中，而是在樊氏莊園之内。《樊宏傳》又記王莽末，樊宏自更始軍中逃歸湖陽，“與宗家親屬作營塹自守，老弱歸之者千餘家”。則正是築塢壁以聚民自守之態，其所作營塹，很可能即以原來的樊氏莊園爲基礎。

四　《水經注》卷二九《湍水篇》所見城邑聚落

《漢書·地理志》不詳湍水之所出，但于弘農郡“析”縣下注稱：“黄水出黄谷，鞠水出析谷，俱東至酈入湍水。”今本《水經注》之《經》文云：“湍水出酈縣北芬山，南流過其縣東。又南，過冠軍縣東。又東，過白牛邑南。又東南，至新野縣。東入於淯。”則湍水爲淯水西面支流，即今之湍河，流經今内鄉、鄧州、新野等縣境。

1. 酈縣故城（下酈）

《經》文謂湍水出酈縣北芬山，酈《注》則辨其非，謂：

> 湍水出弘農界翼望山，水甚清澈，東南流，逕南酈縣故城東，《史記》所謂下酈也。漢武帝元朔元年，封左將黄同爲侯國。湍水又南，菊水注之。水出西北石澗山芳菊溪，亦言出析谷，蓋溪澗之異名也。……菊水東南流，入於湍。

《注》文將《經》文所見之酈縣稱爲“南酈縣”，顯係相對于《淯水篇》所見之“北酈”而言，實即漢晉宋齊之酈縣。今内鄉縣北趙店鄉酈城村發現有一處古城遺址，現存夯築城牆200米，殘高2米左右，在城址範圍内出土有磚、陶器、銅鏃、“軍中侯印”等物。當地考古工作者定爲古酈縣故城所在[35]，應可從。《宋書·州郡志》、《南齊書·州郡志》南陽郡下仍見有“酈縣”，而酈《注》已稱爲“酈縣故城”，疑此酈縣當廢於北魏太和末南北朝間的戰事中。《元和郡縣圖志》卷二一鄧州“菊潭縣”下稱：“本漢酈縣武陶戍之地，後魏廢帝因武陶戍置郡。隋開皇三年罷郡，以爲菊潭縣，因縣界内菊水爲名，屬鄧州。”則隋唐菊潭縣治（在今内鄉縣城）與漢晉宋齊酈縣城非爲一地，隋唐菊潭縣因武陶戍而立，非沿漢晉宋齊酈縣之舊。

2. 冠軍縣故城

湍水東南流，入冠軍縣境，歷楚堨，逕冠軍縣故城東。《注》文云：

> 湍水又逕其縣東南，歷冠軍縣西北，有楚堨，高下相承八重，周十里，方塘蓄水，澤潤不窮。湍水又逕冠軍縣故城東。縣本穰縣之盧陽鄉、宛之臨駣聚，漢武帝以霍去病功冠諸軍，故立冠軍縣以封之。水西有《漢太尉長史邑人張敏碑》。碑之西有魏徵南軍司張詹墓，墓有碑。……自後古墳舊塚，莫不夷毀，而是墓至元嘉初，尚不見發。六年，大水，蠻饑，始被發掘。

楚堨，在今鄧州西北張村鎮一帶。冠軍縣更在其東南，湍水之西南岸，當在今鄧州市西北。今鄧州西北冠軍村發現一處漢代城址，面積0.20平方公里，地面可見大量漢代磚瓦，夯土城垣殘跡不明顯。當地考古工作者斷定爲漢冠軍城故址[36]。宋齊南陽郡並領有冠軍縣，然據上引《注》文，則劉宋元嘉中，其地已淪爲蠻族活動之區。《元和郡縣圖志》卷二一鄧州"臨湍縣"條稱："本漢冠軍縣地，後魏孝文帝割縣北境置新城縣，屬南陽郡。廢帝以近湍水，改爲臨湍。"後魏、隋唐臨湍（新城）縣故址在今内鄉縣東南境大橋子鄉滾子崗村，正在漢晉冠軍縣之北。漢晉冠軍縣城之廢棄或即在此前後。

3. 魏武故城、白牛邑、安衆縣故城

湍水復東南流，入穰縣境，有六門陂。《注》文云："湍水又逕穰縣，爲六門陂。漢孝元之世，南陽太守邵信臣，以建昭五年，斷湍水，立穰西石堨。至元始五年，更開三門，爲六石門，故號六門堨也。溉穰、新野、［朝］（昆）陽三縣五千餘頃。漢末毁廢，遂不修理。晉太康三年，鎮南將軍杜預復更開廣，利加於民，今廢不修矣。"正如上述冠軍縣城與楚堨有着密切關聯一樣，穰縣城與六門堨之間亦必存在一定關聯。顯然，縣城定位於此，促進了其周圍水利事業的發展；而陂堨水利的發展，又加强了縣城的經濟與政治地位。除了冠軍、穰縣二縣之外，本文所討論的杜衍、新野、朝陽、潕陰、堵陽、湖陽、安衆等縣城附近在漢晉時均曾築有陂堨，此一現象之普遍存在當非出於偶然。

湍水過穰縣故城（已見《淯水篇》）北之後，復東南流，北岸有魏武故城、白牛邑與安衆故城。《水經注·湍水篇》云：

> 湍水又逕穰縣故城北。又東南，逕魏武故城之西南，是建安三年曹公攻張繡之所築也。［經］又東，過白牛邑南。［注］湍水自白牛邑南，建武中，世祖封劉嵩爲侯國。東南逕安衆縣故城南。縣本宛之西鄉，漢長沙定王子康侯丹之邑也。

魏武故城、白牛邑與安衆故城相距甚近，均當在今鄧州東北境、湍河與趙河（古涅水）間。今鄧州白牛鄉有一處古城址，分東、西二城，中隔一條小河：東城周長4公里，西城周長1.5公里。夯築城垣最高處約4米，基寬約8米。城内採集有繩紋磚、板瓦、陶壺殘片等，當即《注》文所記之白牛邑[37]。《後漢書·安成孝侯賜傳》載：賜卒，子閔嗣；建武三十年，“帝復封閔弟嵩爲白牛侯”。李賢注云：“白牛，蓋鄉亭之號也。今在鄧州東也。”則白牛原當爲安衆或穰縣所屬之鄉亭，東漢初建爲侯邑。魏武故城更在其西，則當在今鄧州市東北之湍河北岸。今鄧州火車站南有一處遺址，面積2.5萬平方米，文化層厚1.5米，出土有陶器殘片、鐵器等，地方考古工作者定爲“魏武城遺址”[38]。

安衆縣故城在白牛邑之東南，又爲涅水所經（見下引《注》文），其地當在今滬灘鎮附近。今鄧州元莊鄉南王村大王營東南有一處遺址，面積25萬平方米，文化層厚約2米，城垣遺跡尚依稀可辨，或即安衆故城之所在[39]。魏晉之世，南陽安衆劉氏曾經“貴盛”一時。《晉書》卷六一《劉喬傳》：“劉喬字仲彦，南陽人也，其先漢宗室，封安衆侯，傳襲歷三代。祖廙，魏侍中。父阜，陳留相。”喬少爲秘書郎，歷官滎陽令、尚書右丞、御史中丞；張昌之亂，出爲豫州刺史，與荊州刺史劉弘共討張昌。《三國志·魏書·劉廙傳》注引《晉陽秋》稱：“喬胄胤丕顯，貴盛至今。”據《晉書·劉喬傳》，喬子挺爲潁川太守。挺子耽在東晉時歷度支尚書，加散騎常侍；桓玄爲其婿，桓玄執政，“以耽爲尚書令，加侍中，不拜，改授特進、金紫光禄大夫”。耽子柳，“亦有名譽。少登清官，歷尚書左仆射”，出爲徐、兗、江三州刺史。柳子劉湛，《宋書》卷六九有傳，起家劉裕太尉府行參軍，歷任荊州功曹、劉裕相國府參軍、尚書吏部郎，出爲廣州刺史，任荊州大中正。劉喬弟劉乂，亦爲始安太守；乂子成爲丹陽尹。劉耽之族另有劉驎之，即劉遺民，終身不仕，《晉書·隱逸傳》有傳。然安衆劉氏約在兩晉之際南遷江陵[40]，《晉書·地理志》已無安衆縣，則安衆之省廢，當即在兩晉之際。

4. 涅陽縣故城

湍水復東南流，北合涅水。《注》云：

（涅）水出涅陽縣西北岐棘山，東南逕涅陽縣故城西。漢武帝元朔四年，封路最爲侯國，王莽之所謂前亭也。應劭曰：在涅水之陽矣。縣南有二碑，碑字紊滅，不可復識，云是《左伯豪碑》。涅水又東南，逕安衆縣。堨而爲陂，謂之安衆港。魏太祖破張繡于是處，《與荀彧書》曰：繡遏吾歸師，迫我死地。蓋于二水之間，以爲沿涉之艱阻也。涅水又東南，流注于湍水。

涅水，即今之趙河，涅陽故城在其東。今鄧州東北境穰東鎮翟莊村張寨有一處漢代城址，或即涅陽故城。遺址面積約20萬平方米，尚存少許夯土城垣遺跡；城内文化層較厚，發現有漢井，出土陶片、繩紋磚、瓦，五銖錢等[41]。宋、齊南陽郡均領有涅陽縣，而酈《注》稱爲涅陽縣故城，其城或廢于魏、齊交争之時。《隋書·地理志》南陽郡"課陽"縣下原注："舊曰涅陽，開皇初改焉。有課水、涅水。"則隋課陽縣已非在漢晉宋齊涅陽縣之故址。

武昌東郊何家大灣M193號所出南朝齊永明三年（485）劉覬買地券謂劉覬原籍在"南陽郡涅陽縣都鄉上支里"，則知晉宋涅陽縣有都鄉上支里。南陽郡涅陽劉氏，見於史傳者有劉虯。《南齊書》卷五四《高逸·劉虯傳》："劉虯，字靈預，南陽涅陽人也。舊族，徙居江陵……宋泰始中，仕至晉平王驃騎記室，當陽令。罷官歸家，静處斷穀，餌術及胡麻。"涅陽劉氏爲南陽舊族，與安衆劉氏並非一族，然安衆、涅陽二縣相鄰，同屬南陽郡，二族當有密切關係。與安衆劉氏一樣，涅陽劉氏也於兩晉之際或稍晚南渡江陵[42]。

五　《水經注》卷二十《丹水篇》所見城邑聚落

《漢書·地理志》弘農郡"丹水"縣下原注："水出上雒塚領山，東至析入鈞。"今本《水經注》卷二九《均水篇》之《經》文謂："均水出析縣北山，南流過其縣之東，入於沔。"則丹水出漢代上雒縣，東流經丹水縣，至析縣合均水，復南流注入沔水。古丹水，即流經今陝南商州、豫西南陽盆地西部的丹江；均水，即今西峽、淅川縣境内之老鸛河。兹以今本《水經注》卷二十《丹水篇》所記爲主，參合《均水篇》所記，考述丹江流域之城邑聚落如次。

1. 上洛郡（上洛縣）、倉野聚

丹水自上洛塚嶺山發源後，東南流，合清池水後，經上洛縣北。《水經注·丹水篇》云：

［經］丹水出京兆上洛縣西北塚嶺山，東南過其縣南。［注］一名高

豬嶺也。丹水東南流，與清池水合。水源東北出清池山，西南流入于丹水。縣故屬京兆，晉分爲郡。《地道記》曰：郡在洛上，故以爲名。《竹書紀年》晉烈公三年，楚人伐我南鄙，至於上洛。楚水注之。水源出上洛縣西南楚山，昔四皓隱于楚山，即此山也。其水兩源，合舍於四皓廟東。又東逕高車嶺南，翼帶衆流，北轉入丹水。嶺上有四皓廟。丹水自倉野又東，歷兔和山，即《春秋》所謂左師軍於兔和、右師軍於倉野者也。

丹水所出即今之丹江正源，出藍嶺，自古無異辭。清池水，當即今商州北境之板橋河，則漢上洛縣、晉上洛郡當在板橋水匯入丹水後之丹水北岸，即在今商州市附近。《晉書・地理志》謂晉武帝泰始二年（266）分京兆南部置上洛郡，領上洛、商與盧氏三縣。永嘉亂後，上洛一直處于南北交争之地帶，其地頗空廢。《魏書・世祖紀》：神䴥元年（428）九月，“上洛巴渠泉午觸等萬餘家内附”；至太延四年（438），“上洛巴泉蕇等相率内附”；五年三月，遣雍州刺史葛那取上洛，“劉義隆上洛太守鐔長生棄郡走”；同年，於上洛置荊州[43]。則上洛地區于太延間入於北魏。

丹水於上洛縣城東納楚水，又東逕倉野。倉野，或作“蒼野”，當爲地域之名，其地有蒼野聚。《續漢書・郡國志》京兆尹“上雒”縣原注：“有菟和山，有蒼野聚。”《左傳》“哀公四年”下杜注稱：“菟和山在上雒東，蒼野在上雒。”其地當在今商州與丹鳳二縣間丹水兩岸。

2. 商縣、武關

丹水東南流，經商縣東，東南出武關，進入南陽盆地。

［經］（丹水）又東南，過商縣南。又東南至於丹水縣，入於均。［注］契始封商。《魯連子》曰：在太華之陽。皇甫謐、闞駰並以爲上洛商縣也。殷商之名，起於此矣。丹水自商縣東南流注，歷少習，出武關。應劭曰：秦之南關也，通南陽郡。《春秋左傳》哀公四年，“楚左司馬使謂陰地之命大夫士蔑曰：晉楚有盟，好惡同之，不然，將通于少習以聽命”者也。京相璠曰：楚通上洛，阸道也。漢祖下析、酈，攻武關。文穎曰：武關在析縣西百七十里，弘農界也。

秦漢至南北朝時期的商縣，即當在今丹鳳縣城西五里、商洛鎮東南十餘里處的古城遺址，非在今之商洛鎮，石泉先生辨之已詳㊹。少習與武關相近，當在今丹鳳縣東境武關河中游之武關鎮附近，自古無異辭。

3. 臼口戍、三户城、丹水縣故城、丹水縣

今本《水經注》記丹水逕武關後，“又東南流，入臼口，歷其戍下”，然後又東南流，即接“析水”條。按：此段《注》文頗有錯亂，徐少華先生已有細緻考訂㊺，今據徐先生所訂正、調整之文句，引録如下：

> 丹水又東南流，入臼口，歷其戍下。又東南，逕一故城南，名曰三户城。昔漢祖入關，王陵起兵丹水，以歸漢祖，此城，疑陵所築也。丹水又逕丹水縣故城西南，縣有密陽鄉，古商密之地。昔楚申息之師所戍也。春秋之三户矣。杜預曰：縣北有三户亭。《竹書紀年》曰：壬寅，孫何侵楚，入三户郛者是也。……丹水東南流，至其縣南，黄水北出芬山黄谷，南逕丹水縣，南注丹水。

臼口戍，據上引《注》文推斷，當在今商南縣東南境之丹水兩岸地；其地以“臼口”爲稱，當在支流注入丹水處。《宋書》卷七七《柳元景傳》記元嘉二十七年（450）柳元景北伐，“元景大軍次臼口，以前鋒深入，懸軍無繼，馳遣尹顯祖入盧氏，以爲軍援。元景以軍食不足，難可曠日相持，乃束馬懸車，引軍上百丈崖，出温谷，以入盧氏”。綜觀當時諸軍進軍形勢，柳元景大軍所屯駐之臼口很可能是在今商南縣河注入丹江處之過風樓一帶（温谷即今之商南縣河，溯谷而上，越過分水嶺，即進入盧氏縣境）。

《注》文所記之丹水縣故城，當即漢晉丹水縣；而《注》文所謂“丹水縣”，則即北魏丹水縣。據《注》文所記，北魏丹水縣位於黄水滙丹處，而漢晉丹水縣故城則在北魏丹水縣西北。黄水，當即今淅川縣西北境之淇河。徐少華先生曾赴其地考察，瞭解到在淇水滙入丹江的寺灣附近，有幾處東周至六朝時期的遺址，特别是在寺灣西北約 4 公里的蘇家河，有一座古城遺址，當地文物工作者定名爲“寺灣古城”。徐少華認爲很可能即漢晉丹水縣故城之所在（北魏丹水縣則在今寺灣鎮），應可從。三户故城（三户亭）更在漢晉丹水縣之北，則當在今淅川縣西北境。

三户亭，密陽鄉均屬漢晉丹水縣。《漢書·地理志》弘農郡“丹水”縣下原注：“有密陽鄉，故商密也。”三户既稱“亭”，復稱爲“三户城”，則城必爲漢時亭部之所在。

4. 南鄉縣故城（順陽郡故城）、南鄉縣

丹水過丹水縣後，復東南流，入南鄉縣境。經過訂正、調整後的《丹水篇》云：

> 丹水又南，逕南鄉縣故城東北。漢建安中，割南陽右壤爲南鄉郡。逮晉，封宣帝孫暢爲順陽王，因立爲順陽郡，而南鄉爲縣。舊治酇城。永嘉中，丹水浸没，至永和中，徙治南鄉故城。城南門外，舊有郡社，柏樹大三十圍。……丹水又東，逕南鄉縣北。興寧末，太守王靡之改築今城。城北半據在水中，左右夾澗深長。及春夏水漲，望若孤洲矣。城前有晉順陽太守丁穆碑，郡民范寧立之。丹水逕流兩縣之間，歷於中之北，所謂商於者也。故張儀説楚絶齊，許以商於之地六百里，謂以此矣。《吕氏春秋》曰：堯有丹水之戰，以服南蠻，即此水也。

魏晉南鄉郡（順陽郡）初治酇（當在今丹江口市稍西、丹水入沔之口附近，考另詳），東晉穆帝永和中（345～356），移治南鄉故城；哀帝興寧間(363～365)，復將南鄉縣城（亦爲順陽郡城）稍向下游移動，仍在丹水南岸。南鄉故城與南鄉縣城均在析水合丹水之前，則必在今寺灣以東、滔河與淅口之間的丹水南岸一帶，或已淪入丹江口水庫中。興寧間新築之南鄉城“城北半據在水中，左右夾澗深長。及春夏水漲，望若孤洲”，則必在丹水南岸之孤丘上，北臨丹水，東西夾澗，正是典型的塢壁型城堡。

5. 修陽縣故城、析縣、析縣故城

據上引徐少華先生的訂正，應將今本《水經注·丹水篇》有關析水的記載置於《注》文“（丹水）又南，合均水，謂之析口”句下：

> 析水出析縣西北、弘農盧氏縣大蒿山，南流逕修陽縣故城北。縣，即析之北鄉也。又東入析縣。……其水又東，逕其縣故城北。蓋《春秋》之白羽也。《左傳》昭公十八年，“楚使王子勝遷許於析”是也。郭仲産云：相承言此城漢高所築，非也。余按《史記》楚襄王元年，秦出武關，

斬衆五萬，取析十五城。漢祖入關，亦言下析、酈，非無城之言，修之則可矣。析水又歷其縣東，王莽更名縣爲君亭也。而南流入丹水縣，注于丹水。故丹水會均，有析口之稱。

析水即均水，析、均爲一水之異稱，即今之老鸛河。今本《水經注》卷二九另有《均水篇》，其文云：

［經］均水出析縣北山，南流過其縣之東，入於沔。［注］均水發源弘農郡之盧氏縣熊耳山，山南即修陽、葛陽二縣界也。……縣，即析縣之北鄉，故言出析縣北山也。均水又東南流，逕其縣下，南越南鄉縣，又南流與丹水合。

據上引兩段注文，則知修陽縣故城必在今西峽縣北境，老鸛河之上游。徐少華將其定在今桑坪鄉西北之古城遺址，當可從[46]。《宋書·州郡志》順陽郡下謂《永初郡國》記有修陽縣，則劉宋曾置有此縣，旋廢。北魏復置，屬修陽郡[47]。

《注》文所記之析縣故城，當即漢晉析縣城，酈《注》特别辨析此城非如郭仲産所言，爲漢初所築，而早在春秋時，即已築有城垣。《宋書·州郡志》已無此縣，則當廢于東晉、劉宋之時。在今西峽縣城東北之蓮花寺崗上有一古城遺址，地方考古工作者命名爲"白羽城遺址"，當即楚析邑、漢晉析縣故城之所在。城址平面呈長方形，部分地段保存較好：東垣長700米，南垣長500米，西垣長750米，北垣長450米，城垣夯土層厚約8厘米。東、西、南城門址猶存。城内文化層厚1米多。出土有板瓦、筒瓦、空心磚、甕、罐、井圈、銅鏃等，並發現有戰國和漢代墓葬。

而《注》文所記之析縣則爲北魏析縣、隋唐内鄉縣。《元和郡縣圖志》鄧州"内鄉縣"條稱："本楚之析邑，後屬於秦。《史記》秦昭王發兵出武關，攻楚，取析十五城是也。漢以爲縣，屬弘農郡，後漢屬南陽郡。後魏于此置析陽縣，廢帝改爲中鄉縣。隋開皇三年，以避廟諱，改爲内鄉，屬鄧州。"則隋唐内鄉縣乃因襲北魏析陽縣而來。《魏書·地形志》析州領淅陽等五郡，其中淅陽郡領東析陽、西析陽二縣，治西析陽。《魏書》卷七七《辛雄傳》附《辛纂傳》稱：

（北魏孝武帝永熙三年，534）九月，行西荊州事，兼尚書南道行臺，尋正刺史。時蠻酋樊五能破析陽郡，應宇文黑獺。纂議欲出軍討之，纂行臺郎中李廣諫曰："析陽四面無民，唯一城之地耳。山路深險，表裏群蠻，今若少遣軍則力不能制賊，多遣則減徹防衛，根本虛弱，脱不如意，便大挫威名。人情一去，州城難保。"纂曰："豈得縱賊不討，令其爲患日深？"廣曰："今日之事，唯須萬全。且慮在心腹，何暇疥癬？聞臺軍已破洪威，計不久應至。公但約勒屬城，使各修完壘壁，善撫百姓，以待救兵。雖失析陽，如棄雞肋。"纂曰："卿言自是一途，我意以爲不爾。"遂遣兵攻之，不克而敗。諸將因亡不返，城人又密招西賊。黑獺遣都督獨孤如願率軍潛至，突入州城，遂至廳閤。纂左右惟五六人，短兵接戰，爲賊所擒，遂害之。

其時辛纂以西荊州（即北魏荊州，在東荊州之西，故稱爲"西荊州"）刺史鎮穰城（今鄧州市南），距析陽甚近。李廣所謂"析陽四面無民，唯一城之地"，當指析陽城周圍並無編户齊民，皆爲蠻族所居，即"山路深險，表裏群蠻"之謂。穰城城中居民稱爲"城人"，正與"四面"之"群蠻"相對而言。

在今西峽縣城北關外、蓮花寺崗下、崗上之"白羽城遺址"之西不足一公里處，另有一座古城遺址，與白羽城東西並列。城址平面呈長方形，東西寬400米，南北寬500米，部分城垣殘跡高出地面約2米。當即北魏之析陽縣(郡)、隋唐内鄉縣城[48]。

6. 順陽縣

今本《水經注·丹水篇》記丹水會均（析）水後，即不復述其下游注沔之情形，而《均水篇》則于均水會丹之後，復云：

［經］（均水）又南，當涉都邑北，南入於沔。［注］均水南逕順陽縣西，漢哀帝更爲博山縣，明帝復曰順陽。應劭曰：縣在順水之陽，今于是縣，則無聞于順水矣。章帝建初四年，封衛尉馬廖爲侯國。晉太康中，立爲順陽郡。縣西有石山，南臨均水。均水又南流，注于沔水，謂之均口者也。

順陽縣當在丹、淅會合後之丹（均）水的東岸，當即處於清代淅川廳東南境之順陽川，現已淪入丹江口水庫中，不能具指其確址。此城“西有石山，南臨均水”，當是依託均水岸邊之石山而立。

六　討論：漢魏六朝間南陽地區的聚落形態及其變化

1. 今本《水經注》所見南陽地區的“故城”及其意義

今本《水經注》所記南陽地區諸城邑，多稱爲“故城”（見表一），共有25處故城。仔細分析此25處故城，可以將其區分爲三種情況：

（1）雖稱爲“故城”，實際上並未完全廢棄，而仍在使用者。如穰縣故城與比陽縣故城，分別是北魏荊州（又稱“西荊州”）與東荊州治所，顯然仍在使用。據上引《魏書·辛纂傳》，則知北魏時荊州所治之穰城得稱爲“州城”，當築有城垣；其“城人”曾密招“西賊”（指宇文泰），説明城中有居民，顯然並未廢棄。新野縣故城（新野郡城）可能也未廢棄。《注》文謂“王文舒更立中隔，西即郡治，東則民居”，雖爲追溯曹魏故事，但似也可理解爲酈道元時代仍然如此。然此種尚在使用之“故城”，城内或已多荒廢。酈《注》記宛城（小城）與南陽郡城（大城）皆不稱爲“故”，則其時尚在使用，應無疑問。然觀其所記宛城，謂“大城西南隅即古宛城也，荊州刺史治，故亦謂之荊州城”，已稱爲“古宛城”，似已成殘跡。而“大城”之内，更多殘垣荒基，卻不見民居官宅，其荒涼之況可以想見。穰縣故城、比陽故城、新野故城等尚得沿用之城，蓋多類於此。

（2）漢晉故城雖已廢棄，而後世復於其近側另築有新城者。如丹水縣故城、南鄉縣故城、析縣故城即屬此類。漢晉丹水縣故城在北魏丹水縣西北4公里處，其繼承關係非常明顯。楚析邑、漢晉析縣故城在今西峽縣城北蓮花崗之上，北魏析縣（析陽郡）城在崗下，二者相距不足一公里，顯然是在析縣故城廢棄後新築之城。南鄉縣故城則廢棄於東晉中期，順陽郡守改築新南鄉城於其下游不遠處（二城並在丹水南岸）。此三組“新城”與“故城”之間，雖也可能存在斷裂，但基本上可將新城視爲“故城”之沿續，因此，並非真正意義上的“廢棄”，將它們看作是城址的移動，可能更爲恰當。

表一　《水經注》所見南陽地區的“故城”

城　邑	始建年代	地理位置	省廢時間
雉縣故城	秦	今南召縣雲陽、太山廟一帶	當省廢于劉宋前中期
博望縣故城	漢代	今方城縣博望鎮西、博望老街	當廢于劉宋前中期
西鄂故城	先秦	今南陽縣石橋鎮西南小洱城	當廢于劉宋前中期
杜衍故城	西漢	今南陽市區西南卧龍崗一帶	東漢時或已廢
淯陽縣故城	漢代	今南陽縣英莊鄉大胡營村	當廢于齊梁之際
新野縣故城	漢代	今新野縣沙堰鎮李莊村西北	當廢于齊梁之際
穰縣故城	先秦	今鄧州市區東南	北魏仍在使用，爲荊州治
朝陽縣故城	漢代	今襄陽縣黑龍集鎮朱場村	劉宋大明元年省廢
棘陽故城	漢代	今新野縣前高廟鄉張樓村	當廢于齊梁之際
鄧縣故城	先秦	今襄樊市區西北鄧城遺址	當廢于齊梁之際
鄧城縣故城	西晉	今樊城市區東北官莊一帶	當廢于兩晉之際
比陽縣故城	漢代	今泌陽縣城西之陳樓附近	北魏仍在使用，爲東荊州治
潕陰縣故城	漢代	今泌陽縣羊册鎮古城村	當廢于齊梁之際
堵陽故城	漢代	今方城縣城附近	當廢于劉宋前中期
平氏縣故城	漢代	今桐柏縣平氏鎮附近	當廢于劉宋前中期
新都縣故城	西漢	今新野縣王莊鎮九女城村	東漢時省廢
湖陽故城	先秦	今唐河縣湖陽鎮北	西晉時省廢
酈縣故城	漢代	今内鄉縣趙店鄉酈城村	北魏太和末
冠軍縣故城	漢代	今鄧州西北冠軍村一帶	劉宋前中期
安衆縣故城	漢代	今鄧州元莊鄉南王村大王營	兩晉之際
涅陽縣故城	漢代	今鄧州穰東鎮翟莊村張寨	當廢于齊梁之際
丹水縣故城	漢代	今淅川縣寺灣鎮蘇家河附近	當廢于齊梁之際
南鄉縣故城	漢代	今淅川縣南境滔河、寺灣間	東晉哀帝興寧間
修陽縣故城	劉宋初	今西峽縣桑坪鄉西北之古城	劉宋中後期
析縣故城	先秦	今西峽縣城東北蓮花崗上	當廢于齊梁之際

（3）除以上六座“故城”外，其餘19座“故城”皆既無證據説明其仍在使用，其附近也未見築有新城，則當屬廢棄者。就其廢棄時間而言，除杜衍、新都二縣早在東漢時即已省廢，安衆、湖陽、鄧城三縣當廢於西晉或兩晉之際

外，其餘各城皆當廢棄于劉宋前中期至蕭明帝建武末年（北魏孝文帝太和末年）間。蓋晉宋之世，南陽地區雖疊經戰亂，然在大部分時間裏，向屬之晉宋，惟其地實已荒殘。故《宋書·州郡志》所引《永初郡國》及徐、何《志》所有之縣，而至大明中已無者，雉縣、博望、西鄂、堵陽、冠軍諸縣皆屬此例，在大明土斷前此數縣已不見載，而《永初郡國》則仍見載，故凡此諸縣，當省廢于劉宋前中期。朝陽縣，《宋書·州郡志》明言省于大明元年。至於湏陽、棘陽、濦陰、酈縣、涅陽諸縣，則當廢于北魏孝文帝太和末年之南征。

然這些城邑之所以廢棄的原因絶不僅僅是户口荒殘和南北交争，蠻族之進入實爲另一要因。蓋在晉宋之際，蠻衆漸次進入南陽盆地，特别是其周邊低山丘陵地帶，成爲所謂“沔北諸蠻”。元嘉二十八年（451），“龍山雉水蠻寇抄涅陽縣，南陽太守朱曇韶遣軍討之，失利，殺傷三百餘人；曇韶又遣二千人係之，蠻乃散走”[49]。則元嘉末年，蠻族已進入南陽盆地之腹心地帶。涅陽縣之省廢或與此有關。至齊武帝永明“五年，荒人桓天生（按：即桓誕）自稱桓玄宗族，與雍、司二州界蠻虜相扇動，據南陽故城”[50]。桓誕聲勢日大，齊人乃進軍討破之[51]。桓誕遂擁沔水以北、滍葉以南八萬餘落附魏。不久，魏孝文帝南征，取沔北諸郡，大破齊軍，全有南陽盆地。于是太陽蠻乘勢再振，據有南陽盆地東南部，其首領桓叔興于公元512年（魏宣武帝延昌元年、梁武帝天監十一年）受魏任命爲新設的南荊州刺史，居安昌城。兩年後，梁軍自襄陽一帶“寇南荊之西南，沿襄沔上下，破掠諸蠻”，被桓叔興擊退[52]。在此之後，蠻衆遂得遍布南陽地區。《魏書·蠻傳》謂六鎮起義後，“二荊、西郢，蠻大擾動，斷三鵶路，殺都督，寇盜至於襄城、汝水，百姓多被其害。蕭衍遣將圍廣陵、樊城，諸蠻並爲前驅。自汝水以南，處處鈔劫，恣其暴掠。連年攻討，散而復合，其暴滋甚”。南陽盆地西部之丹、淅流域更是“表裏群蠻”，完全淪爲蠻區了。

凡此三類“故城”，無論其是否仍在使用或於其附近另築有新城，酈道元既概稱之爲“故城”，則其面貌大抵趨於“荒殘”，應無疑問。除了這些“故城”外，漢晉以來舊有之郡縣城而善長不稱爲“故城”者，僅有宛城（南陽郡城）、上洛郡、商縣等數城，而可以斷定爲北魏新建之城則有北酈縣、丹水縣、析縣等。質言之，兩漢時期曾以繁庶爲稱的南陽諸城，至酈道元正在比陽任東荊州刺史的六世紀初葉（515 年前後），均大多荒殘廢隳，斷壁殘垣，城郭空落；其間即或偶有居民，亦僅爲亂後遺黎，其數量既微，且非藉城市而生者，則與鄉民無異。要之，六世紀初葉之南陽地區，已無真正意義之“城市”。

2. 今本《水經注》所見南陽地區的鄉、聚、亭、城、戍

今本《水經注》所記南陽地區之聚落，除上述大量“故城”及少數仍在使用或北魏新建之縣城外，還有不少鄉、聚、亭、戍、城（見表二）。由於酈《注》實乃善長拾掇其所見史著地志而成，言辭間頗難斷定其所述究爲其引述之書所記之情形，抑道元所處時代之情形，故需細加辨析。

首先，酈《注》所記南陽地區之鄉、聚及亭，雖不稱爲“故”，然觀其所引述史事，大多出於兩《漢書》及《左傳》杜預注，故可判斷其所記之鄉、聚、亭多爲漢晉舊事，非必爲酈道元所處時代之情形。如夕陽聚（及瓜里津）、南就聚、小長安聚、黄淳聚、黄郵聚、小堵鄉、堵鄉、唐子鄉（亭）、三户亭（城）等，大都見於兩《漢書》，特别是《漢書·地理志》與《續漢書·郡國志》。其中黄郵聚在西漢末年曾有户三百五十，乃一户口繁庶之“聚”[53]；至於酈道元時代，“其聚落悉爲蠻居，猶名之曰黄郵蠻”，則已成爲蠻族活動之區，似可看作爲南陽地區之鄉村聚落自漢迄於南北朝後期演變的一種普遍現象。在酈氏所記諸鄉、聚、亭中，南就聚、小長安聚與三户亭皆築有城：三户城不詳；南就聚之城稱爲“三公城”，“甚卑小”；小長安聚之城“周回一里二百步”，亦甚小。三户城或築自先秦，酈氏已有詳辨，則漢時或因其城而置亭部。南就聚與小長安聚之城，酈氏雖稱相傳爲漢時所築，但並不能確定，很可能是漢末魏晉時普遍興修的塢堡之類。换言之，二聚在漢時未必有城，其城當爲後築者。

表二　《水經注》所見南陽地區的鄉、聚、亭、戍、城

聚落	地理位置	性質與形態
皇后城	今南召縣皇后鎮北皇后村	傳爲東漢初迎聘光武皇后所築之城
房陽城	今南陽縣石橋鎮西南	傳爲西漢孫寵所築，在房陽川
夕陽聚、瓜里津	今南陽市區東、白河西岸	瓜里當爲鄉里名，夕陽聚當爲村落名

續表

聚落	地理位置	性質與形態
吕城	今南陽市區西南	傳爲漢世所築，疑爲吕氏所築之塢堡
南就聚（三公城）	今南陽市西南	有城，甚卑小；傳爲漢世所築，疑爲塢堡
小長安聚	今南陽縣瓦店附近	有城，週一里二百步
安樂鄉（樂宅戍）	今南陽縣瓦店南	劉宋時據晉樂廣宅而立戍，當爲戍堡性質
凡亭	今鄧州市東南境	當爲漢時亭部，近樊氏莊園
黄淳聚	今南陽、新野交界處鄧橋附近	漢時聚落，臨黄淳水
黄郵聚	今新野縣東南境	西漢末有350户；北魏時悉爲蠻居，稱“黄郵蠻”
士林戍	今新野縣南境新甸鋪南王村	戍有邸閣
長岡月城	今唐河縣古城鎮附近	處於崗上，當屬塢堡性質
小堵鄉	今方城縣北三里河上游	屬堵陽縣
堵鄉	今方城縣城附近	當爲堵陽縣之都鄉，即縣城所在之鄉
謝城	今唐河縣郭灘鎮附近	古謝國所在，周回側水
淳灊戍	今唐河縣東南境	戍在岡上，地處蠻荒
唐子鄉（亭）	今棗陽北境與唐河交界處	附近有唐子陂
臼口戍	今商南縣過風樓一帶	臨丹水
三户亭（城）	今淅川縣西北境	漢晉亭部名，有城

皇后城、房陽城、吕城、謝城的情形很可能與南就聚、小長安聚之城相近似，《注》文雖引述其爲漢時所築的傳言，然均閃爍其辭，不能指實，而其地則或爲酈氏所親歷，則當善長經歷其地時，城垣尚存，應無疑問。然則，凡此諸城，很可能亦係塢堡之屬，當築於漢末亂離之後。皇后城處雉衡山之西南麓，近山，山有石室；房陽城居房陽川，謝城“周回側水”，皆頗合塢壁城堡選擇地勢地形以保證安全並滿足生産生活之需求的條件。至於長岡月城，雖不明其詳情，但由其地處長岡之上、形狀似彎月觀之，亦爲塢堡無疑。

樂宅戍、士林戍、淳灊戍、臼口戍亦大抵築有城垣或類似城垣的防禦設施。樂宅戍乃因晉時樂廣故宅而立，頗疑樂廣宅本身即爲樓院式或城堡式塢壁，故宋時因之以立戍。士林戍正當自襄陽北上進入南陽盆地的要道關口，其地置有邸閣，是南朝的軍事倉儲重地，自必有城。淳灊戍立於崗上，地處蠻荒，顯然是爲了鎮服蠻民。臼口戍地處溯丹水而上進入商洛地區的要道上，是南朝在北部邊境上的要塞。柳元景北伐，數萬大軍得屯駐臼口戍（非必均在戍中），亦當築有戍城。除此四戍之外，宋齊于湖陽故城亦置有湖陽戍，其周圍亦爲蠻衆所居，戍"處蠻荒"之中。

3. 漢魏六朝間南陽地區聚落形態之演變

據上所考，我們或可藉此想見當酈道元在東荊州任刺史（治比陽）、並得遊歷南陽地區的六世紀初葉及其前後，南陽地區的聚落地理面貌——在南陽盆地之西北部、北部及東北部，是北魏據有的一些城邑據點，如北魏所立之丹水、析縣（析陽郡）、修陽、北酈及因襲漢晉舊城之宛城（南陽郡城）、穰城、比陽故城等。在南陽盆地的南部邊緣，則有宋齊所築之戍城，如樂宅戍、士林戍、渟灊戍、臼口戍、湖陽戍等。而盆地的中心地帶，則成爲南北雙方對立爭戰的"甌脱"地帶：漢晉以來之舊城大都已經荒殘廢棄，城中即便偶存遺黎，其數量亦甚寡，不復得稱爲"城市"；與此相對應，漢晉時期的某些鄉聚，如南就聚、小長安聚等則築起了塢壁城垣，其規模甚爲卑小；皇后城、吕城、房陽城等也很可能是塢壁之屬。這些城、戍、塢堡，應當是南北政權控制地方的據點，也是附籍民衆（不一定都是漢民）的集居聚落，而人數衆多且呈逐漸增多趨勢的"蠻"民（其實主要是未附籍的各族民衆，並非一定在族屬上是蠻族，考另詳）則散居於這些城戍塢堡之間，並對這些城戍塢堡形成包圍之勢。北魏孝武帝永熙三年（534），魏南道行臺郎中李廣描述析陽郡周圍形勢云："析陽四面無民，唯一城之地耳。山路深險，表裏群蠻。"[54]此或正可看作是六世紀前期南陽地區的普遍情形："民"聚於城壁塢堡之中，形成城居或附城居狀態；"蠻"處山林丘陵地帶，散佈四野。

這應當是北魏孝文帝太和末年南征、據有南陽盆地大部、而蠻民大規模進入南陽地區之後的情形。當劉宋前中期，情形蓋尚非如此。當劉宋孝武帝大明間（457～464）推行土斷之時，南陽地區大部仍皆屬南朝所有（其中丹水上中游已屬之北朝）。當時劉宋控制的南陽五郡總計27縣，共有18973户，平均每縣只有703户。其中仍以南陽、新野、僑河南、僑京兆郡四郡所在的唐白河河谷各縣户口最爲密集。這些著籍户口應當主要聚居於城戍塢壁之中，換言之，漢晉以來主要位於唐白河及其支流兩岸的各城，至劉宋時大抵仍在使用，且是附籍户口的主要集聚點。

表三　《宋書・州郡志》所記南陽各郡的著籍户口

郡	郡治今地	縣數	户數	口數	平均每縣户數
南陽郡	今南陽市	7	4727	38132	675
新野郡	今新野縣北	5	4235	14793	847
順陽郡	今淅川南境	7	4163	23163	595
僑河南郡	今新野東境	5	3541	13470	708
僑京兆郡	今樊城西北	3	2307	9223	769
合計		27	18973	76098	703

由此反推，漢代南陽地區的城鄉聚落情形，又復如何？《漢書・地理志》記南陽郡有 36 縣，359316 户、1942051 口；凡此諸縣，皆當有城，當無疑問（《續漢書・郡國志》即直接稱爲有“三十七城”）。其中宛縣一縣即有 47547 户。到東漢時，南陽郡户數增至 528551，口數達 2439816。這些户口，究有多少居於城中，殊難斷定。考慮到西漢時宛城規模甚小（尚未築有大城），真正居於宛城之中的户口或不會太多，然宛縣置有工官與鐵官，1959 年在南陽市北關外瓦房莊西北發現的漢代鐵冶遺址正位於漢代宛城故址的西南方[55]，從事鐵冶等手工業勞動的户口，很可能即居住于宛城近側的手工作坊區，那麼，居於城中和城郭之下的户口一定不少[56]。至東漢，南陽以“帝鄉”建爲南都，城週三十六里，户口規模當數倍于西漢時。至若縣邑城的户口規模，更難估計。西漢末割新野之東鄉建爲新都侯國，户 1500（後益以黄郵聚之 350 户），居於城中者顯然甚少。據上文所考，張衡所出之西鄂張氏及王子雅之族、桓帝時封爲安樂鄉侯的胡廣之族、光武舅家樊氏家族等均並未居住在縣城裏，而是分居于莊園之中。前引《三國志・魏書・杜襲傳》謂東漢建安間“寇賊縱横，時長吏皆斂民保城郭，不得農業”，也説明只有當戰亂發生時，郡縣長吏才“斂民保城郭”，而且保聚城郭是不便“農業”的；在正常狀態下，民户是“散就田業”的。換言之，在和平時期，城居及附城居並不普遍，“散就田業”方是常態。

怎樣的聚落規模，便於民户“散就田業”，即更方便民户從事農業生産？

《漢書·地理志》與《續漢書·郡國志》“南陽郡”下所記鄉、聚、亭的意義雖然有不同理解，但大抵皆爲較大聚落或以某一聚落爲中心的鄉村區域，則並無疑義。西漢末年的黄郵聚有350户，如果是一個聚落，則其規模顯然較大。然由酈《注》稱“其聚落悉爲蠻居”觀之，似並非指一個聚落，而是指黄郵水側的諸聚落（其中或有一個中心聚落，即名爲“黄郵聚”者）。因此，不能遽以黄郵聚之例推斷漢時南陽地區鄉村聚落之户口規模。又，凡此諸鄉聚，漢時（至少在西漢時）似並無城垣。兩漢之際，劉秀及其所部屢次在南陽地區征戰，《後漢書》記之甚詳，酈《注》亦頗見徵引，然於夕陽聚、小長安聚、黄淳聚、黄郵聚諸處均未見曾築有城垣之蛛絲馬跡，則似可斷定小長安聚、南就聚所有之城，很可能是漢末亂離後所築，此前當並無城垣。前引《後漢書·樊宏傳》謂樊宏自更始軍中逃歸湖陽後，方“與宗家親屬作營壍自守，老弱歸之者千餘家”，則此前之樊氏莊園並無城垣營壍之設，不過是“田園別業”的性質。當然，因“其所起廬舍，皆有重堂高閣，陂池灌注”，改建爲塢壁城堡，至爲方便。劉宋時因樂廣故宅而立戍城，當亦因其便而用之。

因此，漢代南陽地區鄉村聚落的基本形態應當是“散就田業”，即相對分散居住以便於從事農業生産，即便是大地主莊園也是與田地結合在一起的。見於記載的鄉、聚、亭皆當是較大的中心聚落，即便是這些中心聚落，即未必築有城垣。因此，認爲漢代基層聚落普遍採用城的形式、鄉村居民普遍居住在城郭裏的論點[57]，至少在南陽地區，得不到明確的證實。在漢末開始的長達三個多世紀的社會大動亂中（甚至在兩漢之際的戰亂中），“百姓流亡，所在屯聚”[58]：一方面是郡縣長吏“斂民保城郭”，另一方面勢家大族“糾合宗族鄉黨，屯聚塢堡，據險自守，以避戎狄寇盜之難”[59]，遂形成一“城居”之時代。然“城居”及附城居之民衆，大抵限於著籍户口及大族蔭庇之户口，未附籍之民户（南北朝後期逐漸以“蠻”、“流”概指之）則多散佈山林田野間，形成散居狀態。于是，城居（包括附城居）與散居，乃成爲兩種迥異有别的人群的不同居住方式。

如果上考大致不誤，則吾人對於漢魏六朝間南陽地區聚落形態之演變乃可得出如下概要認識：漢代南陽地區雖密佈城邑及較大聚落，但鄉村民衆之基本居住形態仍以“散就田業”爲主。自漢末以迄於南北朝後期，無論勢家大族，抑普通著籍民户，大抵皆集中居住於大大小小的城堡塢壁或其附近，形成城居（包括附城居）狀態；而未著籍之蠻、流則散佈山野間，以散居爲主。聚落形態的這種演變，既是此數世紀間政治與社會大動亂的反映或縮影，也是社會大動亂背景下民衆基於生存需要而作出的“適應性改變”，而這種“改變”，直接影響到經濟生活與社會組織的基本方式，也影響到王朝國家對地方社會的控制方式。

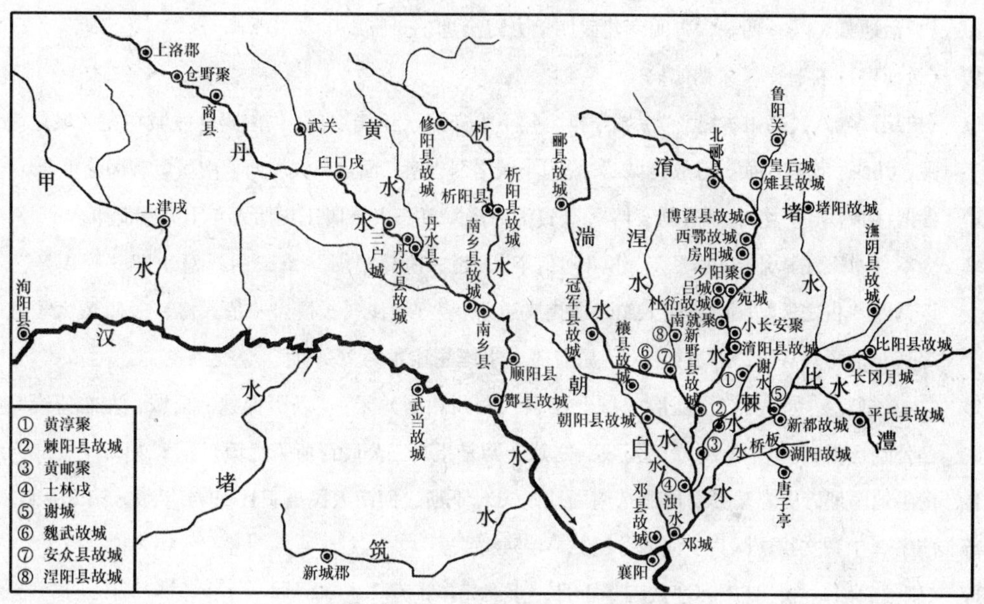

《水經注》所見南陽地區城邑聚落的分布

注　釋

① 石泉《古代荆楚地理新探·續集》，武漢大學出版社 2004 年版，“自序”，第 25 頁。

② 《漢書·地理志》弘農郡“盧氏”縣下原注云：“又有育水，南至順陽入沔。”《山海經》卷五《中山經》“中次十一山”下稱：“又東四十里，曰支離之山，淯水出焉，南流注於漢。”當爲《水經》此句所本。《漢書·地理志》於南陽郡酈縣與弘農郡盧氏縣下均記有“育水”，而其源頭顯非一，其中出盧氏縣東南境之育水當係湍水之上源（即白河之西源），而出酈縣西北境之淯水方爲淯水正源（今白河東源）。《經》參合言之，故致紛歧。楊守敬辨之已詳，見楊守敬、熊會貞《水經注疏》，江蘇古籍出版社 1989 年版，第 2593 ~ 2594 頁。

③ 在今雲陽鎮附近之泰山廟、草店、下村等地發現數處漢代冶鐵遺址，説明這一地區早在漢代即已得到開發。又，明清南召縣城即在今雲陽鎮，現鎮内尚存文廟、城隍廟戲樓等古建築。見國家文物局主編《中國文物地圖集·河南分册》，中國地圖出版社 1991 年版，第 566 ~ 567 頁。

④ 前揭《中國文物地圖集·河南分册》，第572頁。

⑤ 前揭《中國文物地圖集·河南分册》，第531頁。

⑥ 船越昭生《關於鄂君啟節》，《東方學報》（京都），第43册，1972年；陳偉《鄂君啟節之"鄂"地探討》，《江漢考古》1986年第2期。

⑦ 韓維周、王儒林《河南西峽縣及南陽市兩處古城調查》，《考古通訊》1960年第2期；河南省文化局文物工作隊《南陽漢代鐵工廠發掘簡報》，《文物》1960年第1期；《河南南陽古宛城新探》，《光明日報》1960年8月20日。

⑧ 《資治通鑑》卷一四一，齊明帝建武四年九月癸卯。

⑨ 《後漢書》卷七一《朱儁傳》。

⑩ 《史記》卷八《高祖本紀》"保城守宛"句下張守節《正義》曰："南陽縣故城在宛大城之南隅，其西、南有二面，皆故宛城。"説明小城之西、南二面當與大城西、南城垣有部分重合。

⑪ 參閱《後漢書》卷十一《劉玄傳》，《資治通鑑》卷三九淮陽王更始元年下有關記事。

⑫ 今本《水經注》無"里"字，作"阿街卒"，趙一清釋"阿"爲"呵"意，即"呵街卒"，以爲即"古之所謂騶唱，唐人謂之籠街喝道"。楊守敬據《後漢書·范式傳》及章懷太子註定其非，認爲當作"阿里街卒"。見前揭《水經注疏》第2609頁。今從楊説。

⑬ 《太平御覽》卷一九二居處部"城上"引《荊州圖副》云："新野郡魏三公城，左右傳漢時三公餞行處也。"則所謂"三公城"之意，乃是指爲三公餞行所築之城。

⑭ 南陽地區地方史志編纂委員會《南陽地區志》下册，河南人民出版社1994年版，第214頁。

⑮ 前揭《中國文物地圖集·河南分册》，第544頁。

⑯ 《資治通鑑》卷一四一，建武四年十月，永泰元年正月。

⑰ 前揭《中國文物地圖集·河南分册》，第558頁。

⑱ 此處之樊氏陂，非必爲湖陽縣樊重、樊宏之族的産業，《後漢書·樊宏傳》李賢注引此段《注》文，以此爲湖陽樊氏産業，並無確據。楊守敬按語稱："（《後漢書》）《酷吏傳》，樊曄，新野人，亦在後漢初。疑樊氏陂或别一人。"或可從。又稱："諺言庾氏代昌。新野之庾氏，漢、晉時不見於史，而宋庾深之、齊庾杲之，蓋其後裔也，皆新野人。"亦或可信（見前揭《水經注疏》，第2614頁）。則此樊氏陂本爲東漢前期樊曄之族所營，後樊氏敗，爲庾氏之族所取。

⑲ 國家文物局主編《中國文物地圖集·湖北分册》，西安地圖出版社2002年版，上册，第134～135頁；下册，第76頁。

⑳ 今本《水經注·淯水篇》"棘水"條此句作"水上承堵水。堵水出堵陽縣北山"。其中，"堵陽縣北山"，朱中尉本作"棘陽縣北"，趙一清改"棘"作"堵"，增"山"字。其根據即在棘水既上承堵水，堵水則不當出棘陽縣北（棘陽縣在今南陽縣東境，堵水則出方城縣北

境，故堵水自不能出棘陽縣北)。然棘水實不能上承堵水，蓋今南陽縣東北境與方城縣西南境之間有一低矮的分水嶺，地勢東南傾，方城縣境内之堵水絶無可能西南流入南陽縣境成爲棘水之上源，而只能東南流入社旗縣境，注入比水（今之唐河)。今桐河、趙河均東南流入唐河，即爲證明。因此，今本《水經注》有關棘水上承堵水及有關堵水上源的記載，均當度入《比水篇》下，將堵水作爲比水的源頭之一，方可通解。這樣，趙、戴及楊守敬以來改“棘陽縣北”作“堵陽縣北山”之句，即應仍舊。

㉑ 前揭《中國文物地圖集·河南分册》，第543頁。

㉒《中國歷史地圖集》第四册南朝齊“司州、雍州、寧蠻府”幅將棘陽置於今南陽縣東南境，僑河南郡更在其北，似略偏北。

㉓ 參閲《魏書》卷七下《高祖紀》，太和二十一年六月至二十二年三月；卷一〇一《蠻傳》；《資治通鑑》卷一四一，齊紀七，明帝建武四年六月至永泰元年三月；《魏書》卷三六《李順傳》附《李曄傳》。

㉔ 石泉《從春秋吴師入郢之役看古代荊楚地理》，見所著《古代荊楚地理新探》，武漢大學出版社1988年版，第355～416頁，特别是第357～360頁。

㉕ 南王村遺址面積約35萬平方米，發現有墓葬、房基、水井和石磨、銅器、陶器，菱形、米字形圖案磚、板瓦、銅瓦等。考古工作者據以斷定爲漢代遺址。見前揭《中國文物地圖集·河南分册》，第543頁。

㉖ 據武漢大學歷史系師生1973年春的實地訪查，古城牆基還很完整，城址略呈方形，東、南、西、北城牆分别長約600、825、675、800米，面積約0.5平方公里。現存城牆高3～5米，東南角爲最高點，高出周圍地面約6米。城垣四面中央各有一缺口，當爲城門所在；城外護城河已淤爲水田，但痕跡尚可辨，其中東、西兩面可斷定爲利用自然溝壑而設。參閲葉植主編《襄樊市文物史跡普查實録》，今日中國出版社1995年版，第2頁；石泉《古鄧國、鄧縣考》，《江漢論壇》1980年第3期。另見前揭《古代荊楚地理新探》，第105～126頁。

㉗ 石先生曾辨楊説爲非，認爲古濁水當爲流經今鄧城遺址的七里河。見前揭《古代荊楚地理新探》，第113～114頁。然七里河甚爲短小，而清河在其北，它不可能越過清河接納來自今鄧州東南境的朝水（白水)。兹不從。

㉘ 今官莊附近油坊崗、孫莊、南周家、謝溝等地發現數處墓群，特别是南周家墓群，曾清理九座墓葬，出土有陶狗、倉、罐及“大泉五十”銅錢等，據判斷，是典型的東漢墓葬區。團山一帶也發現有一處大型東周墓群。見前揭《中國文物地圖集·湖北分册》，上册，第132～133頁；下册，第62～64頁。

㉙ 今泌陽縣城當即隋唐比陽縣城之所在。《隋書·地理志》淮安郡“比陽”縣下原注云：“帶郡。後魏曰陽平，開皇七年改爲饒良，大業初又改焉。……又有比陽故縣，置西郢州，西魏

改爲鴻州，後周廢爲真昌郡，開皇初郡廢，大業初縣廢。”則隋唐比陽縣乃因襲北魏陽平縣而來，與比陽故縣非在一地（比陽故縣廢于大業初）。今泌陽縣城北有一處古城遺址，呈長方形，東西長560米，南北寬350米，城垣殘高約4米，城内出土有陶器、花紋磚、空心磚、筒瓦及貨泉等。當地文物工作者認爲即漢晉比陽縣故城，當可從。見前揭《中國文物地圖集·河南分册》，第457頁。

㉚ 前揭《中國文物地圖集·河南分册》，第457頁。

㉛ 同上書，第572頁。

㉜ 參閱徐少華《周代南土歷史地理與文化》，武漢大學出版社1994年版，第47～54頁。

㉝ 前揭《中國文物地圖集·河南分册》，第543頁。

㉞ 今湖陽鎮東北蓼陽河岸邊發現有一處遺址，面積約10萬平方米，文化層厚1～3米，採集遺物有井圈、繩紋磚、筒瓦及陶罐、鼎、盆等殘片。未發現城垣。見前揭《中國文物地圖集·河南分册》，第539頁。

㉟ 前揭《中國文物地圖集·河南分册》，第549頁。

㊱ 南陽地區地方史志編纂委員會《南陽地區志》下册，河南人民出版社1994年版，第212頁。

㊲㊳ 前揭《中國文物地圖集·河南分册》，第559頁。

㊴ 前揭《中國文物地圖集·河南分册》，第559頁。若安衆故城果在此，已處今趙河之東，然則，古涅水河道當在今河道之東。

㊵ 《陶淵明集》卷五《晉故征西大將軍長史孟府君傳》謂劉耽曾與孟嘉同爲荊州都督桓温府佐；耽女嫁與桓玄，亦當在此時，則劉耽家族當在此前移居江陵。

㊶ 前揭《中國文物地圖集·河南分册》，第558頁。

㊷ 參閱拙文《六朝買地券叢考》，《文史》2006年第2期。

㊸ 《魏書·地形志》“洛州”條下注云：“太延五年置荊州，太和十一年改。治上洛城。”《魏書》卷六六《李崇傳》：“高祖初，爲大使巡察冀州，尋以本官行梁州刺史。時巴氐擾動，詔崇以本將軍爲荊州刺史，鎮上洛。”

㊹ 石泉《楚都丹陽地望新探》，見所著《古代荊楚地理新探》，第174～199頁。

㊺ 徐少華《〈水經注·丹水篇〉錯簡考訂——兼論古析縣、丹水縣地望》，《中國歷史地理論叢》1988年第4期。

㊻ 遺址面積約24萬平方米，夯土城垣遺跡不明顯，發現有磚、瓦、陶盆、甕、罐片等遺物。見前揭《中國文物地圖集·河南分册》，第546頁。

㊼ 《魏書·地形志》析州修陽郡領修陽、蓋陽二縣，其中蓋陽縣，當即《注》文所見與修陽同處熊耳山之南的葛陽縣。

㊽ 關於西峽縣北關外蓮花寺崗上、下的兩座城址，並見前揭《中國文物地圖集·河南分册》，

第546頁。

㊾ 《宋書》卷九七《蠻傳》。

㊿ 《南齊書》卷二六《陳顯達傳》。

51 參閱《南齊書》卷二六《陳顯達傳》,《魏書》卷一〇一《蠻傳》。

52 《魏書》卷一〇一《蠻傳》。

53 嚴耕望先生認爲,“聚”居於亭、里之間,是王莽時代設立學校所劃分的鄉村組織,是一種邑落,也是漢代教育行政的基層單位。見嚴耕望《中國地方行政制度史·秦漢地方行政制度》,上海古籍出版社2007年版,第66~67頁。

54 《魏書》卷七七《辛雄傳》附《辛纂傳》。

55 河南省文化局文物工作隊《南陽漢代鐵工廠發掘簡報》,《文物》1960年第1期;河南省文物研究所《南陽北關瓦房店漢代冶鐵遺址發掘報告》,《華夏考古》1991年第1期。

56 周長山估計,漢代城市户口所占的比例約爲全部户口的27.5%,見所著《漢代城市研究》,人民出版社2001年版。據這個比例估計,西漢時居於宛城者當有13000餘户。

57 宮崎市定《中國村制的形成》,見中國科學院歷史研究所翻譯組編譯《宮崎市定論文選集》上卷,商務印書館1963年版,第33~54頁;《關於中國聚落形體的變遷》,見劉俊文主編《日本學者研究中國史論著選譯》,第三卷,中華書局1993年版,第1~29頁。

58 《晉書》卷一百《蘇峻傳》。

59 陳寅恪《桃花源記旁證》,見《金明館叢稿初編》,三聯書店2001年版,第188頁。

魯西奇,1965年生。1989年武漢大學歷史系畢業,1995年于武漢大學歷史系獲博士學位。現爲厦門大學歷史系教授、博士生導師。

The Cities, Rural Settlements and Their Form in Nanyang Area from Han Dynasty to Southern-Northern Dynasty

Lu Xiqi

Summary

This paper argues the place and form of the cities and rural settlements such as Xiang, Jiu, Ting and Shu in Nanyang Area from Han Dynasty to Southern-Northern that been described by Li Daoyuan. The conclusion would be summed up as below: In Han Dynasty, there were a lot of cities and large rural settlements in Nanyang area, but the majority of inhabitants still lived in the disperse villages or hamlets for closing with their farm and facilitating the farming. The form of settlements had gradually changed from the end of Han Dynasty to Southern-Northern Dynasty: the most population includes the ordinary people and authoritative nobility who had been controlled by States centralized and lived in the cities and the fortified manors, come into being the gathered living form, while the scattered living villages might be the dominant settlement in the highland where been inhabited by the Barbarian and Outcast who were not controlled by States. Those evolutions of the form of settlement would be the reflection for troublous society from the end of 2nd Century to 7th Century, but also be the result as the accommodation from the inhabitants for living.

讀者·作者·編者

《燕京學報》新二十四期管東貴《周人“血緣組織”和“政治組織”間的互動與互變》一文中擬更正處：

一、第十三頁倒數第八行：“漢武帝時代匈奴”一句中，“代”改爲“伐”。

二、第十九頁第二行：“源自政治權力”，“源自”改“導致”。

唐朝的《喪葬令》與喪葬禮

吴麗娛

昔人曾認爲，禮與法是奠定國家社會的兩大基石，爲傳統綱常中犖犖之大者。陳寅恪先生曾提示，禮與法爲穩定社會的因素[①]；錢穆先生也指出："成文之禮，本乎制度，禮、令之類是也。"[②]因此就禮法關係而言，爲全社會"設範立制"的令與"安上治民"的禮是兩項不可分割的內容：禮爲令之基礎，而令則爲禮之貫徹，禮令互相扶助、互爲表裏的作用不待辨而明。

唐朝禮、令的關係反映在製作和內容上都是十分突出的。自20世紀90年代始，中國大陸和臺灣學者都開始從不同的方面關注此問題，如姜伯勤先生在《唐禮與敦煌發現的書儀》一文中[③]，討論了敦煌書儀中喪服服制與唐"禮及令"的問題。高明士關於《貞觀禮》的研究涉及與《開皇禮》和《武德令》的同異[④]；而榮新江、史睿與李錦繡雖然在討論俄藏Дx3558殘卷的過程中對它的年代定名持論不一，但都借助了此卷中祠令內容與郊祀禮的對應[⑤]；李玉生討論禮、令和史睿關於《顯慶禮》的近文都注意到禮與令或者與律令格式之間相互修改協調的關係[⑥]。日本學界關於禮令關係則被納入律令的研究體系[⑦]，其中喪葬禮令的問題最爲日學者關注。如池田温先生《唐・日喪葬令の一考察——條文排列の相異を中心として——》一文[⑧]，在討論喪葬令的復原次序的同時，指出《喪葬令》是《開元禮》、《大唐元陵儀注》、詔敕等選擇採録的重復規定，而《開元禮》卷三《序例下・雜制》至少有"百官終稱"等五條見於《喪葬令》收載，《通典》凶禮沿革喪制部分"大唐之制"、"大唐制"以及《大唐元陵儀注》也都明確述及禮和《喪葬令》的關係。稻田奈津子《喪葬令と禮の受容》一文專門討論日本《喪葬令》17條在唐令及《開元禮》的來源[⑨]。而探討喪葬禮、令問題更爲直接的則是石見清裕先生，他的

《唐代凶禮の構造——〈大唐開元禮〉官僚喪葬儀禮を中心に——》和《唐代官僚の喪葬儀禮について》兩文[10]，不但對《大唐開元禮》凶禮的篇名、其中特别是官僚葬禮的構成内容作了檢討，而且就喪葬儀禮和《喪葬令》進行了具體討論和比較，這使關於喪葬禮、令關係的研究又有了極大的進展。不過在《天聖令》發現後，某些具體内容還應當補充，其相互對應的關係和作用值得進一步探索，以下分爲兩個問題進行討論。

一 唐《喪葬令》的等級、内容與禮的呼應

唐令與禮的關係，大體可以認爲是相互滲透，説得上是令中有禮，禮中有令。不過首先應當明確一點，就是相對于《開元禮》而言，《喪葬令》並不能完全與它的全部凶禮内容對應，因爲《大唐開元禮》的凶禮其實是從病重開始的。其書卷一三一儀目中除了"凶年振撫諸州水旱蟲災"、"振撫蕃國主水旱"兩條不相干外，其餘都是帝、后、太子"勞問疾苦"的内容[11]。如皇帝有勞問諸王、外祖父、皇后父、諸妃主、外祖母、皇后母、大臣、都督刺史、蕃國主疾苦等項，中宫（皇后皇太后）有勞問外祖父、諸王、外祖母、諸王妃和宗戚婦女疾苦等，東宫（太子）勞問疾苦則除了諸王、外祖父母和妃父母、諸妃主外，更增加了師傅保、宗戚和上臺貴臣。其儀注中有"若受勞問者疾未間，不堪受制（或受令），則子弟代受如上儀"的説明，因此勞問疾苦常常是朝廷和最高統治者慰問臣下病重，是臨終前的關懷。傳世史書中常常可以見到皇帝本人或遣使者問疾送葯的記載，病重不是已喪，因此不能直接放在喪葬的範圍。但相應的唐《假寧令》復原第9條是"本服周親以上，疾病危篤、遠行久别及諸急難，並量給假"[12]。仁井田陞復原的《選舉令》中有本人或父母病重假限和解官的條款[13]，也可以體現這種關懷。

具体到真正的喪葬禮儀，在《開元禮》其實主要包括兩部分，即一是五服和衣制的喪服制度，二是按等級和程序分别叙述的喪禮和葬禮。而根據我們復原的唐《喪葬令》，不少條款在《開元禮》中大都能找到相關的内容；並且令後也應該是附有"服紀"或者"五服制度"的，這説明禮是令的依據。相對的是，包括與喪葬有關的令、式、制敕等法令性内容，在《開元禮》的序

例部分也形成指導性的總則。這些內容曾經被作爲我們復原令文的依據和參考，它們是禮的某些補充，表明令是禮的實踐，也是現實中禮的引導。

（一）等級劃分的同異

唐令與禮的關係，首先是反映在等級的相適應方面。在唐、宋《喪葬令》的各條中，令人印象深刻的是喪葬制度以方式、數量、品種、式樣、名稱等的不同爲標榜，顯示出了鮮明的等級高下。無論是皇帝的舉哀，或是朝廷給官員的待遇、各種喪葬器物用品和墓田墳高的規定，都按照等級區分，其中除了皇帝（后、太子在內）舉哀和皇家諸親喪賻物等極少數條是圍繞與皇家的血緣親疏爲核心外，基本上都以官品定限。且皇家諸親喪賻物實際也是比照官品實行，所以全部《喪葬令》可以認爲是以官品等級爲核心的。體現血緣關係的喪服制度對於《喪葬令》本身反而没有多少直接作用，甚至相比之下，其關係密切的程度還不如《假寧令》——這是“喪服年月”所以附載於令後而相對獨立，後來又被改移在《假寧令》後的一個原因。

就一般而言，《喪葬令》關於等級的規定是相對複雜的，因爲其中並不是按照三等或九等一律化。如百官賻物竟是按流内職事官九品區分，由於前三品不計正從，而四品以下不計官階上下，所以共分爲十五等；方相魌頭、碑碣、石人石獸卻只分成兩等。即使是分爲三等者，其中的劃綫也未必相同。這樣從總的範圍而言，就並不是每一種規定的内容九品以上官員都可以有，其享用最多者無疑是三品以上官員，賜謚、暑月給冰等都是只有三品以上官員才可享受。其次則爲五品以上，如喪事奏聞吊祭、營墓夫、立碑等也只是五品以上的待遇。不過，筆者在前揭文也已指出，根據令文其實還有一種更特殊的待遇，這就是皇帝下詔葬事的“詔葬”。唐令“復原7”有如下記載：

> 其詔葬大臣，一品則鴻臚卿監護喪事；二品則少卿，三品丞一人往，皆命司儀令以示禮制。⑭

詔葬是皇帝下詔禮葬，資格僅限三品“大臣”，但不是所有三品以上都是詔葬，而是一些親貴大臣有特殊地位或與皇帝有特殊關係者。條令中的護喪是詔葬者的標誌，而諸如舉哀、遣使吊祭等也逐漸成爲詔葬者的特權，某些待遇如明器等詔葬者也可以超越等級而享有更多。因此，《喪葬令》在官品之上其實是將此由皇帝下旨、破越常制的詔葬融入其中的。這説明，唐前期親貴大臣的禮儀特别受重視，並且令所規定的九品也只限于流内，不涉及流外官吏，而且是以職事官品爲主的。另外，除了少數條目（如輀車）之外，也很少有關於庶人的條款，這給後來喪葬制度的修訂留下了巨大的空間。

雖然一些條令的劃分複雜，但有一點還是要承認，即唐前期官品已有"貴"（三品以上）和"通貴"（五品以上）的基本劃分，僅就九品以上流内官的層面而言，三等的定限還是一個基本的約束和標準。這是因爲，不僅確有一些條目（如銘旌、明器、引、披、鐸、翣、挽歌等）是遵照着三品以上、五品以上和六品以下（或九品以上）的限約，而且對照《開元禮》，也是明確分作王公宗戚貴臣蕃國主、三品以上官員、四品五品官員、六品以下官員不同等級的喪禮組成，而後三者是基本的規定，王公宗戚貴臣蕃國主不過是三品以上地位更加特殊者，得到皇室的致敬和尊禮，享受最高貴的待遇，我們下面將證明，它們在具體的一些内容上，是和詔葬者相對應的。

至於《開元禮》關於一般九品以上官員按照三等劃分的原則比較明晰，所以一直影響到唐後期。《唐會要》卷三八載元和三年（808）五月京兆尹鄭元修（按當作鄭元）奏："王公士庶喪葬節制，一品、二品、三品爲一等，四品、五品爲一等，六品至九品爲一等（下略）。"而從元和六年十二月及其後頒佈的喪葬條文看，都是以這樣的劃分定限，並增加九品之外的條款，因此官員的三等定限在中唐元和以後得到確立[15]。這説明，元和以後的喪制等級是參考《開元禮》的。不過開元令文的内容和等級規定在大方向上不但不與禮相矛盾，而且可以分等納入其中而與之暗合，兩者是有具體對應關係的，所以實際上後期的喪制也有參考令的成分，特别是内容。關於這一點已有另文詳述[16]，故不再贅論，但考慮到石見先生文中對此等級性問題尚未予以充分注意，因此，這裏仍以列表的方式，將復原後的唐令逐一與《開元禮》相應章節内容加以對比，以示區别（詳附表）。

（二）尊貴者的特殊待遇與其他一般性規定在禮、令的對應

接下來，我們再看看禮、令在具體内容方面的一些對應。這種對應，也可

以分爲皇朝親貴大臣（其中特別是“詔葬”者）與一般官員待遇的兩個層次來說明。

1. 禮、令關於親貴大臣及詔葬者的特別優待

唐令中首先涉及的與皇朝親貴相關的條目是大臣初喪之際的舉哀、臨喪，其中舉哀，唐令“復原4”曰：

> 皇帝、皇太后、皇后、皇太子爲五服之內親舉哀，本服周者，三朝哭而止；大功者，其日朝晡哭而止；小功以下及皇帝爲內命婦二品以上、百官職事二品以上及散官一品喪，皇太后、皇后爲內命婦二品以上喪，皇太子爲三師、三少及宮臣三品以上喪，並一舉哀而止。其舉哀皆素服。皇帝舉哀日，內教坊及太常並停音樂。

舉哀是帝、后、太子爲死者舉行哭悼儀式。在唐令中對象是帝后太子的五服內親屬、內命婦以及高品的大臣。而《大唐開元禮》卷一三三至一三七是帝、后、太子、太子妃參加的喪禮內容，對象即王公貴臣等。其中卷一三三皇帝所行有《訃奏》、《臨喪》、《除服》等儀目，訃奏即包括皇帝爲外祖父母、爲皇后父母、爲諸王妃主、爲內命婦、爲宗戚、爲貴臣、爲蕃國主舉哀等條。“臨喪”是親臨喪者之家參加喪儀，對象中無“爲內命婦”及“爲蕃國主”，其餘全同。其舉哀的一些待遇也與令所規定者相應，例如“爲貴臣舉哀”說明：

> 右與爲諸王禮同，其異者，一舉哀而止。貴臣謂職事三品以上，散官一品，其餘官亦隨恩賜之淺深。

這裏規定“貴臣”是職事三品以上，但據文淵閣四庫本《開元禮》與《通典》卷一三五《開元禮纂類》，“三品”皆作“二品”，一般的情況下職事與散官應只差一品，但此處職事三品以下竟是“散官一品”，故當改作“職事二品”更合理。因此皇帝爲之舉哀的“貴臣”品級與令的“官職事二品以上及散官一品喪”規定相同，而比《唐律疏議》“議貴”的範圍“謂職事官三品以上，散官二品以上及爵一品者”似乎更小一些[17]。又《開元禮》本卷“爲諸王妃主舉哀”稱：

> 自後本服周者，凡三朝哭而止；本服大功者，其日晡哭而止；本服小功已下，一舉哀而止。

“爲内命婦舉哀”稱：

> 與爲諸王妃主禮同。其三夫人以上，其日仍晡哭而止，其九嬪以下，一舉哀而止。亦隨恩賜之。

據《舊唐書》卷四四《職官》三載内官之制，三夫人即三妃，爲正一品；九嬪即六儀，爲正二品，兩者皆屬“内命婦二品以上”。“爲宗戚舉哀”也大體同“爲諸王妃主”[18]，此外同書卷一三五中宮太皇太后、皇太后、皇后“爲諸王妃主舉哀”、“爲内命婦舉哀”、“爲宗戚舉哀”都是“一舉哀而止”，卷一三六東宮爲“諸王妃主舉哀”説明“自後本服周者”至“本服小功以下”舉哀同皇帝此儀，其“爲師傅保舉哀”與“爲宮臣舉哀”也都是“一舉哀而止”，因此《開元禮》舉哀制度實施的對象與唐令基本相同，其實施等級也是一致的。

這裏唐令和禮都涉及帝、后“親”的範圍，《開元禮》“爲宗戚舉哀”缺文，但《新唐書·百官志》宗正寺卿條下於此有規定曰：

> 凡親有五等，先定於司封：一曰皇帝周親、皇后父母，視三品；二曰皇帝大功親、小功尊屬，太皇太后、皇太后、皇后周親，視四品；三曰皇帝小功親、緦麻尊屬，太皇太后、皇太后、皇后大功親，視五品；四曰皇帝緦麻親、袒免尊屬，太皇太后、皇太后、皇后小功親；五曰皇帝袒免親，太皇太后小功卑屬，皇太后、皇后緦麻親，視六品。皇帝親之夫婦男女，降本親二等，餘親降三等，尊屬進一等，降而過五等者不爲親（下略）。[19]

從這裏可以看出，對於皇家親屬的等級，是以官品作比附的，血緣越近者品級越高。這個等級仍然是以官品爲主導，只是其範圍比“貴臣”要廣一些，基本是在五等之内，而最低者按官品甚至低於五品。令的皇帝舉哀範圍可以包括小功以下，可能有這方面的考慮。不過，不得不承認《開元禮》所言舉哀臨喪的諸王妃主、宗戚乃至太后、皇后父母祖父母、内命婦、貴臣的身份待遇都是比較特殊的，也就是特權階層。而現實生活中，除了個别戚屬，皇帝、太后真正能爲舉哀者，大都不會低於三品，且其待遇不在一般三品之内。禮之所以專門劃出這樣一個範圍，其真正的含義就是對應着令所謂的“詔葬”。因爲就皇帝而言，舉哀、臨喪的對象並不多，且實施的既是王公親貴大臣，基本上也是在令所規定的詔葬範圍之内。

除舉哀、臨喪外，我們在《開元禮》這部分還可以發現一些内容，其實亦僅用於地位特殊、特别是詔葬者。如《開元禮》卷一三四皇帝儀有“策贈”也即“册贈”，對象是諸王、外祖父母、貴臣和蕃國主。關於“册”，《唐六典》卷九中書令之職“凡王言之制有七”的“一曰册書”説明：“立后建嫡，封樹藩屏，寵命尊賢，臨軒備禮則用之。”而《開元禮》除了册后立太子之外，屬於“册”者在卷一〇八《嘉禮》有“臨軒册命諸王大臣”、“朝堂册命諸臣”、“册内命婦二品以上”三章。“臨軒册命諸王大臣”是“三師、三公、親王、開府儀同三司、太子三師、驃騎大將軍、左右丞相、京兆牧、河南牧”。包括職事官正、從一品，個别二品；爵的正一品，文武散官從一品。“朝堂册命諸臣”乃包括“太子少師、太子少傅、太子少保、特進、輔國大將軍、侍中、中書令、諸衛大將軍、六尚書、太子詹事、太常卿、都督及上州刺史在京者”，包括職事官二品和正三品，極少數外官從三品及文武散官正二品以上。兩者相加，略大於《開元禮》所謂“貴臣”範圍，而死後“册贈”貴臣應該也不超過這一範圍。另外“贈”還有贈謚一層涵義。贈謚唐令“復原26”明確規定爲三品之内，因此這裏將“册贈”單獨提出，其意義實際上也是針對親貴或者詔葬者的。

唐令關於“賵賻”是規定皇家諸親和九品以上職事官都按品級發給。但是“賵賻”《開元禮》只在卷一三四“敕使吊”後提到，“其賵賻之禮，與吊使俱行，有司預備物數”，並説明“多少准令”。由於敕使吊一般都持有吊書和賻物簿，所以這項禮儀要求使者將禮物陳於庭中，“主人迎，受如吊書之儀”，“其賻物簿受如受吊書儀”。這並不是表明賵賻只贈親貴，而是只有親貴才能由使者特别送至家中，且事實上皇帝對於親貴的賵賻往往在令的規定上加等，這是特别頒贈的一個原因，而這一點也往往是詔葬者的特權。

《開元禮》卷一三四又有“會喪”和“會葬”；“會喪”是“遣百僚會王公以下喪”，“會葬”是“遣百僚會王公以下葬”。就“會喪”而言，應該是在得到官員始死奏報後及舉辦喪事期間。唐令“復原7”也有“諸百官在職薨卒者，當司分番會喪”的内容，但這裏的“在職薨卒”，按規定便只是職事官的三品五品，與《開元禮》親貴的範圍不同。後者説明是"制遣百僚會王公以下喪"，要求"百官應會吊者，並赴集主人第大門外，便次各服素服。司儀以次引入，就班位立定"，在主人"第前寢庭北面"履行"哭十五舉聲"和"諸官行首一人升詣主人前席位展慰"的儀節表示哀悼，與令的"當司分番"顯然是不同的。"制遣"就是詔葬的一項要求，這説明《開元禮》本身就有着對"詔葬"的回應。

唐朝現實生活中的"會喪"所見甚多，如高宗儀鳳四年（679）泉男生薨於安東府，"差京官四品一人攝鴻臚少卿監護……五品一人持節賫璽書吊祭，三日不視事。靈柩到日，仍令五品以上赴宅〔吊哭?〕"[20]。武則天母衛國夫人楊氏薨，遣"司刑太甞（常）伯盧承慶攝同文正卿充使監護，西臺侍郎戴至德持節吊祭。哀（按當做"命"）文武九品以上，及親戚五等以上並外命婦，並聽赴宅吊哭"，玄宗廢后父王仁皎"開元七年（719）卒，帝親爲舉哀"，下令"銀青光禄大夫、守工部尚書、上柱國、彭城郡開國侯劉知柔攝鴻臚卿監護，通議大夫、行京兆尹、上護軍崔琬爲副，銀青光禄大夫、守太子詹事、上柱國、安南縣開國侯麗承宗持節賫書吊祭，左庶子、上護軍白知慎爲副，在京五品已上官更須就吊"[21]；都是皇帝在親自舉哀或詔令遣使吊祭的同時命百官赴宅"會喪"。

"會葬"與"會喪"意義有相似之處，只是時間地點不同。《開元禮》"會葬"説明"右與百僚會喪禮同"，也即同樣是"制遣百僚會王公以下葬"。但是現實生活中的會葬是在葬日，地點往往是國門或都城之外。所以"會喪"和"會葬"分别是喪葬禮中兩個階段的内容。前者爲始喪，而後者已進入葬事。《開元禮》同書卷一三九《三品以上喪之二》"將葬"有"郭門外親賓歸"，説明"郭門外"是一般送葬應到的場所。唐令"復原6"有曰：

> 將葬，皆祭以少牢，司儀率齋郎、執俎豆以往。三品以上贈以束帛，一品加乘馬。既引，又遣使贈於郭門之外，皆以束帛，一品加璧。

這個"將葬"時的吊祭，應該是與百官"會葬"同時進行的。見於記載如魏徵喪，太宗不但"親臨慟哭"，且葬日"登苑西樓，望喪而哭，詔百官送出郊外"；李勣高宗時亡，"葬日，帝幸未央古城，登樓望喪車慟哭，並爲設祭"，

“詔百官送至故城西北”㉒。代宗大曆五年（770）裴冕“葬于京城南畢原，詔京兆尹護葬事”，“葬日並許百僚祖送于國門”㉓。郭子儀建中二年（781）薨，則喪禮超越儀制，爲以往大臣喪禮之最，也有“群臣以次赴宅吊哭”的會喪和“及葬，帝御安福門臨哭送之，百僚陪位，皆隕哭”的會葬。而由於以上“會喪”與會葬都是有着詔葬身份者的特權，並且久而久之，實行者又大多是《開元禮》所説職事二品、散官一品的“貴臣”，所以後來宋令又對此進行了修改。天聖《喪葬令》“宋10”曰：

諸一品二品喪，勑備本品鹵簿送殯者，以少牢贈祭於都城外，加璧，束帛深青三、纁二。

説明都城外的遣使吊祭與同時應有的百官會葬已成爲“敕葬”一二品專有之一景。可以認爲是禮的實踐，使令的規定更加明晰化了。

由禮、令如上一些對於特殊地位者的規定，可以得出這樣的看法，即禮、令規定喪葬待遇和關注官員喪葬的程度都是以官品等級爲基礎，而以其中品級最高而身份最特殊的王公貴臣的喪葬禮儀爲核心，其餘不過按等量減，這和筆者在以往文章中討論過的唐後期五代格敕關注低級官員喪禮和庶民的喪禮而言，形成鮮明對比，由此也可以對後來在這方面的補充有進一步的理解。

2. 一般性的等級區分

《開元禮》將以上一些皇帝（后、太子）親身參加或由皇帝特別下詔的特殊儀節規定在王公親貴、蕃國主的喪葬禮儀部分，説明它們是具有特殊身份才能享受到的，也可以説關係到一些超乎一般情形的特殊待遇。但禮、令的對應並不限於高等級的詔葬，有些禮儀是不同品級的人都可以享受的，所以就規定在三品以下的各級官吏禮儀之中，只是它們的形式、數量依品級高下有所不同。這些禮儀除了上面已説到的按品頒給賻贈之外，主要反映在喪葬的穿着和器物等級，如大小斂衣、重鬲、銘旌、輀車、引、披、鐸、翣、方相魌頭、纛、明器，在這些方面，《開元禮》與《喪葬令》多是相對應的。例如唐令“復原17”“重鬲”條稱：

諸重，一品懸鬲六，五品以上四，六品以下二。

“重”的設置是一至九品甚至庶人都有，所以三品以下、四品五品和六品以下都設有“重”的儀目，《通典》卷一三八《開元禮纂類·三品以上喪上四品以下至庶人附》綜合三者略曰：

重木，刋鑿之，爲懸孔也，長八尺，四品五品長七尺，六品以下六尺。横者半之，置于庭。三分庭，一在南。以沐之米爲粥，實于鬲（《開元禮》作鬲）。

既實，以踈布蓋其口，繫以竹篾，懸於重木。覆用葦席，北向，屈兩端交於後，西端在上，綴以竹篾。祝取銘置於重，殯堂前楹下，夾以葦席，簾門以布，又設葦障於庭。

與令不同的是，這裏未言鬲數有别，但重的長度三者亦有差。筆者參考《天聖令》及其他史料和《唐令拾遺》，未將此作爲唐令内容復原。但禮的内容可以爲令之補充，禮更關注於重木的形制及其在喪禮中所放位置、如何使用等。

又如“復原18”“銘旌”條稱：

諸銘旌，三品以上長九尺，五品以上長八尺，六品以下長七尺，皆書云“某官封姓名之柩”。

而《通典·開元禮纂類》“銘”條（注曰：“銘，明旌也。”）總結三者曰：

爲銘（此二字，四庫本作“帛”）以絳，廣充幅，四品以下廣終幅。長九尺，韜杠。杠，銘旌竿也。杠之長準其絳也。公以下杠爲龍首。四品五品幅長八尺，龍首，韜杠。六品以下幅長六尺，韜杠。書曰“某官封之柩”。在棺曰柩。婦人其夫有官封，云“某官封夫人姓之柩”。子有官封者，云“太夫人之柩”。郡縣君随其稱。若無封者，云“某姓官之柩”。六品以下亦如之。置於宇西階上。

《開元禮》言銘也是分作三等，只是在幅長方面六品以下爲六尺，與令所言七尺略有不同。另外關於銘旌形制及其上死者稱謂有更詳細的説明。

當某些待遇在令的使用方面有等級限制時，可以發現在禮也有反映。只是有時官品等次限制和範圍不盡相同，例如與天聖宋令完全相同的“復原21”方相魌頭條規定説：

諸四品以上用方相，七品以上用魌頭。方相四目，魌頭兩目，並玄衣朱裳，執戈揚盾，載於車。

《大唐開元禮》在三品以上和四品五品“陳器用”儀目下均有方相、誌石、大棺車，其“方相”下注明：“黄金四目爲方相。”而“器行序”儀目下也稱：“先靈車，後次方相車、次誌石車、次大棺車，次輴車。”不過在六品以下“陳器用”改作魌頭、誌石、大棺車，其下注明：“六品以下設魌頭之車，魌頭兩〔目〕。”這説明禮的方相魌頭之用也是分等級的，不過在禮是分作五品以上和六品以下。

令與禮在内容和等級劃分上的呼應，説明兩者的目標是一致的，在其基本意義方面，令是有禮作爲依據的。

3. 禮、令的某些差異

不過正像方相魌頭的規定一樣，令和禮也存在一些具體的差異。有些是在等級和範圍的劃分上，如“復原26”規定“諸謚，王公及職事官三品以上、散官二品以上身亡者”，也即賜謚一般必須是三品以上。從《開元禮》來看，除了最高等級的皇親貴臣有“策贈”，説明“凡册贈應謚者，則文兼謚又致祭焉”，“凡册贈之禮必因其啟葬之節而加焉”之外，其三品以上、四品五品也有“贈謚”。其“告贈謚於柩”下注明：“無贈者設啓奠訖，即告謚。”《通典》卷一三八《開元禮纂類》“贈謚”下注明“六品以下無”，説明五品以上原則上都可以有謚號，這與令似乎有不合之處。但唐朝確有一些特殊人士以及四品五品因贈官三品而得贈謚號的情況，因此禮、令實質上並無矛盾。此外如“復原20”引、披、鐸、翣、挽歌條關於“諸引、披、鐸、翣”，與《通典》卷一三九總結《開元禮》“陳器用”的規定即不盡相同。“纛”在《喪葬令》是以五品以上和六品以下劃綫（九尺和五尺），但是在《開元禮》和《通典·開元禮纂類》，“六品以下無纛”卻是十分明確的。

令與禮的不盡相同還反映在一些内容上，有些是關係到品級待遇，則《開元禮》不必俱有。如三品以下官員賵賻、與出使和外官有關的車與遞運等，有些如上面所説，《開元禮》只是將令、式的内容作爲原則抄寫在序例部分，如葬墓田、營墓夫、碑碣等，由於與喪葬程序無關，故不再作具體規定。

有些則是禮、令規定儀節確實不一致。《開元禮》中的帝、后、太子各卷中，特别突出了爲外祖父母、爲后及東宫妃父母的内容。前揭唐令“復原4”關於帝、后、太子爲五服之内親（周以下）舉哀，唐、宋令均清楚地標明

“其舉哀皆素服”，即不用服喪，其間並無分别。但是在《開元禮》卷一三三皇帝“爲外祖父母舉哀”和“爲皇后父母舉哀”，卻是儀式中要分别換服小功五月和緦麻三月服，表示“成服”。卷一三五皇后（或太后）“爲父母祖父母成服”、“爲外祖父母成服”以及卷一三六太子“爲外祖父母舉哀”、“爲妃父母舉哀”，卷一三七東宫妃“聞父母祖父母喪”、“聞外祖父母喪”中，都有换穿喪服的記載，這和令的規定並不完全吻合，只能説明令所規定的是當時一般的規定和制度，禮卻反映對前朝禮儀形式、觀念的一些繼承和影響（詳下），所以後者便逐漸被改變和淘汰了。

不過有些不同還是經歷了禮、令統一的過程，如“舉哀皆素服”中的“素服”本身。《唐會要》卷三一《輿服上·裘冕》記載顯慶元年（656）長孫無忌奏曰：“皇帝爲諸臣及五服親舉哀，依禮著素服，今《令》乃云白帢。禮令乖舛，須歸一塗（途）。且白帢出自近代，事非稽古，雖著令文，不可行用。請改素服，以合禮文。”結果“制從之”。史睿和李玉生都注意到内中以禮改令的事實[24]。

以上情況，總的來説反映了禮、令在等級、内容上的呼應和差異。對於唐朝喪葬制度而言，兩者之同大於異，雖然它們之間並不是所有的條目、儀制都能彼此印證，但這表明兩者各有側重，可以互爲補充和參考。

附表　唐《喪葬令》與《開元禮》的等級劃分[25]

《喪葬令》	等　級	《大唐開元禮》			
		皇親、貴臣、宗戚、蕃國主、太子師傅保等	三品以上	五品以上	六品以下
皇帝、皇（太）后、太子舉哀	皇帝本服周；大功；小功以下及内命婦二品；百官職事二品以上及散官一品喪（皇太后、皇后爲内命婦二品以上；皇太子爲宫臣三品以上同）	訃奏（卷133）、中宫舉哀（卷135）、太子舉哀（卷136）			

續表

《喪葬令》	等級	《大唐開元禮》			
		皇親、貴臣、宗戚、蕃國主、太子師傅保等	三品以上	五品以上	六品以下
皇帝、太子臨喪	一品、三品、四品以下（太子宮臣二品以上、四品以上、五品以下）	臨喪（卷133、135、136、137）			
奏聞、遣使吊（並參《唐令拾遺》復原《選舉令》第6條）	京官及在京三品、四品、在京及身死王事五品以上（外官五品以上）	敕使吊	赴闕、敕使吊	赴闕、敕使吊	
會喪	五品以上	會喪：遣百寮會王公以下喪			
將葬贈祭	京官及在京一品、三品、五品以上	會葬：遣百寮會王公以下葬			
皇家諸親喪賻物	准一品、二品、三品、正四品、從四品、正五品、從五品				
職事官賻物	一品、二品、三品、正四品、從四品、正五品、從五品、正六品、從六品、正七品、從七品、正八品、從八品、正九品、從九品	賵賻			
使人車輿	爵一品、職事及散官五品以上，其餘				
贈官		策贈	贈謚	贈謚	

續表

《喪葬令》	等級	《大唐開元禮》			
		皇親、貴臣、宗戚、蕃國主、太子師傅保等	三品以上	五品以上	六品以下
斂衣	依品級		陳小斂衣、陳大斂衣	陳小斂衣、陳大斂衣	小斂、大斂
重鬲	一品、五品以上、六品以下		重	重	重
銘旌	三品以上、五品以上、六品以下		銘	銘	銘
輀車	三品以上、七品以上、八品以下		陳車位	陳車位	陳車位
引、披、鐸、翣、挽歌	三品以上、五品以上、九品以上		陳器用、進引	陳器用、進引	陳器用、進引
方相魌頭	四品以上、七品以上		陳器用	陳器用	陳器用
纛	五品以上、六品以下		進引	進引	
明器	三品以上、五品以上、九品以上		陳器用、陳明器	陳器用、陳明器	陳器用、陳明器
官借布深衣、幘、素三梁六柱輿	五品以上				
擬謚	職事官三品、散官二品以上	策贈	贈謚	贈謚	
墓田墳高	一品、二品、三品、四品、五品、六品以下				
明器	三品以上、五品以上、九品以上		陳器用、陳明器	陳器用、陳明器	陳器用、陳明器
墓域門及四隅	四（三?）品以上、五品以上、其餘				

續表

《喪葬令》	等　級	《大唐開元禮》			
		皇親、貴臣、宗戚、蕃國主、太子師傅保等	三品以上	五品以上	六品以下
營墓夫	職事官一品、二品、三品、四品、五品				
碑　碣	五品以上、七品以上				
石人石獸	三品以上、五品以上				
暑月給冰	職事官三品以上、散官二品以上				
死亡稱謂	三品以上、五品以上、六品以下達於庶人				

二　令與禮的作用、性質比較及來源問題

(一) 令與禮的公私內涵及注重方面

誠如石見清裕先生已經指出的，官員喪禮有公、私兩方面的內容，有關《喪葬令》的規定，是喪禮中關於“公”的方面。所謂公是指朝廷或者官府必須參與的部分，而由於《喪葬令》是針對官員喪葬而制定的，所以令所規定者，是根據等級可以給官員的待遇和哀榮。但是喪禮的內容卻不止這些，例如就三品以上喪而言，規定的程序在卷一三八至一四一，共四卷，其儀目是：

〔喪〕：初終　復　設床　奠　沐浴　襲　含　赴闕　勅使吊　銘重　陳小斂衣　奠　小斂　斂髮　奠　陳大斂衣　奠　大斂　奠　廬次　成服　朝夕哭奠　賓吊親故同　親故哭　刺史哭縣令同　刺史遣使吊　親故遣

使致賻　殷奠　卜宅兆　卜葬日　啟殯　贈謚　親賓致奠（以上之一）

將葬：陳車位　陳器用　進引　引輴　輴在庭位　祖奠　輴出升車　遣奠　遣車　器行序　諸孝從柩車序　郭門外親賓歸　諸孝乘車　宿止　宿處哭位　行次奠　親賓致賵

墓上進止：塋次　到墓　陳明器　下柩哭序　入墓　墓中置器序　掩壙　祭后土　反哭　虞祭（以上之二）

〔葬後祭〕：卒哭祭　小祥祭　大祥祭　禫祭　祔廟（以上之三）

改葬：卜宅　啟請　開墳　舉柩　奠　升柩車　斂　奠　設靈筵　進引　告遷　哭柩車位　設遣奠　轜車發　宿止　到墓　虞祭（以上之四）

以上儀目包括了三品以上官員喪葬的全部內容（屬於親貴的特殊待遇未包括在內），四卷實爲四節，除了第四節改葬官員不必俱有之外，其他三節乃喪葬所必經，就喪禮而言是從始死至服喪的全部過程和儀式。其中第一節可名之爲"喪"，內容是始死沐浴更衣、復、含、陳設，舉行小斂和大斂、祭祀成服、官府及親賓吊唁、贈謚致賻和卜宅兆、卜葬日，爲下葬做好準備。第二節分爲"將葬"和"墓上進止"，可總名之爲"葬"，內容包括將葬前的器物陳設、祭奠、送葬過程與相應程序，到墓後入葬、掩壙、祭后土和最後的哭別，這個過程是以返還後舉行"虞祭"結束。第三節是服喪三年過程中的幾次大祭，按照卒哭、小祥、大祥、禫和祔廟的順序，禫祭完全除服，神主祔廟之後，喪事最後結束。第四節是如果改葬需要的過程和儀式。

雖然上述內容和儀節，大致組成官員喪禮和葬禮的全部，但並不是每一程序官方都會干預或參加，除了上述喪葬禮令中關乎等級、待遇的內容，其他只是與喪家有關，由其按照應有的儀則進行。其間雖不是没有等級規定，如三品和四、五品陳小斂衣是一十九稱，大斂衣是三十稱，而六品以下分别是一稱和三稱，但從沐浴飯含到小斂大斂等畢竟只是喪者私家之事，許多儀式或者過程只是在其親屬友朋的參與下進行，與朝廷無干。雖然以上大多數程序內容在顔真卿所作《大唐元陵儀注》中都有所見，但那只能説明此關乎皇帝的喪禮儀注是參考了《開元禮》的。就一般官員而言，《開元禮》所載相當部分的儀注是屬於"私"的場合。

另外從《開元禮》儀目看，從初終到送葬到祥禫變除的程序、步驟非常細緻，而每一步驟都説明應當用何物，誰來進行及怎樣進行，例如在始死的"奠"儀説："奠以脯、醢、酒，用吉器，無巾柶，升自阼階，奠於尸東，當隅。内喪，内贊者皆受於户外而設之。既奠，贊者降出帷堂（注略）。"又如"含"："含（含衔），贊者奉盤水及筓，飯用粱，含用璧，升堂。含者盥手於户外，贊者沃盥，含者洗粱、璧，實於筓，執以入，祝從入，北面。徹枕，去楔，受筓，奠於尸東。含者坐於床東，西面，鑿巾，納飯含於尸口。既含，主人復位。楔齒之柶與浴巾同埋於坎（注略）。"又如"將葬"之下的"諸孝從柩車序"説："主人及諸子俱絰杖衰服，徒跣哭從，諸丈夫、婦人各依服精麤以次從哭。出門，内外尊行者皆乘車馬，哭不絶聲（注略）。"可見禮所重視的是進行程序即每一步驟的先後，進行方式、參加及實行者以及用物等，和喪者家族、血緣的關係似更密切，這與令重視等級，限制等級下的用物和待遇，主要爲朝廷和官府操作制定標準有所不同。

即使在令與禮都有的内容，兩者的注重點也是有區别的。例如唐令"復原6"：

> 諸京官職事三品以上、散官二品以上，遭祖父母、父母喪；京官四品，遭父母喪；都督刺史並内外職事、若散官、以理去官，五品以上在〔兩?〕京薨卒者，及五品之官身死王事者，並奏聞，在京從本司奏，在外及無本司者，從所屬州府奏。遣使吊。（下略。按"遣使吊"三字原復原無，爲筆者參考《開元禮》及日養老令增補。）

這裏的"並奏聞，遣使吊"限於京官和少數外官，其他外官的"奏聞"可見《唐令拾遺》復原的《選舉令》第6條。就内容而言，《喪葬令》關於死亡的奏報只是按照三品、四品、五品的界限分别其本人及親屬喪的範圍，但是《開元禮》三品以上的"赴闕"卻是：

> 遣使赴於闕。使者進立於西階，東面南上。主人詣使者前，北面曰："臣某之父某官臣某薨，若母若妻，各隨其稱。謹遣某官臣姓某奏聞。"訖，再拜。使者出，主人哭入，復位。

也即遣使赴奏的形式、過程及用語。另外《開元禮》的"敕使吊"也是注重描述敕使至死者宅中吊問的儀式，其突出者是賓、主雙方所持禮儀、站位、如何宣敕及問答語等，卻不像令在提到吊祭時只提到官員品級對象或相應賜物。此外上面也説到在器物的形制、樣式方面，《開元禮》較令更爲細緻，因此就喪葬儀式和程序而言，《開元禮》更具有參考意義及可操作性，這也是後來的《大唐元陵儀注》在許多方面與《開元禮》有極大相似的原因。

(二)《開元禮·凶禮》的禮制淵源和對令、式的處理

1.《開元禮》對古禮的因襲和改造

《開元禮》雖然具有一定程度的可操作性，但也有一些並不完全實用。這是由於禮的製作主導思想決定了它的來源途徑。陳寅恪先生曾指出隋唐禮制上承南北朝三源，但是隋及唐初禮制與古禮的關係也值得重視。陳戍國先生就曾提出："寅恪先生説到的三個來源之外，隋朝禮儀還有一個重要來源，這就是南北朝之前的古禮（漢晉禮儀與先秦舊制）。"[26]高明士先生則認爲《貞觀禮》是"將李唐的立國政策，超越漢魏，而直追周制。因此，周禮所規定的典章制度，常成爲唐制在理論上的一個根源。基於此一背景，至開元時，乃有仿周六官制而編纂成《大唐六典》一書，自不感覺意外。"筆者也曾總結《開元禮》"改撰《禮記》"與《唐六典》模仿《周禮》的共同意義[27]。事實上《開元禮》即與《貞觀禮》一脈相承，在許多儀注和一些程式上，必然有照抄古禮也即《通典》所謂周制，如凶禮部分始死時的沐浴、復、含、奠、襲等等。《開元禮》"初終"一條言：

> 有疾，丈夫婦人各齋於正寢北墉下，東首。養者男子婦人皆朝服，齋。親飲藥，子先嘗之。疾困，去故衣，加新衣。爲人來穢惡也。徹樂，清掃内外，爲賓客來問。分禱所祀。盡孝子之情也。五祀及所封境内名山大川之類。侍者四人坐持手足，爲不能自屈伸，内喪則婦人持之。遺言則書之，屬纊以候絶氣。纊，新緜，置於口鼻也。氣絶，廢牀，寢於地。人始生在地，庶其生氣反。(下略)

查《儀禮·既夕》與《禮記》之《曲禮下》、《喪大記》[28]，可以知道《開元禮》的文字是三者的結合與簡化，其注也多從鄭玄。但是《開元禮》（或者是因襲前禮的内容）並非一味泥古，對於《儀禮》與《禮記》原有的"男子不絶（死）於婦人之手，婦人不絶（死）於男子之手"，就沒有照抄而强調。這

説明古禮的一些基本條框還爲唐禮所延續，包括喪服的服制和衣制，大部分原則和禮條是不改的，但《開元禮》也根據實際情況有所修正，對古禮形式不一定完全照搬。

另外對於古制或者古禮器物，有些雖然仍在沿襲，不過於數量、尺寸、形制等方面，都有唐朝自己的規定，如上述銘旌、重鬲、方相魌頭等都是如此。而在一些古禮無記載或不明確之處，《開元禮》則以“今”禮補充之。如將葬未葬之際和送葬過程中的“陳車位”、“陳器用”、“諸孝從柩車序”、“郭門外親賓歸”、“諸孝乘車”、“宿止”等一系列程序，内容是從喪車與儀仗、明器的陳列直到出喪時孝子與親屬的列隊次序、親賓送至郭門、孝子繼續前行，路上宿止過程等，全然是時人送葬的一套程序，《開元禮》將其集中並規範化，可謂現實之唐禮。又如在“卜宅兆”一儀和棺柩入墓、掩壙後，都有所謂“祭后土”的内容。后土在民間是鎮墓之神，后土祭乃是祭亡靈之外的一項神祇祭，一般認爲來自民間信仰，或認爲與道教有關，但至少已被《開元禮》官員葬禮收入而正式化。它在上博藏敦煌《清泰四年（天福二年，937）曹元深祭神文》中也出現[29]，敦煌張敖《新集吉凶書儀·凶儀卷下》也收兩則“祭后土文”[30]，分别用於選定墳地後及“升柩入壙”時，因此“祭后土”不是古禮，而是《開元禮》結合宗教與民俗的内容。

2.《開元禮》對漢魏南北朝禮的吸收和總結

以往的研究已證明，《開元禮》的大部分内容是綜合貞觀、顯慶二禮而成。雖然我們對此二禮尚不能做明確區分，但在一些儀目禮文中，卻可以見到通過二禮吸收的漢魏以降禮儀痕跡。例如《開元禮》凶禮中有多處提到“國君”與“國官”。如卷一三一皇帝遣使“勞問諸王疾苦”，設位有“其府國僚屬並陪列於庭中之左右，國官在東，府僚在西，俱以北爲上”。卷一三八《三品以上喪之一·初終》條有：“凡喪位，皆以服精麤爲序。國官位於門内之東，重行北面，以西爲上，俱衰巾帕頭，舒薦荐坐哭。參佐位於門内之西，重行北向，以東爲上，俱素服，舒席坐哭。”而卷一三九送殯開始的“輴在庭位”、“宿處哭位”和棺柩入壙之後返回的“虞祭”都能夠見到國官和僚佐的活動，卷一三二《五服制度》之《斬衰三年·義服》中更有“國官爲國君布帶繩屨，既葬除之”一條。唐初以後，諸王雖有派出任都督刺史或遥領者，但開府置官屬除個別者（如高宗爲魏王泰）已經不見，此條實已無意義。但内容顯然爲承《貞觀禮》而來的前朝制度。"臣爲君"本爲古制[31]，《通典》卷八八《五服年月降殺之一·斬縗三年》載晉《喪葬令》云：

> 王及郡公侯之國者薨，其國相官屬長史及内史下令長丞尉，皆服斬縗，居倚廬。妃夫人服齊縗，朝晡詣喪庭臨。以喪服視事，葬訖除服。其非國下令長丞尉及不之國者相内史及令長丞尉，其相内史吏，皆素服三日哭臨。其雖非近官而親在喪庭執事者，亦宜制服。其相、内史及以列侯爲吏令長者無服，皆發哀三日。

可見國官爲國君的制度，曾特别爲晉令所規定，此乃當時宗室諸王分封制度所由之，經南北朝而由唐初禮制吸收。此乃貴族封君制殘餘，《開元禮》仍相沿未改。值得注意的是，《天聖令》"五服年月"取消了此條，説明宋代已經將之徹底掃除。

但是有些禮儀卻是完全延續並發展起來，如《後漢書·禮儀志》下載"諸侯王、列侯、始封貴人、公主薨，皆令贈印璽、玉柙銀縷；大貴人、長公主銅縷"，"諸侯王，傅、相、中尉、内史典喪事，大鴻臚奏謚，天子使者贈璧帛，載日命謚如禮"[32]，正是後世册贈及敕使吊等制度之濫觴；而學者已證明，册贈制度也正是在魏晉以後逐漸豐富起來[33]。

有些禮儀的來源更複雜一些。如皇帝爲親貴大臣舉哀臨喪漢代始見，上面已説明《開元禮》"訃奏"中專有皇帝爲外祖父母及皇后父母舉哀，和爲外祖父母服小功、爲皇后父母服緦麻的内容，不同於一般皇帝舉哀僅素服的記載，同時超過了皇帝對本族王公的禮數。從上述帝后"勞問疾苦"的對象和《新唐書·百官志》關於"皇帝周親、皇后父母，視三品"之類的記載來看，也看不出外親與本親在待遇上有何差别。重視外家甚至超乎本族之上，應該是母系社會的遺俗和影響。今所見皇帝出席后家喪禮漢代已有之。東漢光武帝郭皇后"母郭主薨，帝親臨喪送葬，百官大會"，后兄郭況卒也是明帝親自臨喪。順帝后父梁商薨，則是"帝親臨喪"，葬以殊禮，"中宫親送，帝幸宣陽亭，瞻望車騎"。另外和熹鄧太后兄、帝舅鄧弘卒，竟然有"太后服齊衰，帝絲（緦）麻，並宿幸其第"之事[34]，是太后、皇帝爲服喪竟宿止外家。魏晉以後，帝、后仍有爲外戚舉哀服喪的禮數，魏明帝母“（甄）后母薨，帝制緦服臨喪，百僚陪位”[35]。南朝宋孝武帝孝建三年（456）有司提出皇后父王偃喪逝，“至尊爲服緦三月”和成服三月竟，要否行除服禮的問題，禮官議論指出：“禮，天子止降旁親，外舅緦麻本在服例。”但對于是否行除服禮持不同意見[36]。外舅就是岳父，這説明皇帝對后父的服喪從來都是遵守着女婿爲岳父母服三月的規定。北魏文明太后兄馮熙，死時皇帝在淮南，等接到表奏，“還至徐州，乃舉哀爲制緦服”。而且“柩至洛七里澗，帝服縗往迎，叩靈悲慟而拜焉。葬日，送臨墓所，親作誌銘”。還有魏孝明帝曾爲其外祖、靈太后父胡國珍與國珍繼夫人梁氏服小功服舉哀[37]。由這些散見的記載，不難瞭解到《開元禮》皇帝爲外家舉哀儀的淵源。

然而，筆者認爲，《開元禮》這些明顯是從《貞觀禮》或者《顯慶禮》中繼承的内容，其更直接的來源，恐怕還是北朝和唐初以來重視后家和母族的習俗和觀念，對此筆者已在另文中有過探討[38]。另外，魏孝文帝曾經下詔要求有關方面議決臨喪之禮曰：“古者大臣之喪有三臨之禮，此蓋三公以上。至於卿司已下，故應自漢已降，多無此禮……欲令諸王有朞親者爲之三臨，大功之親者爲之再臨，小功緦麻爲之一臨（下略）。”于是中書侍郎高聰等議曰：“三臨之禮，乃自古禮，爰及漢魏，行之者稀。”[39]這也説明皇帝臨喪之禮北朝始重。《貞觀禮》以隋禮及“東齊儀注”爲基礎，因此喪葬禮的帝后等舉哀臨喪應是主要吸收北朝儀注。它只是存在于皇家禮中，而基本不涉及一般官員，這説明，此禮是爲皇帝家族所遵守，有其特殊的用意。不過筆者懷疑，它的存在，還可能與《顯慶禮》修訂過程中，武則天有意强調皇后家族地位有關，但它的特殊原則顯而易見並没有被寫入作爲法制的令。

《開元禮》吸收北朝禮統比較突出者又如喪服與喪期。貞觀十四年（640），唐太宗下令大臣集議，由颜师古、魏徵、令狐德棻等定议將曾祖父母齊衰三月加为齊衰五月；嫡子婦大功改为朞，衆子婦小功改为大功；增嫂叔服小功五月；舅服也從緦麻改服小功。高宗時長孫無忌修《顯慶禮》，又將甥服也從緦麻三月改爲小功五月以與舅父對等。而武則天又於上元元年（674）請求將父在爲母服一年改作三年[40]。這些服制的改革顛覆了古禮喪服制度，卻被《開元禮》完全吸收。由於其中除了曾祖服之外，其他都是偏重于女性的增加。雖然高宗、武則天改服制有特殊的政治目的，但事實上還是北朝重母族和妻族理念的發展。此外與祥禫變除直接相關的三年喪制漢魏大臣不行，但是晉武帝“泰始元年（265），詔諸將吏二千石以下遭三年喪，聽歸終寧，庶人復除傜役”；泰始三年“三月戊寅，初令二千石得終三年喪”；太康七年（286）十二月，“始制大臣聽終喪三年”[41]，説明官吏大臣服三年喪自兩晉始。關於三年的期限，貞觀中孔穎達作《五經正義》主鄭玄説，批王肅説，而《開元禮》卷一三二《五服制度》“總論節制”中十三月小祥、二十五月大祥、二十七月禫祭的説法，正是遵照鄭玄的理論，這一點仍是從《貞觀禮》而來。

至于南朝之禮，陳戍國先生已指出劉宋喪葬之儀與古禮相通之處[42]，《開元禮》與之尚看不出太多聯繫。但如將上陵禮亦視作喪葬之屬，則另當别論。北魏皇帝多有謁陵，但孝文帝以前帝后陵寢多在其老家雲州盛樂的金陵，自文明太后才建於鄴城附近，《魏書》不載其制度。齊、周謁陵次數極少而隋無，故此周、隋禮不見載。因而《貞觀禮》在隋及唐初禮之外所增二十九條中有“天子上陵朝廟”和“太常行山陵”，即不能與南朝無關。據《宋書·禮志》二“漢儀五供畢則上陵，歲歲以爲常，魏則無定禮”，其後遂廢。晉初皇帝也很少謁陵。東晉帝、后拜陵始興，且百僚也有拜陵：“元帝崩後，諸公始有謁陵辭陵之事，蓋由眷同友執，率情而舉，非洛京之舊也。”《晉書》卷六五《王導傳》也稱：“自漢魏以來，群臣不拜山陵。導以元帝睠同布衣，匪惟君臣而已，每一崇進，皆就拜，不勝哀戚。由是詔百官拜陵，自導始也。”宋“自元嘉以來，每歲正月，輿駕必謁初寧陵，復漢儀也”。因此唐之帝、后拜陵和“太常卿行諸陵”（或“公卿行陵”，詳下）當與南朝有關，只是《開元禮》拜陵置於吉禮，非如晉、宋置在凶禮也。

以上只是就一般制度條文舉例而言，其實，《開元禮》的大多儀目都是有前朝禮儀爲依據的，也是以往實踐的反映。對此，我們還將在以後的研究中陸續發掘，因此從這個意義而言，《開元禮》是以往朝代禮儀的總結，也可以認爲是對相關實踐的理論化和制度化。

3.《開元禮》與令式格敕的交匯與統合

唐禮的製作與令式格敕的關係前人多有論述，禮的内容既可以入令式格敕，令式格敕也可以入禮。一些學者注意到，敦煌 S. 1725 書儀“禮及令”一欄，在喪服制下載明給假的四種情況。如其中對於“繼母改嫁、父爲長子”等，規定“右准令齊衰期，給假卅日，葬五日，除服三日”；對於“高祖、曾祖”等規定“右准令齊衰三月、五月，大功九月，並給假廿日，葬三日，除服二日”，以下遞減。對照《唐六典》卷二吏部郎中員外郎下“［凡］内外官吏則有假寧之節”條，知所謂“右准令”者實即《假寧令》，内容且與《大唐開元禮》卷三《雜制・序例下》所載《假寧令》完全相同，説明是唐前期制度。對於書儀將《假寧令》置於禮後的作法，姜伯勤先生提出是《顯慶禮》“其文雜以式令”的反映，並指出五服制度是禮與令的一個重要交叉點[43]。此點從書儀本身尚難於完全確認，不過既然我們通過《天聖令》可以確定唐《喪葬令》後面也應附有服制，那麽反過來《顯慶禮》是否也是這樣結合令式，很值得研究。

《開元禮》與令式制敕的交匯，分在兩處，一在序例，一在正文。序例部分的“神位”、“鹵簿”、“衣服”、“雜制”等，都直接引入令、式、制敕，作爲總綱或對禮的説明，有些是後面儀注所共用的内容，有“通禮”性質；有些則是對後面舊儀注的修改補充，意義頗有些類似《唐律疏議》一書中的《名例律》。所引入令、式、制敕等大都有“凡”字起頭，一望而知是將法制的内容插入。例如《序例上・雜制》引入的《喪葬令》有“百官庶人終稱薨卒死”條、“百官葬墓田（包括“墓域門及四隅”）”條、“立碑碣”條、“方相魌頭”和“纛杆”條（池田温先生認爲還有“明器”條）。而按廣義的喪葬範圍，又有《假寧令》斬衰三年以下喪假及私忌日多條，《儀制令》中皇帝爲親及大臣喪輟朝不視事的條目。這些内容在凶禮部分，或者完全没有涉及，或者並不明確，令、式的條文爲之作了補充。還有一些，是不及寫進禮文，故在《雜制》列出。又如《開元禮》卷四五有《太常卿行諸陵》，但在《雜制》中卻説明“每年二時，遣三公分行諸陵，太常卿爲副”。《唐會要》卷二○《公卿巡陵》載曰：

> 顯慶五年（660）二月二十四日，上以每年二月太常卿、少卿分行二陵，事重人輕，文又不備，鹵簿威儀有闕，乃詔三公行事，太常卿、少卿爲副，太常造鹵簿事畢，則納於本司。仍著於令。

此條説明，由“公卿巡陵”代替“太常卿行陵”是在顯慶五年，而且詔敕要求“仍著於令”，説明是以詔敕附入令文或當作令來執行，《唐令拾遺》及《唐令拾遺補》將此作爲《儀制令》⑭，但作爲祭祀，實當入《祠令》是。

與此有關，筆者認爲，《開元禮·雜制》中可能還存在式的條文，如關於陵寢上食有如下記載：

> 凡五陵皆朔望上食，歲冬至、寒食日各設一祭。如節祭共朔望日、忌日相逢，依節祭料。若橋陵，除此日外，每日進半口羊食。

按此條《唐令拾遺補》復原爲開元七年（719）祠令第15條。但是《通典》卷五二《上陵》載開元二十三年四月敕令與之略同，疑二十三年或即二十年之誤。又同卷載大曆十四年（779）九月禮儀使顔真卿奏，具引其内容而稱爲《祠部式》，疑是以制敕入爲“式”而非令，此處存疑。此外“明器”條，《開元禮·雜制》有“凡明器，三品已上不得過九十事；五品已上六十事；九品已上四十事”，以下盡載明器名稱尺寸等所習内容，而且與《唐六典》卷二三將作監甄官令條注文及《通典》卷八六《喪制·薦車馬明器及飾棺》“其百官之制”有很大不同，筆者認爲應屬式的内容，但由於《天聖令》明器條無，筆者根據司馬光《書儀》引令文疑爲佚失，故無從定奪，暫存疑。此條在復原文章中已叙，故此處不贅。

《開元禮》的正文部分同樣隱存令式格敕内容或説明，如上述《開元禮》卷一三二《凶禮·五服制度》中吸收有貞觀十四年（640）和顯慶二年（657）兩次改定的服制，這些内容最初只是制敕規定，其中個别條目還保存着一些來源痕跡。例如齊衰五月“爲曾祖父母”説明：“本三月，以其降殺太多，故新議改從五月。”“新議”云何，該處不詳，但很可能是抄自前禮或者開元定禮時對該條又重新認定。與此相似的還有嫂叔服，嫂叔服小功五月也是貞觀十四年所定，《開元禮》同。但《通典》卷九二《嫂叔服》在具引貞觀十四年條和開元五年刑部郎中田再思、左常侍元行沖反對之議後説明：“至（開元）二十年，中書令蕭嵩奏依《貞觀禮》爲定。”此《貞觀禮》應即指貞觀十四年所定，很可能這一條是後來補入。不過，“新議”也好，蕭嵩奏也好，都必須有當時的詔敕批准，禮的直接來源是制敕。

另外武則天上元元年上表（674）請定"父在爲母服三年"，是在《顯慶禮》制定以後。據《開元禮》齊衰三年正服"子爲母"下注曰："舊禮父卒爲母周，今改與父服同。"而《唐會要》卷三七《服紀上》開元七年八月二十六日詔稱"格、令之内，有父在爲母齊衰三年"。按此條中"格令"二字，最近皮慶生先生撰文，已指出《册府元龜》和《舊唐書》均作"格條"的不同[45]。格是繼承武則天時代所編垂拱格文。同卷載武則天上表後，高宗"遂下詔依行焉。當時亦未行用，至垂拱年中，始編入格"。二書並載開元"二十年，中書令蕭嵩與學士改修定五禮，又議請依上元勅父在爲母齊衰三年爲定，及頒禮乃一切依行焉"，説明《開元禮》是照格敕所修。

《開元禮》文對制敕的吸收比較典型而與喪葬多少有關的還有寒食拜掃。《通典》卷五二記開元二十年四月制曰："寒食上墓，禮經無文，近代相傳，浸以成俗，士庶有不合廟享，何以用展孝思？宜許上墓同拜掃，禮於塋南門外，奠祭饌訖，泣辭。食餘饌任於他處。不得作樂，仍編入五禮，永爲恒式。"寒食上墓的正式規定即此制文。而《開元禮》不僅在《序例・雜制》部分中引用了前述之寒食皇陵設祭，而且同書卷七八《王公以下拜掃》也稱："其寒食上墓如前拜掃儀，惟不卜日。"説明士庶的寒食拜掃確已被增爲國家禮儀中非常重要的節目。

《開元禮》卷一三九《三品以上喪之二・陳器用》有"陳吉凶儀仗，方相、誌石、大棺車及明器以下陳於柩車前"，卷一四三《四品五品喪之二》略同，卷一四七《六品以下喪之二》"方相"改作"魌頭"，這固然是應合着《喪葬令》對於"方相魌頭"等級的規定，不過，令没有誌石車和大棺車。查《唐會要》卷三八《葬》元和六年十二月"條流文武官及庶人喪葬"對於以上車的使用劃分等級的説明，元和六年十二月的詔敕（實於元和三年已由邢部尚書鄭元定制）是對唐前期制度的修改補充。筆者曾據元和三年吕温《代鄭相公（絪）請删定施行〈六典〉〈開元禮〉狀》探討過貞元元和借《開元禮》的落實爲名對禮制的整頓與改革。因此其中某些變化（如上述方相魌頭車等的使用範圍）是其時力求恢復和增廣大唐盛制《開元禮》的具體表現[46]，因此有關上述車的使用雖然令没有全部規定，但是開元式文應有之。元和詔敕關於誌石車和大棺車的使用應來自禮和式文。

《開元禮》此條中，還有關於引、披、鐸、翣的內容。《喪葬令》規定三品以上四引、四披、六鐸、六翣，五品以上二引、二披、四鐸、四翣，九品以上〔二引、二披〕(?)、二鐸、二翣。但是《陳器用》條稱："一品引四，披六，鐸左右各八，黼翣二，黻翣二，畫翣二。二品、三品引二，披四，鐸左右各六，黻翣（《通典》卷一三九作'黼翣'）二，畫翣二。四品、五品引二，披二，鐸左右各四。黼翣二，畫翣二，六品以下引二，披二，鐸、畫翣各二，唯無黼〔翣〕黻翣耳。"其中鐸數與令文不同，但卻有所占位置的說明。且有對"黼翣"、"黻翣"、"畫翣"分配的非常具體的說明。《唐會要》上述元和六年十二月條流中關於引、披、鐸、翣的說法同於《開元禮》，我認爲這個說明的部分顯然亦是式而不是令。

《開元禮》採用如上做法，充分體現了對禮法關係的統合。不過，《開元禮》在正文中引入的令式制敕大都與禮文混合在一起，而不單獨分出或另標明令、式的法律形式，如不細加分辨，則很難知其來源，所以《開元禮》編撰後並沒有像《顯慶禮》那樣得到"其文雜以式令"的批評。禮與法更自然地結合在一起，這可能是《開元禮》雖繼承《顯慶禮》，卻比《顯慶禮》在內容方面更充實、寫作方法更有變化和更高明的地方。

(三)《喪葬令》中的禮儀繼承關係

禮法關係中，禮是基礎，所以與令式格敕入禮的情況比較，禮入令更加直接，也更有淵源和繼承性。以《喪葬令》而言，即有不少來自古禮或者魏晉南北朝禮的痕跡。例如唐令"復原5"曰：

皇帝臨臣之喪，一品服錫衰，三品以上緦衰，四品以下疑衰。皇太子臨吊三師三少則錫衰，宮臣四品以上緦衰，五品以下疑衰。

此禮源出《周禮·春官·司服》："王爲三公六卿錫衰，爲諸侯緦衰，爲大夫士疑衰。"錫衰等分別代表不同質地的喪服，這一說法爲歷代相沿。又如唐令"復原35"曰：

諸職事官三品以上、散官二品以上，暑月薨者，給冰。

藏冰制度源自先秦，歷代延之[47]。據《後漢書·禮儀志》皇帝葬禮中即有"槃冰如禮”的制度。《宋書》卷一五《禮志》二：“孝武帝大明六年（462）五月，詔立凌室藏冰。”當時規定，“自春分至立秋，有臣妾喪，詔贈祕器。自立夏至立秋，不限稱數以周喪事。繕制夷盤，隨冰借給”。則官員喪葬給冰至少南朝已有之。

天聖《喪葬令》中有“先代帝王陵”（“宋1”）一條：“先代帝王陵，並不得耕牧樵採。”筆者據以復原爲唐令（“復原1”），是因爲唐自顯慶以後，即有先代帝王之祀。但是《唐會要》卷二二《前代帝王》載顯慶二年七月十一日長孫無忌議，言及先代帝王之祀，“爰及隋世，並尊斯典”，稱“新禮及令，無祭先代帝王之文”，此當指貞觀禮、令，但延及永徽，亦不會有。所以要求“今請幸遵故實，修附禮令”。查《隋書》卷七《禮儀志》，載隋文帝在建宗廟社稷之祀的同時，“使祀先代王公帝堯於平陽，以契配；帝舜於河東，咎繇配；夏禹於安邑，伯益配；殷湯於汾陰，伊尹配；文王、武王於灃渭之郊，周公、召公配；漢高帝於長陵，蕭何配。各以一太牢而無樂。配者饗於廟庭”。是爲先代帝王有常祀之開始。高明士先生因此認爲此制“當定於開皇三年（583）完成之《開皇禮》”[48]。這説明顯慶禮、令是參考了隋禮的。

不過禮、令在來源方面也有各自不一的途徑。唐令更直接的來源是隋令或者北齊令。例如《隋書》卷一二《禮儀》七載高祖初即位，車服等將改周制，“于是定令，採用東齊之法”，就有“皇帝臨臣之喪，三品已上，服錫衰；五等諸侯，緦衰；四品已下，疑衰”，“皇太子臨吊三師三少，則錫衰；宫臣四品已上，緦衰；五品已下，疑衰”[49]，與唐令臨喪幾乎完全相同。

《隋書》卷八《禮儀志》三載：

> 皇帝本服大功已上親及外祖父母、皇后父母、諸官正一品喪，皇帝不視事三日。皇帝本服五服内親及嬪、百官正二品已上喪，並一舉哀。太陽虧、國忌日，皇帝本服小功緦麻親、百官三品已上喪，皇帝皆不視事一日。皇太后、皇后爲本服五服内諸親及嬪，一舉哀。皇太子爲本服五服之内親及東宫三師、三少、宫臣三品已上，一舉哀。

也與唐《喪葬令》“復原4”舉哀條對應。所不同的，只是《隋書》這裏將皇帝輟朝不視事，放到了與舉哀一起。而據《唐會要》卷二五《輟朝》（《册府元龜》卷五九一《掌禮部·奏議》同）載太和元年七月崔龜從奏，“僅按《儀制令》，百官正一品喪，皇帝不視事一（三）日……緣令式舊文，三品以上薨歿，通有輟朝之制”；《唐令拾遺》將此復原在《儀制令》第10條。

另外，《隋書》卷八《禮儀志》三在“其喪紀，上自王公，下逮庶人，著令皆爲定制，無相差越”下也載有如下令文：

1. 正一品薨，則鴻臚卿監護喪事，司儀令示禮制；二品已上，則鴻臚丞監護，司儀丞示禮制；五品已上薨、卒，及三品已上有朞親已上喪，並掌儀一人示禮制。

2. 官人在職喪，聽斂以朝服；有封者，斂以冕服；未有官者，白帢單衣；婦人有官品者，亦以其服斂。

3. 棺内不得置金銀珠玉。

4. 諸重，一品懸鬲六，五品已上四，六品已下二。

5. 輴車，三品已上油幰，朱絲絡網，施襈，兩箱畫龍，幰竿諸末垂六旒蘇。七品已上油幰，施襈，兩箱畫雲氣，垂四旒蘇。八品已下達於庶人，鼈甲車，無幰襈旒蘇畫飾。

6. 執紼，一品五十人，三品已上四十人，四品三十人，並布幘布深衣。三品已上四引、四披、六鐸、六翣，五品已上二引、二披、四鐸、四翣，九品已上二鐸、二翣。

7. 四品已上用方相，七品已上用魌頭。

8. 在京師葬者，去城七里外。

9. 三品已上立碑，螭首龜趺，趺上高不得過九尺；七品已上立碣，高四尺，圭首方趺。若隱淪道素、孝義著聞者，雖無爵，奏，聽立碣。

10. 三年及朞喪，不數閏，大功已下數之。以閏月亡者，祥及忌日，皆以閏所附之月爲正。

11. 凶服不入公門。朞喪已下不解官者，在外曹襵縿紗帽。若重喪被起者，皁絹下裙帽。若入宮殿及須朝見者，冠服依百官例。

12. 齊衰心喪已上，雖有奪情，並終喪不吊、不賀、不預宴。朞喪未練，大功未葬，不吊不賀，並終喪不預宴。小功已下，假滿依例。

13. 居五服之喪，受册及之職，儀衛依常式，唯鼓樂從而不作。若以戎事，不用此制。

以上13條中，前10條則均能在唐《喪葬令》中找到對應，並且大部分與唐令相當接近，有些如重鬲、方相魌頭、在京師葬者、三年及朞喪不數閏等幾乎完全相同。最後3條可以與前揭仁井田陞復原唐《儀制令》第25至27條對應，此三條是：

25. 諸齊衰心喪已上，雖有奪情，並終喪不吊、不賀、不預宴。周喪未練，大功未葬，並不得朝賀，仍終喪，不得預宴（《通典》卷七三《元正冬至受朝賀》）。

26. 諸居五服之喪，受册及之職，儀衛依常式，唯鼓樂從而不作。若以戎事，不用此制（隋制及《慶元條法事類》卷七七）。

27. 諸凶服不入公門，遭喪被起，在朝參處，各依品色，淺色而著本色之淺。周已下，慘者，朝參起居，亦依品色，無金玉之飾。在家依其服制，起復者，朝會不預（《唐六典》卷四禮部郎中員外郎及《政事要略》卷六七）。

據《天聖令》新復原的唐《假寧令》第21條也有“諸遭喪被起者……朝集、宿直皆聽不預”的內容[50]。

唐令其餘條目與隋令的關係顯然還值得進一步研究，但是以上條目加上臨喪、舉哀二條，僅《喪葬令》本身已達12條。由這些令文來看，唐令有而未見隋令者，主要是陪陵、賵賻、官借葬具、葬墓田等官員死後的待遇問題。因此雖然不是隋令全部，但就其相似性不妨可以做這樣的推測，即《喪葬令》的格局《開皇令》已基本確定，唐令只是在前朝令文基礎上補充，而且貞觀、永徽、神龍、開元定令基本上是繼承爲主。所以《喪葬令》本身除了與本朝禮制有直接關係外，還有令本身的承接系統，這才可以解釋隋令的相似內容還會出現在開元二十五年令的情況。當然將隋令和唐令加以比較，也會發現有一些不同。例如上述第一條完全可以與唐《喪葬令》“復原7”條對應，然三品以上卻沒有“詔葬”的說法。結合其他令條，可以認爲作爲三品以上可以獲得的詔葬在隋尚沒有形成一種完整的制度。

喪葬令文之間的繼承關係在《天聖令》仍可見到，根據筆者統計，天聖《喪葬令》宋令33條，唐令5條；借此並參以《唐六典》和日本《令集解》等，可以復原的唐令已達到37條，這說明從多數宋令中都能找到唐令的踪影。

包括附在《喪葬令》後的五服制度，宋令除了“婦爲舅姑”從一年改爲三年之外，於《開元禮》——→開元二十五年令並不見有更多變更。雖然，宋代圍繞官制、禮制和官僚的喪葬待遇發生了不少變更，如賻贈的頒發方式標準等，有些甚至是關乎社會政治和國計民生的重大變化。但是《喪葬令》相關喪葬程序和基本内容格局並没有發生太大的變化。這種繼承關係當然並不是在其他所有令文中都是如此。而發生這樣的事，一個原因固然是由於“令以設範立制”，令向來是被作爲最基本的原則和規範，其作用不在於細節的改變，具體的變化要拿到格式制敕，宋以後甚至是要“例”來解決；但更重要的毋庸説是禮的延續所造成。喪葬禮儀的基本程式、基本規則以周禮的原始内容爲出發點，總體的基本取向、方式一致，自上古至於中古各代雖萬變而不離其宗，其延續性、穩定性決定了歷經數百年後，至唐令仍保有相當傳統的内容，這不能不説是中國歷史上一個非常獨特的現象。

不過，從《喪葬令》和禮的沿革中還是可以看到不同朝代禮儀制度在其中留下來的痕跡。總的來説，無論是唐令還是唐禮，一方面都有吸收漢魏南北朝制度的成分，這使它們仍帶有貴族社會重家族重血緣及其他某些特徵；但是另一方面，包括帝后太子諸王公主的最高統治者家族在内，血緣關係融入官品，而官品已經成爲確定等級的最重要標準。這種以官品爲中心，以及特别是以職事品級定高低的意識完全滲透於禮、令之中，也使中古制度開始發生質的變化。而由於禮、法兩者相互補充、相互依賴的關係始終存在，故不但使得官僚社會的操作規程具體體現於其間，從而方便國家禮制自上而下的貫徹；也使舊有觀念和新的時代特徵交融並存。當然，具體到喪葬禮法方面的變化還是要等到唐五代甚至宋以後才會更加顯著起來，這也是禮制循序漸進的規律使然。

注　釋

① 俞大爲《懷念陳寅恪先生》，錢文忠編《陳寅恪印象》，學林出版社，1997年，第10頁。

② 錢穆《國學概論》上篇第一章《孔子與六經》，商務印書館，第23頁。

③ 姜伯勤《唐禮與敦煌發現的書儀》，收入《敦煌藝術宗教與禮樂文明·禮樂篇》上編《敦煌禮論》，中國社會科學出版社，1996年，第431～434頁。

④ 高明士《論武德到貞觀禮的成立——唐朝立國政策的研究之一》，臺灣唐代學會《第二屆國際唐代學術會議論文集》，臺北：文津出版社，1993年，第1159～1214頁。

⑤ 李錦綉《俄藏Дх3558唐〈格式律令事類〉殘卷試考》，《文史》2002年第3輯，總60輯。榮新江、史睿《俄藏敦煌寫本〈唐令〉殘卷（Дх3558）考釋》《敦煌學集刊》1999年第1期，第3～13頁；《俄藏Дх3558唐代令式殘卷再研究》，《敦煌吐魯番研究》第九卷，2006年，第143～167頁。

⑥ 史睿《顯慶禮所見唐代禮典與法典的關係》，收入《唐代宗教文化與制度》，京都大學人文科學研究所，2007年，第115～132頁。李玉生《唐令與禮關係析論》，《陝西師範大學學報》，2007年第2期，第38～44頁。

⑦ 池田温編《中國禮法と日本律令制》第二部《日唐律令制の比較研究》，東方書店，1992年；《日中律令制の諸相》第二部《日唐の律令制と官僚制》，東方書店，2002年。

⑧ 池田温《唐・日喪葬令の一考察——條文排列の相異を中心として——》，《法制史研究》45，1995年，第39～71頁。

⑨ 稻田奈津子《喪葬令と禮の受容》，《日中律令制の諸相》，第283～309頁。並參氏著《日本古代喪葬儀禮の特質——喪葬令からみた天皇と氏》，《史學雜誌》第109編第9號，2000年，第1～34頁。

⑩ 石見清裕《唐代凶禮の構造——〈大唐開元禮〉官僚喪葬儀禮を中心に——》，福井文雅博士古稀紀念論集《アジア文化の思想と儀禮》，春秋社，2005年；《唐代官僚の喪葬儀禮について》，發表於日本東方學會第51回國際東方學者會議：《古代東アジアにわける王權和喪葬儀禮》，2006年5月。

⑪ 《大唐開元禮》卷一三一，民族出版社影印洪氏公善堂本，2000年。

⑫ 趙大瑩《唐假寧令復原研究》，《天一閣藏明鈔本天聖令校證（附唐令復原研究）》，中華書局，2006年，第594、601頁。

⑬ 仁井田陞《唐令拾遺・選舉令第十一》16條："諸職事官身有疾病滿百日，若所親疾病滿二百日，及當侍者，並解官，申省以聞（下略）。"東方文化學院東京研究所，1933年，第293頁。並參池田温編《唐令拾遺補》第三部《唐日兩令對照一覽》，東京大學出版會，1997年，第1072頁。

⑭ 本文所引唐《喪葬令》復原條目和標號，均採自拙文《唐喪葬令復原研究》，《天一閣藏明鈔本天聖令校證〈附唐令復原研究〉》，第709～712頁，下不具述。

⑮ 《唐會要》卷三八《葬》，上海古籍出版社，1991年，第812～817頁；並參黃正建《王涯奏文與唐後期車服制度的變化》，《唐研究》第十卷，2004年，第303頁。

⑯ 見拙文《唐朝的〈喪葬令〉與唐五代喪葬法式》，《文史》2007年第3輯，總80輯。

⑰《唐律疏議》卷一《名例》“八議”條，中華書局，1983年，第18頁。

⑱按此條《開元禮》缺，參卷一三五中宮“爲宗戚舉哀”，第637頁；《通典》卷一三五《開元禮纂類》“爲内命婦宗戚舉哀”，中華書局標點本，1988年，第3458頁。

⑲《新唐書》卷四八《百官志》三，中華書局，1975年，第1250~1251頁。按此條《唐六典》卷一六《宗正寺》亦有之，内容略同，文字略異。

⑳《唐代墓誌彙編》調露〇二三《大唐故特進行右衛大將軍兼檢校羽林軍仗内供奉上柱國卞國公贈并州大都督泉君墓誌銘並序》，上海古籍出版社，1992年，第668頁。

㉑《册府元龜》卷三〇三《外戚部·褒寵》，中華書局影印明本，1960年，第3572、3574頁。

㉒《舊唐書》卷七一《魏徵傳》，卷六七《李勣傳》；中華書局標點本，1975年，第2561、2488頁。

㉓《文苑英華》卷八八五元載《冀國公贈太尉裴冕碑》，中華書局，1966年，第4665頁。《册府元龜》卷三一九《宰輔部·褒崇》二，第3774頁。

㉔史睿《顯慶禮所見唐代禮典與法典的關係》，第127頁；李玉生《唐令與禮關係析論》，第43頁。

㉕表中《大唐開元禮》部分，只列具體有禮儀規定者，序例部分引用令式者未列在内。

㉖陳戍國《中國禮制史·隋唐五代卷》，第51頁。

㉗拙文《營造盛世：〈大唐開元禮〉的撰作緣起》，《中國史研究》2005年3期。

㉘參見《儀禮注疏》卷四〇，《禮記正義》卷五、卷四四，中華書局《十三經注疏》本，1980年，第1157~1158頁、第1268、1571頁。

㉙《上海博物館藏敦煌吐魯番文獻》第2册，上海博物館，1993年，第46~47頁；録文及研究並參余欣《唐宋敦煌墓葬神煞研究》，《敦煌學輯刊》2003年1期，第55~68頁；劉屹《上博本〈曹元深祭神文〉的幾個問題》，國家圖書館善本特藏部編敦煌學《國際研討會論文集》，2005年，第150~161頁。

㉚録文見趙和平《敦煌寫本書儀研究》，（臺灣）新文豐出版公司，1993年，第568~570頁。

㉛見《儀禮注疏》卷二九《喪服第十一》，中華書局，《十三經注疏》本，1980年，第1100頁。

㉜《後漢書·禮儀志》下《諸侯王列侯始封貴人公主薨》，中華書局，1965年版，第3152頁。

㉝參見劉長旭《兩晉南朝贈官制度研究》，北京師範大學博士學位論文，2002年；（日）窪添慶文《關於北魏的贈官》，《文史哲》，1993年第3期，第81~83頁。

㉞以上參見《後漢書》卷一〇《皇后紀》，卷一六《鄧騭附鄧弘傳》，卷三四《梁統附梁商傳》；第403、615、1177頁。

㉟《三國志》卷五《魏志·后妃傳》，中華書局，1959年版，第162頁。

㊱《宋書》卷一五《禮》二，中華書局，1974 年，第 395 ~ 396 頁。

㊲ 參見《北史》卷八〇《外戚傳》，第 2678 ~ 2679、第 2688 ~ 2689 頁。

㊳ 參見拙文《從〈天聖令〉對唐令的修改看唐宋制度之變遷——〈喪葬令〉研讀筆記三篇》，《唐研究》第十二卷，北京大學出版社，2006 年，第 134 ~ 140 頁。

㊴《魏書》卷二〇《文成五王·廣川王略附子諧傳》，中華書局標點本，1974 年，第 526 頁；並參陳述國《中國禮制史》魏晉南北朝卷第四章第四節《北朝喪葬禮儀》，湖南教育出版社，第 421 頁。

㊵《唐會要》卷三七《服紀》上，第 785 ~ 789 頁。

㊶ 參見《宋書》卷一五《禮志》二，第 391 頁；《晉書》卷三《武帝紀》，中華書局，1974 年，第 55、77 頁。

㊷《中國禮制史》魏晉南北朝卷第三章第六節《南朝喪葬禮儀（二）》，第 296 ~ 298 頁。

㊸ 姜伯勤《唐禮与敦煌發現的書儀》，見《敦煌藝術宗教與禮樂文明·禮樂篇》上編.，中國社會科學出版社，第 431 ~ 435 頁。

㊹《唐令拾遺·儀制令第十八》，第 9 條，第 480 頁；《唐令拾遺補》第三部，第 1218 頁。

㊺《册府元龜》卷五八八《掌禮部·奏議》一六，中華書局，1960 年，第 7036 ~ 7037 頁。《舊唐書》卷二七《禮儀志》七，第 1031 頁；並參見皮慶生《唐宋時期五服制度入令過程試探——以〈喪葬令〉所附〈喪服年月〉爲中心》，《唐研究》第 14 期，北京大學出版社，2008 年。

㊻ 按關於貞元、元和恢復《開元禮》的情況，參見拙文《禮用之辨：〈大唐開元禮〉的行用釋疑》，《文史》2005 年第 2 辑，總 71 輯；並見《唐朝的〈喪葬令〉與唐五代的喪葬法式》，載詳前。

㊼ 關於藏冰制度及禮之沿革，參見楊梅《唐宋宮廷藏冰制度研究》，《唐研究》第 14 期，北京大學出版社，2008 年。

㊽ 高明士《皇帝制度下的廟制系統——以秦漢至隋唐作爲考察中心》，臺灣大學《文史哲學報》，1993 年，第 24 頁。

㊾《隋書》卷一二《禮儀七》，中華書局，1973 年，第 255 ~ 256 頁。

㊿ 趙大瑩《唐假寧令復原研究》，《天一閣藏明鈔本天聖令校證（附唐令復原研究）》第 601 頁。

吴麗娯，女，1949 年生。北京大學歷史系畢業，現任中國社會科學院歷史研究所研究員。

On *The Funeral Statutes* and The Funeral Rites in The Tang Dynasty

Wu Liyu

Summary

The newly found *Tiansheng Statutes* make it possible to restore the *Funeral Statutes* of the Tang Dynasty. This paper compared and contrasted the Ominous Ritual descriptions of the restored *Funeral Statutes* and *Da-Tang kaiyuan li* (*Rituals of the Kaiyuan Reign* [*713-42*] *of Great Tang*), especially the different origins, contents and ranks. This paper also made critical notes on the function of Rituals and Statutes, as well as their relationship, and gave them some pertinent comments. Both *the Funeral Statutes* and *Da-Tang kaiyuan li* had inherited some contents of rituals and statutes of the Zhou Dynasty, and the Han and the Wei dynasties afterwards. At the same time, there were some new contents appeared in *the Funeral Statutes* and *Da-Tang kaiyuan li*. Hence, it could be obvious that on one side, the funeral rituals of the Early Tang Dynasy still had a number of contents of the noble society, in particular the traditional ones; on the other side the contents also reflected the character of the bureaucaracy society which ranking officials with their classes.

契丹小字《梁國王墓誌銘》考釋

萬雄飛　韓世明　劉鳳翥

一　序　说

遼寧省文物考古研究所於 2001 年 4 月在遼寧省阜新蒙古族自治縣大巴鎮關山種畜場馬掌窪的山坳裏發掘的編號爲 M9 的遼代墓葬中出土了誌蓋一盒。誌蓋呈盝頂形，底面每邊長 113 厘米，四側面厚約 12 厘米。中央臺面陰刻篆書漢字“故梁國太妃墓誌銘”三行八字。周邊飾連續的卷草紋。四個斜面刻十二生肖神像，背面刻契丹小字《梁國王墓誌銘》（以下簡稱《梁誌》）。誌石爲正方形，每邊長 114、厚 19 厘米，上面刻漢字《梁國太妃墓誌銘》。梁國王石魯隱・朮里者即《遼史》卷 91 有傳的蕭朮哲。他是蕭孝誠的第三子，漢名蕭知微。其妻梁國太妃是耶律仁先之妹涅睦衮别胥。一盒石料刻了兩個人的墓誌，這在傳世遼代墓誌中尚屬首次發現。現就契丹小字《梁國王墓誌銘》做些考释，如有不妥之处，尚乞海内外博雅不吝賜教。

二　墓誌主人的先輩

《梁誌》第 1 行的刈仌 力圭出夯 州欠 廾村 方 北几仌村 几太 杰村 中犷 几火 赤不 又兩 圭几与 月午爲墓誌的題目。除了第一個字刈仌於義不明之外，其他 13 個字於義分别爲“國舅”、“小”、“翁帳”、“六”、“字之”、“功”、“臣”、“梁”、“國”、“王之”、“墓之”、“誌”、“銘”。第一個字“刈仌目前雖然尚不能解讀，但它經常與單詞‘國舅’連在一起使用。於義爲契丹語姓氏‘蕭’也未可知”[①]。它是專門用於后族蕭氏的的字，也可能是后族蕭氏的部族名稱。《遼史》稱“契丹外戚，其先曰二審密氏：曰拔里，曰乙室已。至遼太祖，娶述律氏。述律，本回鶻糯思之後。大同元年，太宗自汴將還，留外戚小漢爲汴州節度使，賜姓名曰蕭翰，以從中國之俗，由是拔里、乙室已、述律三族皆爲蕭姓。拔里二房，曰大父、少父；乙室已亦二房，曰大翁、小翁；世宗以舅氏塔列葛爲國舅别部”[②]。墓誌主人既然屬於“國舅小翁帳”，如果[契丹小字]是蕭氏的部族名稱，則似爲乙室已部。《梁誌》第1行的[契丹小字]字於義爲“序言”的“序”，[契丹小字]字於義爲“并”。“序并”按漢語語序爲“并序”。

《梁誌》第2行的[契丹小字]於義是“國王諱朮哲，第二個名石魯隱”。契丹小字《蕭仲恭墓誌銘》第2行第7字爲蕭仲恭的契丹語的名字[契丹小字]。《契丹小字研究》把該字誤録爲[契丹小字][③]。劉鳳翥把[契丹小字]釋爲“朮里者”[④]。即實先生把[契丹小字]訂正爲[契丹小字]，亦釋爲“朮里者”[⑤]。《金史》稱“蕭仲恭本名朮里者”[⑥]。即他的契丹語名字是“朮里者”，仲恭是漢名。《遼史》把蕭仲恭的契丹語名字作“朮者”。例如《遼史》謂“（天祚帝）至天德，己丑，遇雪，無禦寒具，朮者以貂裘帽進；途次絶糧，朮者進麨與棗；欲憩，朮者即跪坐，倚之假寐。朮者輩惟齧冰雪以濟饑”[⑦]。相同的内容亦見於《金史》蕭仲恭本傳：“遼帝西奔天德，……仲恭從而西。時大雪，寒甚，遼主乏食，仲恭進衣并進乾糒。遼主困，仲恭伏冰雪中，遼主藉之以憩。”[⑧]可見《遼史》中的朮者即蕭仲恭，亦即《金史》中的“朮里者”。“朮里者”和“朮者”是同一個契丹語單詞的不同的音譯。因此《梁誌》第2行的[契丹小字]可音譯爲“朮里者”或“朮者”。漢字《耶律智先墓誌铭》稱智先“又娶得朮里者宰相女醜女哥，亦早世”。其中的“朮里者”即“蕭朮哲”亦即《梁誌》主人。

契丹人的契丹語名字一般是兩個或兩個以上的多個單詞連在一起。無論是兩個還是兩個以上的多個單詞連在一起，但都是分成兩部分。一爲“名”或“孩子名”；一爲“第二個名”或者説“第二次起的名”。凡是詞尾爲[契丹小字]者均爲

“第二個名”或者說“第二次起的名”。伏可音譯爲“寧”、“你”、“温”、“隱”、“引”等字。例如《耶律（韓）迪烈墓誌銘》第7行的伞火伏 今用夂，可音譯爲“遵寧·滌魯”，即《遼史》卷82有傳的韓滌魯。又如《耶律（韓）高十墓誌銘》第9行的小丙伏 曲 伞为乃，可音譯爲“留寧·郭三”，即《遼史》卷74的韓郭三。再如《耶律奴墓誌銘》第6行中的伞火伏 乂丙 九券，可音譯爲“遜寧·休哥”，即《遼史》卷83的耶律休哥。他是耶律奴的祖父。《梁誌》第2行的木化当村本義是“第二的”，指契丹語名字中的另一個單詞之意。也可理解爲“第二個名字”或者說“第二次起的名”。漢字文獻中往往把“孩子名”處理爲“名”，把“第二個名字”或者說“第二次起的名”可以按漢文習慣處理爲“字”。《梁誌》第2行的叉小亙伏字由叉、小、亙、伏四个原字拼成，四个原字的拟音分别为［ʃ］、［l］、［u］、［ni］⑨。可以拼成shi-lu-ni三個音節。根據《梁誌》主人之妻梁國太妃耶律氏的漢字墓誌，《梁誌》主人爲蕭孝誠之子蕭知微。已經被考釋爲《遼史》卷91有傳的蕭朮哲⑩。《遼史》卷91蕭朮哲傳稱“蕭朮哲，字石魯隱”。所以我們把叉小亙伏音譯爲“石魯隱”。儘管“朮哲”和“石魯隱”與马关券和叉小亙伏的讀音僅僅是大致相近，並不十分吻合，名從主人，我們只能這樣音譯。“石魯隱”在《耶律仁先墓誌銘》第八行作叉小火伏，在《耶律智先墓誌銘》第十二行作叉用只圭，説明原字小與用同音，原字亙、火與只同音。

《梁誌》第2行的六丹太 公不村 亙化半三字於義分别爲“第七”、“代之”、“祖宗”。譯爲“祖宗”的亙化半本義是“上輩的爺”。緊接著的丹ち为出 丙仌不兩個單詞應當是墓誌主人第七代祖宗的契丹語名字。根據《遼史》、《蕭德温墓誌銘》和《蕭德恭墓誌銘》的記載與前人的研究，以及《梁誌》的前後文意，此二字只能爲“婆姑”、“月椀”，我們把它標點爲“婆姑·月椀”。丹ち为出的第一個原字舟已經被擬音爲［ph］，與"婆姑"中的"婆"符合。"姑"的讀音與契丹原字的擬音不符合，至於其不相符合的原因，尚待進一步研究。丙仌不的第一個原字丙被音譯爲"耶律"的"耶"，與"月"的讀音相近。原字不已經被擬音爲［ɔn］[11]。如果把仌的音值構擬爲［u］，則仌、不相拼而成的［uɔn］與"椀"的讀音相近。

《梁誌》第2行的仗，根據其所在的位置，應爲"婆姑·月椀"的職稱。據《遼史》卷71，婆姑曾任"梅里"和"阿扎割只"等契丹語官職，由於還不能正確構擬仗的音值，它究竟是否是"梅里"或"阿扎割只"尚不能確定。緊接仗字的舟为字根據不同情況可以釋爲"兒子"、"女兒"或"孩子"。在此處應釋爲"兒子"。再緊接著的仐本亚出見於《耶律迪烈墓誌銘》首行，爲契丹语人名"撒懶"[12]。再緊接著的里犳爲人名"阿古只"。解讀此字的步驟如下：根据盧迎紅和周峰的解讀，已知《耶律迪烈墓誌銘》第7行的业欠犳爲人名"蒲古只"。從而知道原字犳讀"只"。又知《耶律弘用墓誌銘》首行的伏里犳爲人名"裹古只"[13]。如前所述，原字伏的音值爲ni，則原字里的音值爲［aku］。里犳正可以被音譯爲"阿古只"。仐本亚出 里犳可以被音譯爲"撒懶·阿古只"。根據《遼史》卷73蕭敵魯傳，阿古只與蕭敵魯是兄弟，他們都是遼太祖耶律阿保機的淳欽皇后的弟弟，亦即婆姑之子。《遼史》卷73阿古只本傳稱"阿古只，字撒本"。"撒本"與"撒懶"有異。《遼史》是在遼朝滅亡200多年之後編修的史書，《梁誌》是本朝的本家人記本家事的第一手資料，應以《梁誌》校訂《遼史》。《遼史》的"本"字似應有誤。《梁誌》第2行緊接著里犳字的刋化余於義爲"宰相"[14]。《遼史》卷73阿古只本傳稱"（神册）三年，（阿古只）以功拜北府宰相，世其職"。《梁誌》第2行的关 主 王矢於義爲"天皇帝"。王矢字中的矢爲時位格詞尾。"天皇帝"是遼太祖耶律阿保機的尊號。关 主 王矢以下的16個契丹小字我們目前雖然尚不能解讀，但可以推定是説阿古只宰相在遼太祖時期的作爲。阿古只宰相是墓誌主人的第六代的祖宗。

《梁誌》第2行的刋化欠不 舟为 舟才 丞 兆五字於義分别爲"宰相之"、

“子”、“鐵剌”、“太”、“師”。此處“宰相”指阿古只。是説阿古只之子是鐵剌太師。《遼史·阿古只傳》稱“子安團，官至右皮室祥穩”。“安團”與“鐵剌”是否爲同一個人，尚待進一步論證。鐵剌太師是墓誌主人的第五代祖宗。再緊接著的[契丹字][契丹字][契丹字]三字於義分别爲“太”、“師之”、“子”。是指鐵剌太師之子。再緊接著的三个字有殘，不易辨認。但可以確認它是鐵剌太師之子名字的一部分。下面緊接第3行。

《梁誌》第3行的首字[契丹字]仍爲鐵剌太師之子名字的一部分，我們把它音譯爲“普古”。再緊接著的[契丹字][契丹字]二字是音譯的漢語借詞官名“令公”。“普古令公”是墓誌主人的第四代祖宗即曾祖父。《梁誌》第3行的[契丹字][契丹字][契丹字][契丹字][契丹字][契丹字][契丹字]七個字於義分别爲“令”、“公之”、“子”、“解里”、“桃隈”、“國”、“王”。把[契丹字][契丹字]解讀爲“解里·桃隈”是根據漢字《宋魏國妃墓誌銘》和契丹小字《宋魏國妃墓誌銘》。漢字《宋魏國妃墓誌銘》有“曾祖名解里，小名桃隈，追贈齊國王。祖名六温，小名高九，蘭陵郡王。父名時時里，小名迪烈，追贈守司徒，蘭陵郡王”[⑮]。大致相同的内容也出現在契丹小字《宋魏國妃墓誌銘》第4行和第5行中，音譯“解里”和“桃隈”的契丹小字正是[契丹字][契丹字][⑯]。

[契丹字]在漢字《蕭和妻秦國太妃耶律氏墓誌銘》中被譯作“諧領”[⑰]。在《晉國夫人墓誌銘》中被譯作“諧里”。均爲同名異譯。其中更接近契丹字讀音的是“諧領”。[契丹字]在《遼史》中被譯作“陶瑰”[⑱]。與“桃隈”也是同名異譯。“解里·桃隈”的漢名是蕭和[⑲]。“解里·桃隈國王”是《梁誌》主人的祖父。《梁誌》第3行的[契丹字][契丹字][契丹字][契丹字][契丹字][契丹字][契丹字][契丹字][契丹字][契丹字]十字於義分别爲“國”、“王之”、“兒子”、“五個”、“第三個”、“留温”、“高”、“九”、“大”、“王”。此處的“國王”指“解里·桃隈國王”即蕭和。漢字《蕭和妻秦國太妃耶律氏墓誌銘》稱“趙王諱孝友，即妃之第四子。……子五人：長曰孝穆，樞密使守太師兼中書令、齊國王、贈大丞相；次孝先，燕京留守、守太師兼中書令、晉王；次孝誠，大國舅兼侍中，蘭陵郡王、贈忠簡

王；次孝惠，樞密使、守太師兼中書令、楚王、贈楚國王”。《耶律元妻晉國夫人墓誌》亦稱“父諱諧里，贈魏王。母齊國太妃。太妃有五子：長曰諱孝穆，樞密使兼政事令、吴國王；次諱孝先，兵馬都總管、燕京留守、晉王；次諱孝誠，大國舅、蘭陵郡王；次諱孝友，西北路招討使、蘭陵郡王；次諱孝惠，北府宰相、殿前都點檢、楚王”[20]。因此，可以确定“解里·桃隈國王”即蕭和的第三子是“留温·高九大王”蕭孝誠。“留温”在《梁國太妃墓誌銘》作“留引”，乃同名異譯。“留温·高九大王”即蕭孝誠，他是《梁誌》主人的父親。

《梁誌》第3行的[契丹小字]於義分别爲“女”、“人”、“齊”、“世”、“夫人”、“兄”、“弟之”、“季”、“父房”、“刺罕”、“公之”、“女”。[契丹小字]的本意是“女人”。此處用“女人”來表達“妻子”之義。[契丹小字]本意爲“兄弟之”。此處用“兄弟之”來表達“横帳之”。遼代的“横帳”是指皇族，根據親疏横帳又被區分爲“孟父房”、“仲父房”和“季父房”三個父房。在三個父房中，季父房是最親近的皇族。齊世、刺罕均是人名。他們既然是遼代皇族，當然均姓耶律。這段話的意思是説留温·高九大王即蕭孝誠的妻子是齊世夫人，她是横帳季父房刺罕公之女。刺罕公是蕭孝誠的岳父。[契丹小字]可以音譯爲“姓氏”的“氏”，例如《耶律弘用墓誌銘》第2行中的“耿氏”[21]。但在此處不能將[契丹小字]音譯爲“齊氏”或“祁氏”，因爲蕭孝誠的妻子是横帳季父房刺罕公之女。她必須姓耶律。所以我們把[契丹小字]解讀爲人名“齊世”。

《梁誌》第3行和第4行有[契丹小字]這樣一些文字。《蕭和妻秦國太妃耶律氏墓誌銘》稱“孫十二人：長曰沙里，左奉宸；次知足，泰寧軍節度使、同中書門下平章事、同知樞密院事、駙馬都尉；次無曲，宣徽使、左金吾衛上將軍、駙馬都尉；次只刺，未仕；次朮者，左祇候郎君將軍；次實六，未仕；次胡都姑，延慶宮都部署、太平軍節度使、駙馬都尉。次除鉢；次劉四哥；次迪烈，皆未仕。次阿素，右監門衛上將軍。次周奴，左千牛衛將軍”。根據此處提供的蕭和十二個孫子的名單和已知的契丹原字的擬音，則知上述契丹小字於義分别爲“夫人之”、“男性”、“孩子”、“七個”、“女兒”、“五個”、“第一個”、“尼里寧”、“沙里”、“太”、“師”、“第二個”、“只剌”、“將”、“軍”、“第三個”、“即”、“梁”、“國”、“王”、“第四個”、“蒲速”、“實六”、“太”、“師”、“第五個”、“訛里本”、“除鉢”、“太”、“尉”、“第六個”、“劉”、“四”、“哥”、“龍”、“虎”、“第七個”、“時時里”、“迪烈”、“大”、“王”、“女性”、“孩子”。連在一起則爲“夫人之男性孩子七個，女性五個。第一個，尼里寧·沙里太師；第二個，只剌將軍；第三個，即梁國王；第四個，蒲速·實六太師；第五個，訛里本·除鉢太尉；第六個，劉四哥龍虎；第七個，時時里·迪烈大王。女性孩子……”。“尼里寧·沙里”是兩個單詞的人名。把[illegible]釋爲“即”是根據前後文意假定的。本《梁誌》第18行和第19行有於義爲“女兒二個，大者即順宗皇帝之皇后”的契丹小字，其中的“即”字也是用的[illegible]字。《耶律迪烈墓誌銘》第四行有[illegible] [illegible] [illegible] [illegible]四字，被釋爲“相公是也”[22]。原字[illegible]與原字[illegible]由於讀音相同，經常互相通用。因此[illegible]等同於[illegible]。[illegible]在《許王墓誌》第29行音譯“太保”的“保”[23]。在契丹語的親屬語言東部裕固語中，“是”讀bai[24]。“保”與bai讀音相近。進一步驗證了釋[illegible]爲“即”或‘是’不是孤證的正確性。契丹小字《蕭太山和永清公主墓誌銘》第12行[illegible]字已經被釋爲人名“蒲速里”[25]。原字[illegible]音譯的“蒲速里”的“里”，它是詞尾，可以略而不譯。《梁誌》第4行的[illegible]與[illegible]詞幹相同，僅僅詞尾有異，由於[illegible]的詞尾[illegible]擬音爲［an］，所以我們把[illegible]字音譯爲“蒲速”或“蒲速盌”，譯作“蒲速”是省略了[illegible]的音。這也符合遼代的契丹語人名的音譯慣例。例如蕭闔的契丹語名字，在他本人的墓誌中音譯爲“蒲打哩”，在他舅子的《耶律慶嗣墓誌銘》中被音譯爲“普達”。順便説明，契丹小字[illegible]既可以音譯爲漢字‘太’，也可以音譯爲漢字‘大’。由於漢字《永清公主墓誌銘》的初拓本品質太差，致使有些字過於模糊。因此初次發表的本子把蕭太山誤作蕭大山，應予訂正。《蕭太山和永清公主墓誌銘》第12行□字中的原字□在發表時誤轉寫爲□，應予訂正。另外永清公主二兒媳婦的名字在漢字《永清公主墓誌銘》中作“窩里朶”，發表時誤作“嚮里朶”，亦應訂正。

通過人名□（只剌）的解讀，可以把原字□擬音爲［tçĭe］。這個原字可能是由簡化漢字“嵛”而創製。蕭孝誠夫婦的七個兒子均有“知”字輩的漢名。除了老二只剌將軍的漢名尚不知外，老大尼里寧·沙里太師爲蕭知章，老三梁國王朮里者（朮哲）爲蕭知微，老四蒲速·實六太師爲蕭知人，老五訛里本·除鉢太尉爲蕭知行，老六劉四哥龍虎爲蕭知善，老七時時里·迪烈大王爲蕭知玄[26]。“劉四哥龍虎”中的“龍虎”是官名“龍虎衛將軍”的簡稱。“次朮者，左袛候郎君將軍”即是《梁誌》主人梁國王。

三　墓誌主人的生平

《梁誌》第5行的□ □ □爲“梁國王”之音譯。在此做主語。緊接著的□ □於義爲年號“開泰”。再緊接著的□ □ □ □ □ □ □ □ □ □於義分别爲“八”、“已”、“未”、“年”、“十”、“一”、“月”、“廿”、“九”、“日於”。此處於義爲契丹語“未”（本義爲“羊”）的□字一般作□。由於□和□均讀［ɑ］，故可通假。□字由□和□兩個原字拼成，□爲詞幹，於義爲“日”。□爲時位格詞尾，表示在什麽時候。在此處釋爲“於”。再緊接著的□於義爲專用於男性的“誕生”的“生”，是説《梁誌》主人梁國王生於開泰八己未年十一月廿九日。開泰八年是公元1019年。

《梁誌》第6行的□ □ □於義分别爲“歲”、“十”、“六於”。再緊接著的□ □ □爲漢語借詞官名“率府率”之音譯。是説《梁誌》主人梁國王在十六歲的時候出任率府率。《梁誌》第6行的□ □於義爲“十八於”。再緊接著的□ □ □ □於義爲“小將軍封”，按漢語語序爲“封小將軍”。是說《梁誌》主人梁國王在十八歲的時候被封爲小將軍。《梁誌》第6行的矢 仐分仦亚为本爲年號“重熙”。緊接著的乇 㐄於義爲“四年”。再緊接着的乇 禾矢於義爲“十九於”。是說《梁誌》主人梁國王於重熙四年即十九歲的時候如何如何。如前所述，梁國王生於開泰八年（1019），按照中國的傳統計歲方法是計虛歲。重熙四年（1035），梁國王才十七歲，而不是十九歲。《梁誌》第6行的丞舟爲漢語借詞官名“太保”之音譯。同行的乇 乇 㐄於義爲“十一年”，指重熙十一年（1042）。緊接著的𠚤公 兩吳 关化 丕全仦夯丙於義分別爲“觀”、“察之”、“號”、“封”，按漢語語序爲“封觀察之號”。“觀察”是“觀察使”的簡稱。是說《梁誌》主人梁國王於重熙十一年封某州觀察使之號。緊接著的朩化与 㐄於義爲“第二年”即重熙十二年。再緊接著的仃 九丙火 兆 业及子中於義爲“都宮使拜”。按漢語語序爲“拜都宮使”。《遼史》卷91《蕭朮哲傳》稱“重熙十三年，將衛兵討李元昊有功，遷興聖宮使”。《梁誌》中的“都宮使”乃“興聖宮都宮使”的略稱。《遼史》中的“重熙十三年”，應據《梁誌》訂正爲重熙十二年。《梁誌》第6行中的乇 包 㐄矢於義爲“十三年於”，按漢語語序爲“於十三年”即於重熙十三年（1044）。《梁誌》第6行的丞舟爲漢語借詞官名“太保”之音譯。是說《梁誌》主人梁國王於重熙十三年任太保。《梁誌》第6行最後二字朩化与 㐄於義爲“第二年”即重熙十四年。《梁誌》第7行的叐化於義爲“院”[27]。緊接着的乙为共仌於義爲“郎君們”。乙为共仌字由詞幹乙为共和複數格詞尾仌拼成。乙为共仌於義爲“郎君們”，可以釋爲“郎君班”。既然是“班”就不只一個郎君，所以用複數格詞尾仌。再緊接著的仐各火 业及仝於義爲“詳穩拜”，按漢語語序爲“拜詳穩”。是說《梁誌》主人梁國王於重熙十四年拜某院郎君班詳穩。《蕭和妻秦國太妃耶律氏墓誌銘》是重熙十四年刻的。其中的“次朮者，左祗候郎君將軍”就是說的當時《梁誌》主人的名字和官職。因此朩九冇 叐化 乙为共仌 仐各火就是指“左祗候郎君將軍”一職。亦即

《遼史》卷45中的“左祇候郎君班詳穩”。是左祇候郎君班詳穩司的官員。據此推測，[illegible]於義爲“左”也未可知。

《梁誌》第7行中的[illegible] [illegible] [illegible] [illegible]於義分别爲“南”、“院”、“同”、“知”。是説《梁誌》主人梁國王於重熙十四年任南院同知。《梁誌》第7行的[illegible] [illegible] [illegible]於義爲“十五年於”，按漢語語序爲“於十五年”即於重熙十五年(1046)。再緊接著的[illegible] [illegible] [illegible] [illegible]於義分别爲“北”、“東”、“路”、“達領”、“詳穩”。在契丹語中，把“東北”説成“北東”。是説《梁誌》主人梁國王於重熙十五年任東北路達領詳穩。漢字《耶律宗教墓誌銘》中有“東北路達領將軍”[28]。在契丹小字《耶律宗教墓誌銘》第13行的[illegible] [illegible] [illegible] [illegible]正是翻譯爲“東北路達領將軍”。即實先生把[illegible] [illegible]釋爲“北女真”[29]。《梁誌》第7行的[illegible] [illegible] [illegible] [illegible] [illegible] [illegible]於義分别爲“第二”、“年”、“北”、“女真”、“詳穩”、“拜”。此處的“第二年”是指重熙十六年。這裏是説《梁誌》主人梁國王於重熙十六年任北女真詳穩。這裏説一下《梁誌》第7行兩次出現的[illegible]字的解讀。首先是《遼史》卷91《蕭朮哲傳》有“蒲奴里部長陶得里叛，朮哲爲統軍都監。從都統耶律義先擊之，擒陶得里”。這段話是解讀[illegible]字的根據。耶律仁先的兒子漢名耶律慶嗣。《耶律慶嗣墓誌》説慶嗣“妹三人，長曰兀欲娘子，適【故】大長公主孫普達”[30]。契丹小字《耶律仁先墓誌銘》第62行有[illegible] [illegible] [illegible] [illegible]，於義分别爲“女”、“三”、“大者”、“兀欲”[31]。同行的[illegible]是人名，即耶律仁先的大女兒丈夫的名字“普達”。普達姓蕭，他的漢名叫蕭闛。内蒙古文物考古研究所收藏的蕭闛的漢字墓誌銘説他的契丹語名字叫“浦打哩”。“浦打哩”即“普達”的異譯。[illegible]由[illegible]、[illegible]、[illegible]、[illegible]四個原字拼成。[illegible]音pu，即“浦打哩”的“浦”。[illegible]是一個輔音爲［t］的音節，它應帶有央元音［ə］。[illegible]音［α］。[illegible]與[illegible]拼成“浦打哩”的“打”。從而得知原字[illegible]音譯“浦打哩”的“哩”。

《耶律（韓）迪烈墓誌銘》第17行的兆币爲人名“破得”。原字币又音“得”。《耶律（韩）高十墓誌銘》第六行“第五”作令币及圠㉜。《宋魏國妃墓誌銘》第十一行“第五”作令东及圠㉝。説明原字东與原字币同音“得”。乇东亏关村字由乇、东、亏、关、村五個原字拼成。乇於義爲“五”㉞。契丹語中“五”音“討”㉟。“陶”與“討”同音，故乇亦音“陶”。亏音譯人名“時時里”的“里”㊱。亏之後加讀音爲［i］的关，表示“里”爲長音。前面已推知东讀音爲［tə］即“得”，則乇、东、亏、关拼成的詞幹恰爲人名“陶得里”。村爲所有格詞尾。《梁誌》第7行的仃 几才圣 业及仝於義分别爲“都”、“監”、“拜”。此處的“都監”可能是“統軍都監”。《梁誌》第7行的丹冬於義爲“又”㊲。緊接著的太 伏廾交村於義爲“六部之”。《梁誌》第7行的圣 火爲漢語借詞官名“太尉”之音譯。同行的小 十 灰於義爲“南西面”，按漢語語序爲“西南面”。《梁誌》第7行的一 灵化 个 丹尺 飞火 仃 几才圣村 火於義分别爲“北”、“院”、“副”、“部”、“署”、“都”、“監之”、“事”。這可能指《遼史·蕭朮哲傳》中的“稍遷西南面招討都監”一事。灰本以爲“山”，根據前後文意，此處姑且釋爲“面”。

《梁誌》第8行的丁 圣 丰矢 仃 火 几丙兆於義分别爲“廿”、“二”、“年於”、“都”、“宫”、“使”。是说《梁誌》主人梁国王於重熙二十二年（1053）任都宫使。緊接著的 未化当 丰於義分别爲“第二”、“年”。指重熙二十三年（1054）。《梁誌》第8行的 业币关 未几村 灵化 飞为共佥 令各火 业及仝 小 灵化 丙夾 屋尜已經見於第7行，於義分别爲“再次”、“左”、“院”、“郎君班”、“詳穩”、“拜”、“南”、“院”、“同”、“知”。是説《梁誌》主人梁國王於重熙二十三年再次拜左袛候郎君班詳穩，任南院同知。把 业币关 釋爲“再次”，是根據前後文意假定的，尚待來日之驗證。

《梁誌》第8行的**关冬本**爲年號“清寧”。**九安 本**於義爲“元年”。**ㄥ 丕矢**於義分別爲“三十”、“八於”。《梁誌》第8行的**业币关 丞 子刈公 仐各火**於義分別爲“再次”、“北”、“女真”、“詳穩”。是說《梁誌》主人梁國王於清寧元年，三十八歲的時候，再次擔任北女真詳穩。**口 本**於義爲“該年”。**力圭出夵 仐各火 舟及子屮**於義分別爲“國舅”、“詳穩”、“拜”。是說《梁誌》主人梁國王於清寧元年拜國舅詳穩。如前所述，梁國王生於開泰八年（1019），按著中國的傳統計歲方法是計虛歲。清寧元年（1055），梁國王是三十七歲，而不是三十八歲。

《梁誌》第8行的**关冬本 圣 本**於義爲“清寧二年”。**ㄥ 禾矢**於義分別爲“三十”、“九於”。緊接著的**兆 仐幷冇 关化 丕金小夵丙 一 十 弟乇**於義分別爲“使”、“相之”、“號”、“封”、“北”、“西”、“招”、“討”。是說《梁誌》主人梁國王於清寧二年（1056）三十九歲（墓誌計歲有誤，應爲三十八歲）的時候，被封使相之號，擔任西北招討使。這可能指《遼史·蕭朮哲傳》中的“清寧初，爲國舅詳穩、西北路招討使”一事。緊接著的**了 乇矢 业币关 力圭出夵 仐各火**於義分別爲“四十”、“一於”、“再次”、“國舅”、“詳穩”。是說《梁誌》主人梁國王於四十一歲的時候，再次任國舅詳穩。《梁誌》第8行的**朩化当 本**於義分別爲“第二”、“年”，指清寧六年（1060）。

《梁誌》第8行的**飞金**和第9行的**朩圡火**於義分別爲“瀋”、“州之”。再緊接著的**仐欠 飞关 业及仝**於義分別爲“度”、“使”、“拜”。是說《梁誌》主人於清寧五年拜瀋州之節度使。這是指《遼史·蕭朮哲傳》中的“尋起爲昭德軍節度使”一事。契丹文字中往往用“度使”來稱“節度使”。《遼史》稱“瀋州，昭德軍，中，節度”[38]。《梁誌》第9行的**关冬本 尸 本矢**於義爲“清寧七年於”，按漢語語序爲“於清寧七年”。《梁誌》第9行的**仐艾圡 乂火 舟及子屮**於義分別爲“宣徽拜”，按漢語語序爲“拜宣徽”。這可能指《遼史·蕭朮哲傳》

中的“徵爲北院宣徽使”一事。《梁誌》第9行的[illegible]於義爲“清寧九年於”，按漢語語序爲“於清寧九年”。緊接著的[illegible]於義分别爲“再次”、“北”、“西”、“招”、“討”、“拜”。這是指《遼史·蕭朮哲傳》中的“九年，上以朮哲先爲招討，威行諸部，復爲西北路招討使”一事。《梁誌》第9行的[illegible]於義爲“十年於”，按漢語語序爲“於十年”。指清寧十年。《梁誌》第9行的[illegible]於義分别爲“舅父”、“美格之”、“族系”、“承祧”。是説《梁誌》主人梁國王承祧了舅父美格之族系。

《梁誌》第10行的[illegible]於義分别爲“柳”、“城”、“郡”、“王之”、“號”、“封”。按漢語語序爲“封柳城郡王之號”。這是指《遼史·蕭朮哲傳》中的“十年，入朝，封柳城郡王”一事。《梁誌》第10行的[illegible]於義爲年號“咸雍”。緊接著的[illegible]於義分别爲“二”、“年於”，按漢語語序爲“於二年”。《梁誌》第10行的[illegible]爲漢語借詞“功臣”之音譯。《梁誌》第10行的[illegible]於義爲“六字”。“字”的原形作[illegible]，[illegible]爲複數格詞尾。是説《梁誌》主人梁國王的功臣稱號有六個字的修飾語。《梁誌》第10行的[illegible]於義分别爲“北”、“府之”、“宰相”、“拜”，按漢語語序爲“拜北府宰相”。這是指《遼史·蕭朮哲傳》中的“咸雍二年，拜北府宰相”一事。《梁誌》第10行的[illegible]於義分别爲“北”、“西”、“招”、“討”、“拜”，即拜西北路招討使。《梁誌》第10行另有[illegible]，於義分别爲“再次”、“招”、“討”、“拜”，即再次拜招討使。《梁誌》第10行的[illegible]於義分别爲“該”、“時”、“樞”、“密使”、“乙辛之”。是説那個時候，奸臣耶律乙辛專權之事。[illegible]爲人名“乙辛”。[illegible]爲所有格詞尾。是指《遼史·蕭朮哲傳》中的“咸雍二年，拜北府宰相，爲北院樞密使耶律乙辛所忌，誣朮哲與護衛蕭忽古等謀害乙辛”一事。

《梁誌》第11行的乏及 朴土火 火 屋叉於義分别爲“朔”、“州之”、“事”、“知”，按漢語語序爲“知朔州之事”。這是指《遼史·蕭朮哲傳》中的“詔獄無狀，罷相，出鎮順義軍”一事。“朔州，順義軍，下，節度”[39]。説明遼代“朔州”和“順義軍”爲同一個地方。《梁誌》第11行的乏 丰 穴 艾矢於義分别爲“五”、“年”、“正”、“月於”，指於咸雍五年（1069）正月，這是《梁誌》主人死亡的時間。《梁誌》刻於乾统七年（1107），是在《梁誌》主人死亡38年之後才刻的墓誌。由於日久年深，墓誌撰者已經不知道《梁誌》主人死亡的日子。《梁誌》第11行的乙 乇矢 仐金北籴 芳亦屮於義分别爲“五十”、“一於”、“病”、“薨”。是説《梁誌》主人梁國王咸雍五年（1069）正月因病而薨，享年五十一歲。

四 墓誌主人的妻子和子女情況

《梁誌》第15行的丙 几本意是“女人”。此處用“女人”來表達“妻子”之義。緊接著的中犴 几火 丞 业关爲漢語借詞“梁國太妃”之音譯。再緊接著的关化 伏行欠伏於義分别爲“諱”、“涅睦袞”。再緊接著的才 而火 尺分 丰村於義分别爲“兄”、“弟之”、“仲”、“父房”。契丹語中用“兄弟”來表達“横帳”。遼代的“横帳”是指皇族，即與皇帝稱兄道弟就是横帳皇族。此處用“兄弟之”來表達“横帳之”。根據親疏横帳又被區分爲“孟父房”、“仲父房”和“季父房”。在三個父房中，季父房是和皇帝最親近的皇族。其次是仲父房。“梁國太妃”既然是仲父房的人，她當然姓耶律。《梁誌》第15行的圣为出 几火雨 引化欠不 丹分於義分别爲“查剌桯”、“鄶引”、“宰相之”、“女”。“查剌桯·鄶引”的解讀是依據漢字《梁國太妃墓誌銘》中的記載：“父查剌桯·鄶引，南宰相，漆水郡王。事興廟，以友視之。”“桯”是“棍”的碑别字。“查剌桯·鄶引”是人名，他是耶律仁先的父親。《遼史》卷96《耶律仁先傳》稱“耶律仁先，字糺鄰，小字查剌，孟父房之後。父瑰引，南府宰相，封燕王”。“鄶引”即“瑰引”，乃同名異譯。此處説梁國太妃的父親是横帳仲父房的人，則《遼史》卷96《耶律仁先傳》中的“孟父房之後”顯然有誤，應據此《梁誌》把“孟父房”訂正爲“仲父房”。這幾段話的整個意思是説《梁誌》主人的妻子梁國太妃的名諱是涅睦衮，她是横帳之仲父房查剌柅·鄶引宰相之女。《梁誌》第15行的[契丹小字]於義爲年號“開泰”。再緊接著的[契丹小字]於義爲“八己未年生”。這是梁國太妃的出生時間。她與其夫同年生。

《梁誌》第15行的[契丹小字]於義分别爲“查剌柅”、“宰相之”、“興”、“宗之”。是説查剌柅·鄶引宰相和遼興宗之間的事。《遼史》卷90《耶律信先傳》稱“興宗以其父瑰引爲刺血友”。漢字《梁國太妃墓誌銘》也说梁國太妃的父亲“事興廟，以友視之”。説明他們之間的關係非常密切。可惜其前後文字目前尚不能解讀。根據所在位置的推測，《梁誌》第16行的文字是説明梁國太妃事蹟的。

《梁誌》第17行的[契丹小字]爲年號“乾統”。[契丹小字]於義分别爲“元”、“年於”。是説於乾統元年（1101）。空格之後緊接著的[契丹小字]於義分别爲“族系”、“可汗之”、“朝”。是指天祚帝朝。契丹小字中往往用“族系可汗”來稱呼當朝皇帝或當今皇帝。例如契丹小字《耶律宗教墓誌銘》第十五行和南京大學博物館所存的“玉魁”第二行的[契丹小字]、《耶律弘用墓誌銘》第九行的[契丹小字]等等。

《梁誌》第17行的[契丹小字]於義分别爲“秦”、“國”、“王”、“秦”、“國”、“太”、“妃之”、“號”。是说《梁誌》主人與其妻在天祚帝朝的乾統元年（1101）分别被封为秦國王、秦國太妃之號。在契丹語中有［tɕ］、［tɕh］、［ɕ］不分的現象，契丹小字[契丹小字]既可以音譯漢字“秦”，又可以音譯漢字“晉”。《遼史·蕭朮哲傳》稱“卒，追王晉、宋、梁三國”。《梁國太妃墓誌銘》稱“累封秦、宋、梁等三國太妃”。梁國太妃的封號是與其丈夫的封號聯繫在一起的。她丈夫封某國王她就被封爲某國太妃。

《梁國太妃墓誌銘》是本家人説本家事，史料價值遠在《遼史·蕭朮哲傳》之上。因此可以用《梁國太妃墓誌銘》校訂《遼史·蕭朮哲傳》中的“晉”字是“秦”字之誤。這也是我們在此處把仐雨釋爲“秦”而不釋爲“晉”的原因。

《梁誌》第17行的包 半矢於義分别爲“三”、“年於”。是説於乾統三年(1103)。《梁誌》第17行的仐亢 几火 杰 仐亢 几火 丞 业关於義分别爲“宋”、“國”、“王”、“宋”、“國”、“太”、“妃”。是説《梁誌》主人與其妻在天祚帝朝的乾統三年（1103）分别被封爲宋國王、宋國太妃。

《梁誌》第17行的太 半矢於義分别爲“六”、“年於”。是説於乾統六年(1106)。緊接著的奚叉关 叉及 兮夲於義分别爲“契丹”、“大”、“禮”。兮夲由兮和夲兩個原字拼成。兮爲詞幹，於義爲“禮”[40]。夲是“造格”詞尾[41]。奚叉关 叉及 兮夲意思是“以契丹大禮”。《梁誌》第17行的小廾 几火 杰 小廾 几火 丞 业关於義分别爲“梁”、“國”、“王”、“梁”、“國”、“太”、“妃”，是説《梁誌》主人與其妻在天祚帝朝的乾統六年（1106）分别被以契丹大禮封爲梁國王、梁國太妃。與《梁國太妃墓誌銘》記載完全吻合。

《梁誌》第18行的夭本廾及北 太 半於義是“乾統六年”。緊接著的土夾 ㄅ 巫矢 仐金北夲 芳夾丹伏於義分别爲“歲”、“八十”、“八於”、“病”、“薨”。这是说《梁誌》主人之妻於乾統六年因病而薨，享年八十八歲。《梁國太妃墓誌銘》稱“乾統六年冬十二月甲子，梁國太妃薨”。“薨時八十有八”，互相一致。

《梁誌》第18行的几火 杰 丞 业关雨 半丞 丹列出於義分别爲“國”、“王”、“太”、“妃之”、“男性”、“孩子”。緊接著的兩個字究竟是《梁誌》主人的兒子的名字還是“蚤卒”尚不能確定。漢字《梁國太妃墓誌銘》稱“生子男二，蚤卒”。也没有説兩個兒子的名字。

《梁誌》第18行和第19行的丙仒 丕 叉 业五 叉亦 仐当 主 王雨於義分别爲“女兒”、“二個”、“大者”、“即”、“順”、“宗”、“皇”、“帝之”。緊接著的二字□□為契丹語“皇后”之義。是説梁國王和梁國太妃之女兒兩個，大者即順宗皇帝之皇后。順宗就是天祚帝的父親耶律濬。耶律濬是遼道宗的獨生兒子，被奸臣耶律乙辛誣陷而死。天祚帝即位後“追尊大孝順聖皇帝，廟號順宗”[42]。漢字《梁國太妃墓誌銘》稱“女二：長即順宗貞順皇后”。

《梁誌》第19行的□ □ □ □ □ □ □ □ □ □ □ □於義分别為“小者”、“醜”、“女”、“哥”、“娘子”、“舅舅”、“兄”、“弟之”、“珠”、“思”、“太”、“尉於”、“嫁”。是説梁國王和梁國太妃的小女兒是醜女哥娘子，她嫁於舅舅横帳之珠思太尉。漢字《梁國太妃墓誌銘》稱次女“適仁先晉王之弟智先防禦”。珠思太尉就是梁國太妃的四弟耶律智先。然而契丹小字《耶律智先墓誌銘》第4行和第5行之間有□ □ □ □ □ □ □，於義分别為“太”、“尉”、“孩子”、“名”、“太平”、“第二個名”、“訛里本”。他並没有“珠思”的名字。□等同於□，二者可以互换，於義均為“孩子”。近親結婚和娶親不論輩分，以及舅父娶外甥女的婚俗在契丹民族中是司空見慣的事。□字是專門用於修飾女性排行的“老小”即“小者”的[43]。

《梁誌》第19行的□ □為漢語借詞“太妃”之音譯即梁國太妃。此處作主語，下面的文字是説梁國太妃之事。《梁誌》第19行的□ □ □ □ □ □ □ □ □ □ □於義分别為“時時里”、“迪烈”、“大”、“王”、“第四”、“子”、“乙信”、“太保之”、“枝”、“族系”、“承祧”。是説由於梁國王和梁國太妃的兩個兒子“早卒”，由時時里·迪烈大王的第四子乙信太保的這一支來承祧梁國王的族系。《梁國太妃墓誌銘》中的“以族子南面承旨乙信嗣其帳”説的也是這件事。時時里·迪烈大王是《梁誌》主人的七弟蕭知玄。乙信太保，據漢字《宋魏國妃墓誌銘》，他的漢名為德恭，與蕭孝穆之孫重名。當時居官延昌宫副宫使、同簽點檢司事。《梁誌》第19行是説《梁誌》主人的嗣子乙信太保之事，其妻某娘子是某龍虎衛將軍之女。

五　梁國太妃的葬禮

《梁誌》第22行的𘯀 及比 本廾 犀 丰 乇丈 乇乇 尺矢於義爲“乾統七年四月十四日於”，按漢語語序爲“於乾統七年（1107）四月十四日”。這是梁國太妃合祔於梁國王墓内的日子。這個日子在《梁誌》第29行又出現了一次，僅僅在“七年”之間加了於義爲“丁亥”的 小岑 丈 火兩個字而作“七丁亥年”。《梁誌》第22行的 𘯀 业关 雨 又圭 冬 与於義分别爲“太”、“妃之”、“葬”、“禮”。釋 又圭 冬 爲“葬”是根據前後文意假定的，是否正確尚待進一步驗證。《梁誌》第22行的 六圭 木 及子 圭为 出 丹为 𘯀 丹 丹冬於義分别爲“掩”、“閉”、“兒子”、“太”、“保”、“又”。“掩閉”指下葬，“兒子太保”是指梁國王和梁國太妃的過繼兒子乙信太保。緊接著的 达 才 与，被日本的豐田五郎先生釋爲“兩兄弟”[44]。亦可聊備一說。此處指出席葬禮的人員。丹冬 达 才 与的短語亦見於契丹小字金代《博州防禦使墓誌銘》第24行[45]。

《梁誌》第23行的 内及 夾 尿矢於義分别爲“曷魯爾”、“山於”。按漢語語序爲“於曷魯爾山”。“曷魯爾”是音譯的契丹語山名。這是梁國王和梁國太妃埋葬的地方。《梁國太妃墓誌銘》稱“以次年四月丁巳朔，十四日庚午癸時，祔于黑山故宋國王之墓”。説明“曷魯爾”於義爲“黑”。達斡爾語中“黑”讀［har］[46]。與“曷魯爾”讀音接近。緊接著的 𘯀 业关 与夾於義分别爲“太”、“妃”、“同”。按漢語語序爲“同太妃”。據推測，主語是梁國王，是説梁國王同太妃合葬。《梁誌》第23行的 与 叔北 只玥於義分别爲“禮”、“也”[47]。緊接著的 仐 令用爲人名“佛頂”之音譯。“佛頂”是耶律智先之子，又是《梁誌》的撰者。漢字《耶律智先墓誌銘》有“後娶高九大王女撻不也娘子，生男二：曰阿信，曰佛頂”[48]。“高九大王”即《梁誌》第3行中的“六温·高九大王”，他是《梁誌》主人梁國王的父親蕭孝誠。《梁誌》主人梁國王是佛頂的親娘舅。佛頂是《梁誌》主人梁國王的外甥。梁國太妃是佛頂的親姑母，從這方面論，梁國王又是佛頂的姑父，佛頂則又是《梁誌》主人梁國王的内侄。人名“佛頂”的契丹小字[契丹字] [契丹字]在《梁誌》第29行又出現了一次。在那裏[契丹字] [契丹字]之前有一[契丹字]字。此[契丹字]字於義或爲“内侄”，或爲“外甥”。究竟是“内侄”還是“外甥”目前尚不能確定，姑且假定爲“外甥”，以待來日之驗證。阿信和佛頂兄弟二人均精通契丹小字，阿信撰寫了其父的契丹小字《耶律智先墓誌銘》，佛頂則撰寫了此《梁誌》。

六　契丹小字墓誌銘所引《論語》中的一段话

契丹小字《蕭太山和永清公主墓誌銘》第25行和26行有下列一段話：

[契丹字] [契丹字] [契丹字] [契丹字] [契丹字] [契丹字] [契丹字] [契丹字] [契丹字] [契丹字] [契丹字] [契丹字] [契丹字] [契丹字]。其中[契丹字]字由[契丹字]和[契丹字]兩個原字拼成。[契丹字]音［l］，[契丹字]音［un］[49]。二者相拼而爲漢語借詞“論”的音譯。[契丹字]字由[契丹字]、[契丹字]、[契丹字]三個原字拼成。[契丹字]音［ŋ］，[契丹字]音［u］，[契丹字]音［tə］，[契丹字]爲時位格詞尾[50]。[契丹字]字爲漢語借詞“御院通進”中“御”的音譯[51]。也可以爲漢語借詞“語”的音譯。因爲在中古漢語中“御”和“語”都讀［ŋĭo］[52]。[契丹字] [契丹字]爲漢語借詞書名《論語》的音譯。[契丹字] [契丹字]於義爲“在《論語》内”或“《論語》中”。[契丹字]字於義爲“曰”。[契丹字] [契丹字] [契丹字]於義爲“《論語》中曰”。[契丹字]字於義爲“三”[53]。[契丹字]字由[契丹字]和[契丹字]兩個原字拼成，[契丹字]爲詞幹，於義爲“年”，[契丹字]为複數格詞尾。“年”字在此處之所以用[契丹字]而不用[契丹字]是因爲在它前面連接的是[契丹字]（三）而不是[契丹字]（一）。[契丹字] [契丹字]於義爲“三年”。[契丹字]字出現在契丹小字《耶律智先墓誌銘》第8行中，於義爲“中的”[54]。再緊接著的[契丹字]字由[契丹字]和[契丹字]兩個原字拼成，[契丹字]爲詞幹，此處於義爲“父”，[契丹字]爲所有格詞尾，[契丹字]於義爲“父親的”。[契丹字]字於義爲“年”又爲“父”，是因爲在契丹語中“年”與“父”爲同音詞所致。[契丹字]字

於義爲“孝”[55]。□字於義爲“嗚呼哀哉”的“哉”和“禮也”中的“也”之類的感歎詞[56]。根據上述已知的“三年中的父親的”、“孝”、“哉”、“也”等單詞的字義，本着以已知求未知的原則，我們到《論語》中去尋找相關的內容，終於在《論語·學而》篇中找到了“三年無改於父之道，可謂孝矣”[57]。根據□□字所在的位置，我們推測□□字於義爲“道”。因爲此字由□和□兩個原字拼成。□因［i］，□音［ɑu］[58]。契丹语的親屬語言達斡爾語的“道”讀 yos[59]。與□□的讀音極爲相近，因此，我們推測□□字於義爲“道”。我們還可以進一步推測□字於義爲“無”。要推測□字於義爲“無”，必須找到連接點。在傳世的契丹小字碑刻中，只有《大金皇弟都統經略郎君行記》（簡稱《郎君行記》）有對譯的漢字碑文。在《郎君行記》漢字碑文中有“一無所睹”的詞句。而在契丹小字《郎君行記》第 2 行則出現了□字。“無改於父之道”的“無”和“一無所睹”的“無”發生了連接，兩處各有□字，兩個□字被兩個“無”字連接在一起。所以我們推測□字於義爲“無”。□是□的異體字，從而得知□於義也是“無”。我們假定□於義爲“如果”，□□於義爲“改變”，則□ □□ □□ □□ □□ □ □ □□於義爲“三年之內，如果没有改變父親的道”即“三年無改於父之道”。契丹語的語序與漢語不一樣，漢語説“如果没有改變父親的道”，契丹語語序則説成“父親的道如果没有改變”，即謂語置於賓語之後。□字由□、□、□三個原字拼成。□音［u］，□音［ul］，□音［k］[60]。契丹語的親屬語言蒙古語的正藍旗方言、陳巴爾虎方言、布利亞特方言、達爾罕方言、喀喇沁方言、東蘇尼特方言、阿拉善方言和都蘭方言“可以”都讀 bolox，土族語“可以”讀 ulə，東鄉語“可以”讀 olu[61]。達斡爾語的“可以的”讀 elgien[62]。這些語言中“可以”的讀音與契丹小字□的讀音相近，因此，我們還推測□於義爲“可”。如果把□□字假定於義爲“謂”，則□ □□ □□ □於義分別爲“可”、“孝”、“謂”、“也”。即《論語》中的“可謂孝矣”。漢語中的“謂孝”契丹語説成“孝謂”。

七 結束語

《梁誌》是唯一把遼代后族的世系從遼朝建立前的婆姑逐代叙述到遼末的重要資料，它對於補正《遼史·外戚表》和《遼史·蕭朮哲傳》有著極其重要的史料價值。《梁誌》主人梁國王蕭朮哲不僅《遼史》有傳，還與《梁國太妃墓誌銘》、《蕭和妻秦國太妃墓誌銘》、《蕭德温墓誌銘》、《蕭德恭墓誌銘》、《蕭德恭妻耶律氏墓誌銘》、《蕭知微墓誌銘》、《耶律仁先墓誌銘》、《耶律智先墓誌銘》、《耶律弘用墓誌銘》、《宋魏國妃墓誌銘》和《晉國夫人墓誌銘》的記載有關聯。將《梁誌》與這些資料進行對比研究，可以互相補充，互相印證。《梁誌》是用契丹小字撰寫的，由於它與上述諸多漢字和契丹小字的墓誌有關聯，對於解讀《梁誌》中的諸多人名和事蹟，提供了很多線索和便利。有利於推動契丹文字研究工作。儘管其中的大部分内容目前尚不能解讀，但僅就已經解讀的内容就已經足以改寫《遼史·蕭朮哲傳》了。倘若以後把它徹底解讀了，必將爲遼代后族的研究提供更加詳盡的資料。爲了使契丹文字研究者便於研究此《梁誌》，特把《梁誌》拓本照片和李春敏老師摹録的《梁誌》全文附於文末。

本文係教育部人文社會科學重點研究基地北京大學中國古代史研究中心的重大項目“契丹文字與遼史、契丹史：跨學科的民族史研究”成果之一。中國社會科學院歷史研究所宋遼金元研究室的康鵬博士將《梁誌》中出現的一些新字用電腦把相關原字捆綁成單詞，並且造了幾個新原字，在此深致謝意。

注　釋

① 劉鳳翥、叢豔雙、于志新、娜仁高娃《契丹小字〈耶律慈特·兀里本墓誌銘〉考釋》，《燕京學報》新第20期，北京大學出版社2006年5月出版，第257頁。

② ［元］脱脱《遼史》卷65《外戚表》，中華書局校點本，1974年北京版，第1027頁。

③ 清格爾泰、劉鳳翥等《契丹小字研究》，中國社會科學出版社1985年北京版，第595頁。

④ 劉鳳翥《契丹小字解讀三探》，《聯合書院三十周年紀念論文集》，香港中文大學1987年出

版，第156頁。

⑤ 即實《謎林問徑——契丹小字解讀新程》，遼寧民族出版社1996年瀋陽版，第467頁。

⑥ ［元］脱脱等《金史》卷82《蕭仲恭傳》，中華書局校點本，1975年北京版，第1848頁。

⑦ ［元］脱脱等《遼史》卷30《天祚本纪四》，中華書局校點本，1974年北京版，第351頁。

⑧ ［元］脱脱等《金史》卷82《蕭仲恭傳》，中華書局校點本，1975年北京版，第1849頁。

⑨ 中國社會科學院民族研究所内蒙古大學蒙古語文研究室契丹文字研究小組《關於契丹小字研究》，《内蒙古大學學報》哲學社會科學版1974年第4期，第94和95頁。劉鳳翥《遍訪契丹文字話拓碑》，華藝出版社2005年8月北京版，第252頁。

⑩ 魏奎閣、袁海波《遼外戚蕭和家族世系表新補》，《遼寧工程技術大學學報》社會科學版，2003年第3期，第66頁和69頁。

⑪ 中國社會科學院民族研究所内蒙古大學蒙古語文研究室契丹文字研究小組《關於契丹小字研究》，《内蒙古大學學報》哲學社會科學版1974年第4期，第94頁。

⑫ 盧迎紅、周峰《契丹小字〈耶律迪烈墓誌銘〉考釋》，《民族語文》2000年第1期，第48頁。

⑬ 劉鳳翥、清格勒《契丹小字〈宋魏國妃墓誌銘〉和〈耶律弘用墓誌銘〉考釋》，《文史》2003年第4期，第206頁。

⑭ 即實《謎林問徑——契丹小字解讀新程》，遼寧民族出版社1996年瀋陽版，第467頁。

⑮ 劉鳳翥、清格勒《契丹小字〈宋魏國妃墓誌銘〉和〈耶律弘用墓誌銘〉考釋》，《文史》2003年第4輯，第203頁。

⑯ 同上，第204頁。

⑰ 萬雄飛《遼秦國太妃晉國王妃墓誌考》，《文物》2005年第1期，第89頁的拓本照片。本文再次引用《蕭和妻秦國太妃耶律氏墓誌銘》時，不再加注。

⑱ ［元］脱脱等《遼史》卷67《外戚表》和卷87《蕭孝穆傳》，中華書局校點本，1974年北京版，第1331頁和1030頁。

⑲ 羅福頤《遼左金吾爲上將軍蕭德温墓誌跋》，僞滿《國立中央博物館時報》1941年第11號，第9頁。

⑳ 向南《遼代石刻文編》，河北教育出版社1995年石家莊版，第211頁。

㉑ 陳乃雄、楊傑《烏日根塔拉遼墓出土契丹小字墓誌銘考釋》，《西北民族研究》1999年第2期，第83頁。

㉒ 盧迎紅、周峰《契丹小字〈耶律迪烈墓誌銘〉考釋》，《民族語文》2000年第1期，第48頁。

㉓ 清格爾泰、劉鳳翥等《契丹小字研究》，中國社會科學出版社1985年北京版，第571頁。

㉔ 孫竹主編《蒙古語語族語言詞典》，青海人民出版社 1990 年 5 月西寧版，第 742 頁。

㉕ 袁海波、劉鳳翥《契丹小字〈蕭太山和永清公主墓誌〉考釋》，《文史》2005 年第 1 輯，第 217 頁。

㉖ 魏奎閣、袁海波《遼外戚蕭和家族世系表新補》，《遼寧工程技術大學學報》社會科學版，2003 年第 3 期，第 69 頁。

㉗ 劉鳳翥《契丹小字解讀再探》，《考古學報》1983 年第 2 期，第 262 頁。

㉘ 劉鳳翥、周洪山、趙傑、朱志民《契丹小字解讀五探》，臺北《漢學研究》1995 年第 13 卷第 1 期，第 335 頁。

㉙ 即實《謎林問徑——契丹小字解讀新程》，遼寧民族出版社 1996 年瀋陽版，第 447 頁和第 467 頁。

㉚ 王晶辰主編《遼寧碑誌》，遼寧人民出版社 2002 年瀋陽版，第 140 頁。

㉛ 劉鳳翥《契丹小字解讀四探》，《第三十五屆世界阿爾泰學會會議記録》，臺北國學文獻館 1993 年版，第 562 頁。

㉜ 劉鳳翥、清格勒《遼代〈韓德昌墓誌銘〉和〈耶律（韓）高十墓誌銘〉考釋》，《國學研究》第十五卷，北京大學出版社 2005 年 6 月版，第 136 頁。

㉝ 劉鳳翥、清格勒《契丹小字〈宋魏國妃墓誌銘〉和〈耶律弘用墓誌銘〉考釋》，《文史》第四輯，2003 年，第 205 頁。

㉞ 鄭紹宗《興隆縣梓木林子發現的契丹文墓誌銘》，《考古》1973 年第 5 期，第 304、305 頁。

㉟ ［元］脱脱等《遼史》卷 53《禮志六》，中華書局校點本，1974 年北京版，第 878 頁。

㊱ 劉鳳翥、清格勒《契丹小字〈宋魏國妃墓誌銘〉和〈耶律弘用墓誌銘〉考釋》，《文史》2003 年第 4 輯，第 204 頁。

㊲ 王弘力《契丹小字墓誌研究》，《民族語文》1986 年第 4 期，第 70 頁。

㊳ ［元］脱脱等《遼史》卷 38《地理志二》，中華書局校點本，1974 年北京版，第 466 頁。

㊴ ［元］脱脱等《遼史》卷 41《地理志五》，中華書局校點本，1974 年北京版，第 513 頁。

㊵ 陳思摹寫、羅福成釋文《道宗皇帝哀册文》，僞滿國立奉天圖書館編纂《遼陵石刻集録》卷四，奉天省公署印刷局 1934 年 4 月發行。

㊶ 中國社會科學院民族研究所内蒙古大學蒙古語文研究室契丹文字研究小組《關於契丹小字研究》，《内蒙古大學學報》哲學社會科學版 1974 年第 4 期，第 85 頁。

㊷ ［元］脱脱等《遼史》卷 72《順宗濬列傳》，中華書局校點本，1974 年北京版，第 1216 頁。

㊸ 吴英喆《契丹語静詞語法研究》（2005 年 10 月 25 日寫就的博士論文，未刊，打印稿），第 93 頁。

㊹ 豐田五郎《契丹小字對四季的稱呼》，《民族語文》1998 年第 1 期，第 80 頁。

㊺ 劉鳳翥、周洪山、趙傑、朱志民《契丹小字解讀五探》，臺北《漢學研究》第 13 卷第 2 期，1995 年 12 月出版，第 342 頁。

㊻ 那順達來《漢达詞典》，内蒙古大學出版社 2001 年 8 月呼和浩特版，第 137 頁。

㊼ 陳思摹寫、羅福成釋文《道宗皇帝哀册文》，僞滿國立奉天圖書館編纂《遼陵石刻集録》卷四，奉天省公署印刷局 1934 年 4 月發行。

㊽ 趙志偉、包瑞軍《契丹小字〈耶律智先墓誌銘〉考釋》，《民族語文》2001 年第 3 期，第 41 頁。

㊾ 中國社會科學院民族研究所内蒙古大學蒙古語文研究室契丹文字研究小組《關於契丹小字研究》，《内蒙古大學學報》哲學社會科學版，1974 年第 4 期，第 95 頁。

㊿ 同上書，第 84、94、95 頁。

(51) 同上書，第 73 頁。

(52) 郭锡良《汉字古音手册》，北京大学出版社 1986 年 11 月北京版，第 112 和 113 頁。

(53) 王静如《遼道宗及宣懿皇后契丹國字哀册初釋》，《國立中央研究院歷史語言研究所集刊》1933 年第 3 本第四分，第 477 頁。

(54) 趙志偉、包瑞軍《契丹小字〈耶律智先墓誌銘〉考釋》，《民族語文》2001 年第 3 期，第 38 頁。

(55) 中國社會科學院民族研究所内蒙古大學蒙古語文研究室契丹文字研究小組《關於契丹小字研究》，《内蒙古大學學報》哲學社會科學版，1974 年第 4 期，第 71 頁。

(56) 羅福成《道宗仁聖皇帝國書哀册考》（寫於壬申祭祀竈日），載金毓黻編《遼陵石刻集録》卷四，瀋陽：僞滿奉天省公署印刷局發行，1934 年 4 月。

(57) 楊伯峻《論語譯注》，中華書局 2007 年 4 月北京版，第 9 和第 10 頁。

(58) 中國社會科學院民族研究所内蒙古大學蒙古語文研究室契丹文字研究小組《關於契丹小字研究》，《内蒙古大學學報》哲學社會科學版，1974 年第 4 期，第 94 頁。

(59) 那順達來《漢达詞典》，内蒙古大學出版社 2001 年 8 月版，第 76 頁。

(60) 中國社會科學院民族研究所内蒙古大學蒙古語文研究室契丹文字研究小組《關於契丹小字研究》，《内蒙古大學學報》哲學社會科學版，1974 年第 4 期，第 94、95 頁。

(61) 孫竹主編《蒙古語族語言詞典》，青海人民出版社 1990 年 6 月西寧版，第 157 頁。

(62) 那順達來《漢达詞典》，内蒙古大學出版社 2001 年 8 月版，第 168 頁。

萬雄飛，1975 年 11 月生，湖北省漢川市人。1998 年畢業于吉林大學考古學系，獲學士學位。畢業後入遼寧省文物考古研究所從事研究工作，現職稱爲館員。主持過關山遼墓的發掘工作。

韓世明，1957年7月生，黑龍江省富錦市人。1982年畢業于吉林大學考古學系，獲考古學學士學位。1989年畢業于吉林大學研究生院金史專業，獲歷史學碩士學位。1994年畢業于東北師範大學明清史研究所，獲歷史學博士學位。現任遼寧大學歷史文化學院教授，著有《遼金時期女真家庭形態研究》等書。

劉鳳翥，字潛龍，1934年11月7日生，河北省鹽山縣人，1962年北京大學歷史系畢業後考入中國科學院民族研究所爲東北古代民族史專業的研究生，師從陳述（字玉書）教授。研究生畢業後留民族所工作，逐步升至研究員，現已退休。著有《遍訪契丹文字話拓碑》，合著有《契丹小字研究》等書。

A Decipherment of "*The Liang Prince Epitaph*" in Lesser Qidan Script

Wan Xiongfei　Han Shiming　Liu Fengzhu

Summary

The present paper deciphers not only numerous personal names and some place names and official titles in lesser Qidan (Khitan) script, but also the words for "to be" and "black" in the Qidan language. It reveals that "The Liang Prince Epitaph" in lesser Qidan script commemorates Xiao Zhuzhe, a biographee in the 91st chapter of the *History of the Liao* (《遼史》). Xiao Zhuzhe is the grand-father-in-law of the last emperor Tianzuo of the Liao Dynasty, his wife is the eldest younger sister of Yelü Renxian, and his ancestor of seventh generation is Po Gu, father of the first Liao emperor's wife Empress Chunqin. On these details we have no information in the Xiao Zhuzhe biography of the *History of the Liao*. The epitaph is the first archaeologically discovered and so far the only known material recording the pedigree of the Liao Empress Xiao's family from Po Gu to the late Liao period generation by generation. The biography of Xiao Zhuzhe in the *History of the Liao* is written only in 283 characters, while "The Liang Prince Epitaph," 1289, four times and a half of the former. The result of the decipherment provides a lot of new data for supplementing and correcting the Xiao Zhuzhe biography and the table of his wife and mother's relatives in the *History of the Liao.*

《契丹小字梁國王墓誌銘》拓本照片

契丹小字梁國王墓誌銘

1

國舅 小翁帳 六 字之 功臣 梁國 王之 墓之 誌 銘

序 并

2

國 王 諱 术里者 第二個名 石魯隱 第七 代之 祖宗 婆姑·月椀 兒子 撒本·阿古只

宰相 天 皇 帝於 廿

宰相之 兒子 鐵剌 太 師 太 師之 兒子

3

普古 令 公 令 公之 兒子 解里·桃隈 國 王 國 王之 兒子 五個 第三個 六溫·高 九 大 王

號 妻 齊 世 夫人 橫帳之 季

父房 剌罕 公之 女 大 王 夫人之 男 孩子 七個 女兒 五個 第一個 尼里寧·

4

沙里 太 師 第二個 只剌 將 軍 第三個 即 梁 國 王 第四個 蒲速 實六 太

師 第五個 訛里本·除鉢 太 尉 第六個 劉 四 哥 龍 虎 第七個 時時里·迪烈 大 王 女 孩子

誌 尼里寧 太 師 蒲速 太 師 訛里本 太 尉 時時里 大 王

5

封 號

一 日 百 年 梁 國 王 開泰 八 巳未 年 十 一

月 廿 九 日於 生 人

誌 寫

6

橫帳之 禮 歲 十 六於 率 府

率十八於小將軍封重熙四年十九於郎君

孩子中之太保十一年觀察之號封第二年都

宮使拜十三年於字太保第二年

7

左院郎君詳穩拜南院同知十五年於北東路達領詳穩第二

年北女真詳穩拜東陶得里之軍之都監

拜陶得里之又六部太尉南小

西面北院副部署都監之事知

廿二年於都宮使第二年左院

8

郎君詳穩拜南院同知清寧元年三十八於北女真詳穩該年

旋 國舅 詳穩 拜 清寧 二 年 三十 九於 使 相之 號 封 北 西

招 討 四十 一於 國舅 詳穩 第二 年 潘

9

州之 節度 使 拜 清寧 七 年於 宣 徽 拜 事 知

清寧 九 年於 北 西 招 討 拜 十 年於 舅父 每格之 族系 承祧

公 主之 孩子 孩子 妻 成為 孩子 橫

帳之 孩子 妻 成為

10

勅 柳 城 郡 王之 號 封 咸雍 二 年於

功 臣 六個 字 賜 北 府之 宰相 拜 北 西 招 討 拜

招 討 拜

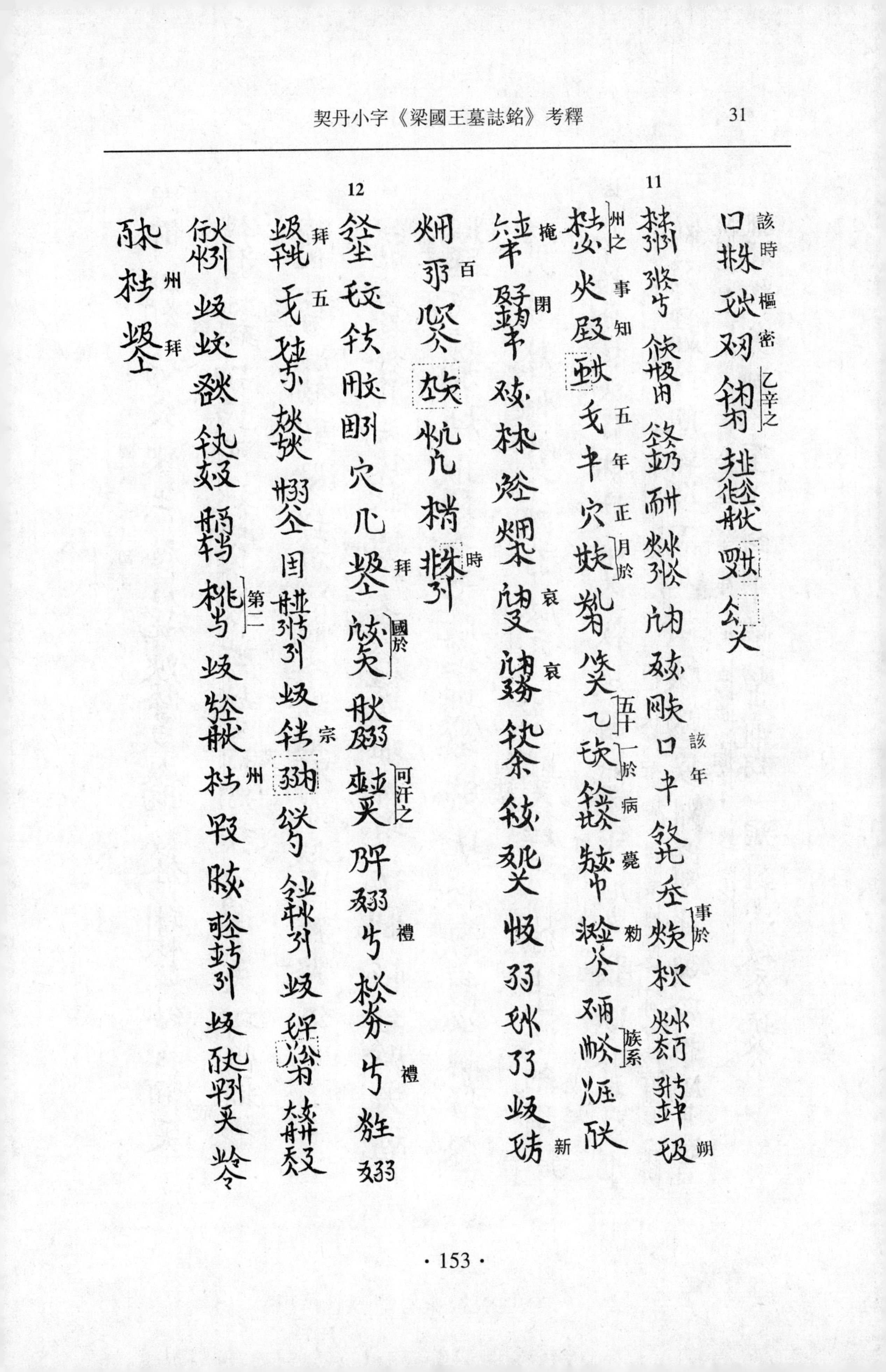

該 時 樞 密 乙辛之

11 該 年 事於 朔

州之 事 知 五 年 正 月於 五十 一於 病 薨 勅 族系

掩 閉 哀 哀 新

百 時

12 拜 國於 可汗之 禮 禮

拜 五 宗

第二 州

州 拜

13 國王初

哉 哉

福 壽之 知 哉 號

14

哉 二

哉 五 州 一

國於 可汗之 哉

15 歲 百

梁 國 太 妃 諱 涅睦袞 橫帳之 仲父房 查剌梲·隗引

妻

宰相之 女 開泰 八 己 未 年 生 查剌梲 宰相之 興 宗之

16

禮 妻 成為 孝

山 四

國 王 族系 號

17

封 誌 乾統 元 年於 族系 可汗之 朝 秦

國 王 秦 國 太 妃之 號 三 年於 禮 宋 國

王 宋 國 太 妃 禮 六 年於 契丹 大 禮 梁 國 王

梁 國 太 妃

18

乾統 六 年 歲 八十 八於 病 薨 誌

天

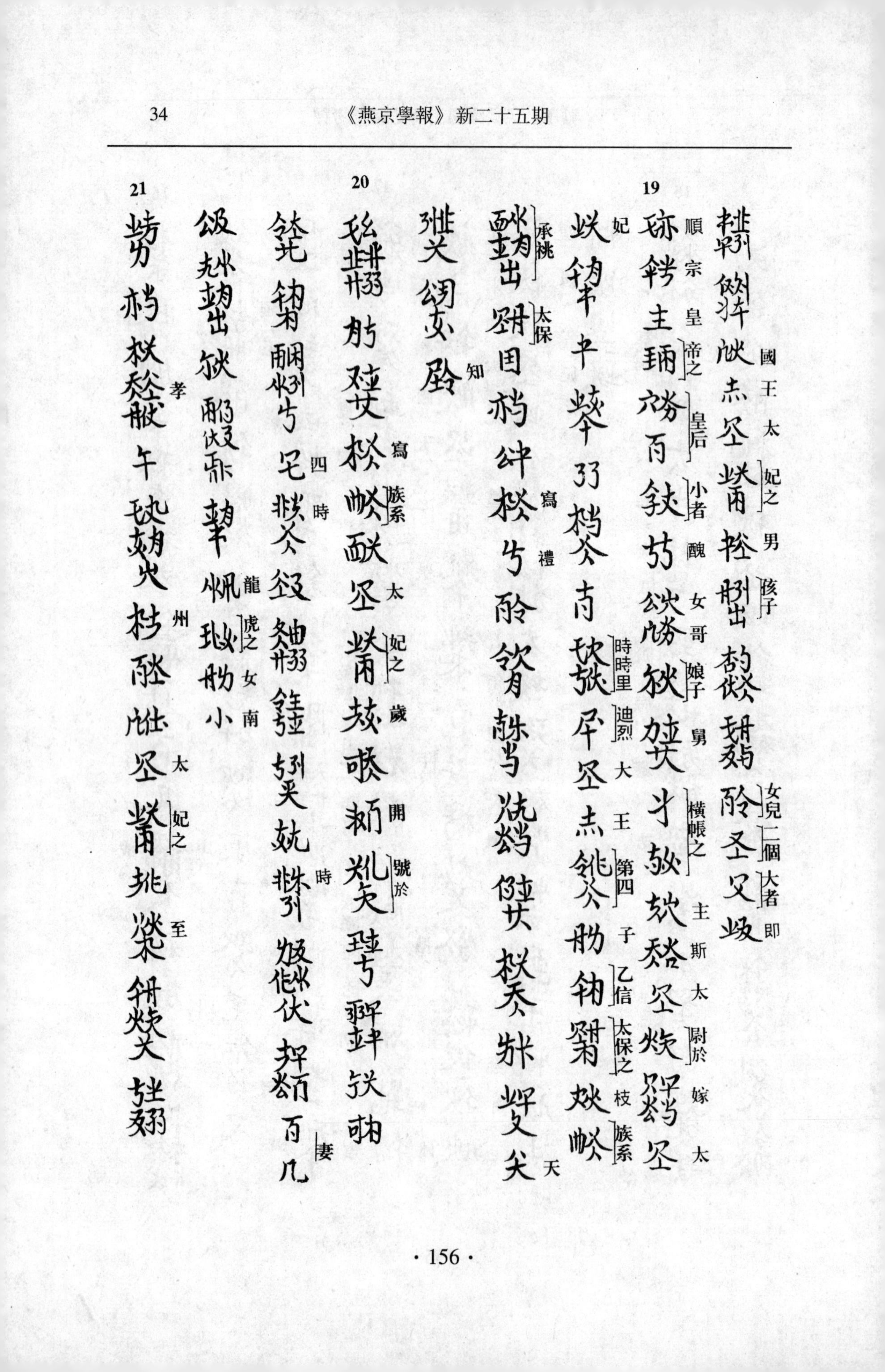

國王太妃之男孩子 女兒二個 大者即

19

順宗皇帝之皇后 小者 醜女哥娘子 舅 橫帳之主 斯太尉於 嫁 太

妃 時時里 迪烈大王 第四子 乙信 太保之 枝 族系

承祧 太保 寫 禮 天

知

20

寫 族系 太 妃之 歲 開 號於

四 時 時 妻

龍 虎之 女 南

21

孝 州 太 妃之 至

禮

父子大哥

22 歲　女　孩子　乾統　七年四月十四日於　妻　太妃之　葬

禮　掩閉子太保又倆兄弟　知

雲

23 曷魯爾　山於　太妃　同　禮　也　佛頂　即國

王之　一時　人　知

太　妃之

24 寫　墓之　誌字　乙信　太保之

大 七

事

25 妃 誌 誌 曰

26 子 遼 國之 官 王 宰相

成為 龍之

五 代之

27 福 福 於

六十年 百

28 北 大 南 地 曷魯爾 山 曷魯爾 山之

29

福 長

長 國王之墓

乾統七丁亥年四月十四日

甥佛頂

李春敏 摹録

略論漢語記音詞的形音義演變*

徐時儀

漢語中的記音詞雖然字無定形，但在詞義演變中往往也有着形音義上錯綜複雜的關聯，在漢語詞彙的發展演變和漢語史的研究方面有其獨特的學術價值，本文擬就其中一些模擬聲音的象聲詞、聯綿詞、方俗口語的記音詞和音譯外來詞的詞義演變略作探討。

一　模擬聲音的象聲詞

象聲詞是模擬聲音的記音詞，字無定形。其中有些記音的象聲詞在演變中詞形趨于表意，産生了意義上的聯想，形與義有了關聯。

據《淮南子·道應訓》載："今夫舉大木者，前呼邪許，後亦應之，此舉重勸力之歌也。"文中"邪許"爲模擬人們勞動時一起用力所喊的號子聲。又作"邪軤"、"輿謣"、"邪謣"等。《文子·微明》："今夫挽車者，前呼邪軤，後亦應之，此挽車勸力之歌也。"《吕氏春秋·淫辭》："今舉大木者，前呼輿謣，後亦應之。"高誘注："輿謣，或作邪謣。前人倡，後人和，舉重勸力之歌聲也。"[①]人們驅儺打鬼時的叫喊聲又記作"邪呼"，如《後漢書·禮儀志》載："先臘一日大儺，謂之逐疫。其儀：選中黄門子弟年十歲以上，十二以下，百二十人爲侲子。"宋吴仁傑《兩漢刊誤補遺》卷九《儺呼》云："大儺，選百二十人爲侲子嚾呼。仁傑按：《淮南書》舉大木者前呼邪許，後者應之，蓋衆聲和呼之義，故漢制大儺嚾呼而後世謂之邪呼。《南史》曹景宗臘月于宅

* 本文爲國家社會科學基金項目《朱子語類》詞匯研究，批准號08BYY044。

中使人作邪呼逐除徧往人家是也。近時小説乃作打夜狐，不知邪呼自有本字。許嵩謂俗呼野雩及野胡，亦誤也。”據吴仁傑所説，“邪呼”又有稱作“夜狐”、“野雩”、“野胡”的，皆爲記人們驅除怪物時發出的恐嚇怪物之聲。如唐姚思廉《梁書》卷九《曹景宗傳》：“（景宗）爲人嗜酒好樂。臘月於宅中使作野虖逐除，遍往人家乞酒食。本以爲戲，而部下多剽輕，因弄人婦女，奪人財貨，高祖頗知之，景宗乃止。”[②]《南史》載此文，“野虖”作“邪呼”[③]。宋趙彦衛《雲麓漫抄》卷九：“世俗，歲將除，鄉人相率爲儺。俚語謂之打野狐。按《論語》：‘鄉人儺，朝服立于阼階。’注：‘大儺，驅逐疫鬼也。’亦呼爲野雲[④]戲。今人又訛耳。”孟元老《東京夢華録》卷十《十二月》：“自入此月，即有貧者三數人爲一火，裝婦人神鬼，敲鑼擊鼓，廵門乞錢，俗呼爲打夜胡，亦驅祟之道也。”

“邪呼”一詞最初也可能用以記人們見到不可名狀的怪物時的驚叫聲，由記音而引申指難以名狀的邪戾怪物，又可泛指造成災禍的妖邪之物，因其本無一定的形狀可言，各地説法不一，由記其音而有“野狐”、“野雩”、“野胡”、“夜狐”、“夜壺”、“夜胡”、“麻胡”、“邪虎”、“媽虎”等不同的寫法[⑤]。有説是狼，如1936年《鹽山新志》載：“麻胡，俗云狼也。俗兒啼，怖以麻胡即止。”[⑥]也有説是猴，認爲“麻胡”乃是“獼猴”的音轉[⑦]。又有説是鬼，或用以指凶惡的人。據唐李匡乂《資暇集》卷下“非麻胡”條載：“俗怖嬰兒曰麻胡來，不知其源者以爲多髯之神而臉刺者，非也。隋將軍麻祜性酷虐，煬帝令開汴河，威棱既盛，至稚童望風而畏，互相恐嚇曰麻祜來。稚童語不正，轉祜爲胡。只如憲宗朝涇將郝玭，蕃中皆畏憚，其國嬰兒啼者以玭怖之則止。又武宗朝，閭閻孩孺相脅云薛尹來，咸類此也。況《魏志》載張文遠遼來之明證乎。”又據宋王楙《野客叢書》卷二十一《麻胡》載：“今人呼‘麻胡來’，以怖小兒，其説甚多。《朝野僉載》云：僞趙石虎以麻將軍秋帥師。秋，胡人，暴戾好殺。國人畏之。有兒啼，母輒恐之曰：‘麻胡來！’啼聲即絶。又《大業拾遺》云煬帝將去江都，令將軍麻祜浚阪。祜虐用其民，百姓惴栗，呼麻祜來以恐小兒，轉祜爲胡。又《南史》載劉胡本名坳胡，以其面坳黑，以胡爲名[⑧]，至今畏小兒啼語曰劉胡來，啼輒止。又《會稽録》載會稽有鬼，號麻胡，好食小兒腦，遂以恐小兒。”[⑨]清翟灝《通俗編》卷三十四《狀貌》釋

“麻胡”一詞載各家說法甚詳，指出“數説各殊，未定孰是。今但以形狀醜駁、視不分明曰麻胡，而轉胡音若呼。”

上海話過去（20世紀50年代初）爲使小孩聽話而哄嚇小孩仍説到“野胡”一詞，如“儂再不閉上眼睛困覺，野胡要來了”。馬叙倫《讀書續記》卷一説：“杭人恐嚇小兒，輒曰阿胡來，謂是象虎聲也。”[10]魯迅《朝花夕拾·〈二十四孝圖〉》説：“北京現在常用‘馬虎子’這一句話來恐嚇孩子們。或者説，那就是《開河記》上所載的，給隋煬帝開河，蒸死小兒的麻叔謀；正確地寫起來，須是‘麻胡子’。”“妨害白話者的流毒卻甚于洪水猛獸，非常廣大，也非常長久，能使全中國化成一個麻胡，凡有孩子都死在他肚子裏。”[11]陳剛先生《關于“媽虎子”及其近音詞》一文説到“北京城裏人過去常用‘媽虎子’一詞哄小孩”，“在詞義上，北京人多數不知道‘媽虎子’是什麽，只知道是用來嚇唬小孩的”。

“邪呼”這一記音詞用以指觸犯人們的怪物，後又可用與其意相關的“邪忤”來記其音。如東晉帛尸梨蜜多羅譯《大灌頂經》第十二卷載：“若夜夢惡鳥鳴、百怪、蜚尸、邪忤、魍魎、鬼神之所嬈者，亦當禮敬琉璃光佛。”又如唐菩提流志譯《不空罥索神變真言經》卷二十：“得不空王廣大威德，不爲一切鬼神怨難，邪忤嬈惱。”經中“邪忤”一詞指觸逆人的邪戾怪物。考《玄應音義》卷四釋《大灌頂經》中“邪忤”之“忤”云：“吾故反。忤，逆也。《通俗文》：得忤曰痾。”[12]玄應引《通俗文》所云“得忤曰痾”中“得忤”即遇到邪逆怪物，“痾”指中了邪逆的病。“痾”是東漢出現的俗語詞，《説文》未收，考《廣雅》卷一《釋詁》載：“痾，病也。”如《漢書》卷二十七中之上《五行志》第七中之上載：“凡草木之類謂之妖。妖猶夭胎，言尚微。蟲豸之類謂之孽。孽則牙孽矣。及六畜，謂之旤，言其著也。及人，謂之痾。痾，病貌，言寖深也。”又“旤與妖痾祥眚同類，不得獨異”[13]。又如《後漢書·律曆中》：“哀平之際，同承太初，而妖孽累仍，痾禍非一。”[14]據《漢書》和《後漢書》所載，痾爲妖孽所致禍病，亦即佛經中説到的因邪忤鬼怪嬈惱而致病，故《通俗文》云“得忤曰痾”。中醫文獻載有療治邪忤鬼怪所致禍病的方藥。如唐王燾《外臺秘要方》卷十三《鬼疰方》：“古今録驗神秘丸，療鬼疰邪忤飛尸疰擊犬馬嚙蜂蛇毒螫盡皆消除方。”又如明朱橚《普濟方》卷二百三十八:“神秘丸,治鬼疰邪忤飛尸疰擊犬馬嚙蜂蛇毒螫盡皆消除。”

“邪”本爲以母麻韻的發聲詞,其邪母麻韻則可表“不正”和“邪惡”義,而“物”又有“鬼魅”義。如《史記》卷十二《孝武本紀》:“上尊之少君者,故深澤侯。入以主方,匿其年,及所生長,常自謂七十,能使物,卻老。其游以方,徧諸侯,無妻子。人聞其能使物及不死,更饋遺之。”裴駰集解引如淳曰:“物,鬼物也。”“邪呼”一詞在其所表的“邪戾怪物”義的影響下,又可寫作“邪物”。如晉葛洪《肘後備急方》卷三:“治女人與邪物交通獨言獨笑悲思恍惚者:末雄黄一兩,以松脂二兩溶和虎爪,攪令如彈丸。夜内火籠中,燒之。令女人寢坐其上,被急自蒙,唯出頭耳。一次未差,不過三劑,過自斷也。”宋張杲《醫説》卷八《服黄連》:“劉奉林,周時人,學道嵩山。四百年三合神丹,爲邪物所敗。”又如《西游記》第六十二回:“行者道:‘怪哉!怪哉!這早晚有三更時分,怎麼得有人在這頂上言語?斷乎是邪物也!’”

野狐、麻胡、邪忤、邪物等所指多爲抽象而難以名狀的怪物,故由此引申則有“模糊”義[15]。如杜甫《戲作花卿歌》:“綿州副使著柘黄,我卿掃除即日平。子璋髑髏血模糊,手提擲還崔大夫。”例中“模糊”有“不分明、不清楚”義。由“不分明、不清楚”義引申又有“草率、馬虎”義。如明朱橚《普濟方》卷八十三《坤壬》:“嘔而發熱用柴胡,此證多由胃氣虛。怫鬱諸經並表裏,良醫審視莫模糊。”[16]“模糊”一詞後又可隱實示虛趣寫作“馬虎”[17]。吴方言中與此義有關的記音詞尚有“耶耶乎”一詞,義爲“隨便,馬虎,不負責,不高明”等。如魯迅《集外集拾遺·公民科歌》:“做個公民實在弗容易,大家切莫耶耶乎。”注:“耶耶乎,上海一帶方言,馬馬虎虎的意思。”[18]也作“約約乎”、“呀呀乎”、“呀呀呼”、“呀呀糊”[19]。《九尾龜》第二十三回:“勿要半夜裏轉去受仔風寒,倪倒擔勿落格個干係,耐格身體又虧,勿是約約乎格。”《嘉定縣續志》:“約約乎,俗謂隨便也。”《海天鴻雪記》第十四回:“又春道:‘俚格做生意,本來是呀呀乎格。’”又十八回:“真呀呀乎格人,倪也看勿入眼。”《文明小史》第十二回:“呀呀呼!當典裏的規矩,就是一根針也得估估看,那有不看東西,不估價錢,可以當得來的?真正呀呀呼!”此詞也用以形容“質量差、水平低”[20]。又作“夜夜壺”、“雅雅和”、“亞亞乎”。

如："俚葛兩個字是寫得雅雅和葛。"[21]

大致而言，"野狐"、"野雩"、"野胡"、"夜狐"、"夜壺"、"夜胡"、"麻胡"、"邪虎"、"媽虎"、"馬虎"等雖然詞形不同，但與模擬叫喊聲的"邪許"、"邪呼"皆有音義上的關聯。

二　聯綿詞

聯綿詞是漢語發展史上一種特殊的詞彙現象，一般只是記音的單純詞，但也有些詞在某一個時期是不可分析的，後來由于詞義的演變或者人們在使用中有意尋找意義與其詞義相關的字來記録此詞等原因，造成在某種情況下也可從形音義的關聯上對這些詞作一些考釋。

如"叵我"是佛經中所用的一個記音聯綿詞，形容傾側摇動之貌，又可寫作距跋、岠峨、陂峨、駊騀等。如西晉竺法護譯《正法華經》卷三："時大澍雨，潤澤普洽，隨其種類，各各茂盛，叵我低仰，莫不得所。"西晉無羅叉譯《放光般若經》卷一："三昧威神，令此三千大千國土地，皆柔軟距跋踴没。"姚秦鳩摩羅什譯《大樹緊那羅王所問經》卷一："猶如有人，極爲醉酒，前卻顛倒，不能自持。諸山須彌，頗峨湧没，亦復如是。"《法苑珠林》卷五十六："有一力士，手捉金杖一擬，四十萬衆人馬俱倒，手腳繚戾，腰髖婀娜，狀似醉容。頭腦陂峨，不復得起。"又卷九十七引《淨飯王泥洹經》："實時三千大千世界六種震動，一切衆山駊騀湧没，如水上船。"敦煌變文中也寫作"頗我"，如《廬山遠公話》："上來言語，總是共汝則劇，汝也莫生頗我之心。"蔣禮鴻先生《敦煌變文字義通釋》指出"頗我"與"彼我"相同，有"是己非人，較量争勝的意思"[22]。辛嶋静志先生《漢譯佛典的語言研究》則推測"叵我"一詞與"距跋"、"頗峨"相同，意爲"摇摇晃晃的樣子"，認爲蔣禮鴻先生的"這一看法還存有疑點，應進一步推敲"[23]。我們認爲蔣先生所釋變文例中此詞之義似可看作"叵我"的引申義。據《廣韻》，頗爲滂母戈韻，彼爲幫母紙韻，頗、彼諧聲，皆可作"叵我"一詞"叵"的記音字。"叵我"一詞的本義爲"傾側摇動"，傾側摇動時有上下高低的不平，引申則有"高低不平"義，《廬山遠公話》中所説"頗我之心"即意爲"不平之心"。

考《慧琳音義》卷三十釋《大樹那羅王所問經》第一卷叵我云："普我反。如醉人據傲，侮慢不敬之皃。經文有作岠峨，或作頗峨，皆不正也。蓋亦涉俗之言。"[24]據慧琳所說，此詞爲當時俗語，其所指"傾側摇動"義猶如醉人據（倨）傲，侮慢不敬，左傾右倒，前後摇擺，站立不穩的樣子。蔣先生認爲"變文的'頗我'似也可以用慧琳說的'頗峨'來解釋，當作侮慢不敬講"。玩慧琳所釋文意，實際上他所說的"如醉人據傲侮慢不敬之皃"是解釋"傾側摇動"的狀貌與"醉人據傲侮慢不敬之皃"相似，而並没有釋"叵我"有"侮慢不敬"之義。

又如"選耎"有"怯懦不前"義，如《漢書·西南夷傳》："恐議者選耎，復守和解。"顔師古注："選耎，怯不前之意也。"此詞字形不定，還可寫作"選懦"、"選愞"、"選輭"。如《後漢書·西羌傳》："今三郡未復，園陵單外，而公卿選懦，容頭過身。"李賢注云："《前書音義》：'選懦，柔怯也。'"葉適《朝請大夫提舉江州太平興國宫陳公墓誌銘》："選愞遲魯，儒之常患。"《續資治通鑑·宋太祖開寶元年》："繼恩事主盡恭，昏定晨省，禮無違者，選輭不治，北漢主憂之。"又可寫作"巽懦"、"巽愞"、"巽輭"。如宋岳珂《桯史·吴畏齋謝贄啓》："自崇觀撤藩之蔽而炎興紛和戰之謀，誕謾戰事而巽懦則有餘。"《明史·楊思忠傳》："諸邊將惰卒驕，寇至輒巽愞觀望。"清錢謙益《潘僉事哀辭》："疆埸之吏，縮恧巽輭。""巽懦"、"巽愞"似與其所表詞義有關。

考"選"通"巽"。"巽"有"卑順謙讓"義，如《易·蒙》："童蒙之吉，順于巽也。"孔穎達疏："巽謂貌順。"徐灝《説文解字注箋》云："巽，即古選字。巽爲順，而柔弱怯懦者謂之選懦，亦曰選耎，此古時字少，以引申假借通用也。"耎，《説文》："稍前大也。从大，而聲。讀若畏偄。"段玉裁注云："謂若偄也。而沇切。"偄，《説文》："弱也。从人从耎。"段玉裁注云："此與愞、儒二字義略同而音形異。愞、儒皆需聲，偄，耎聲也。二聲轉寫多淆，所當核正矣。偄从人，亦或从心。《左傳》、《穀梁傳》皆曰：宫之奇之爲人也偄。注皆云弱也。《左傳》音義曰：偄本又作耎，乃亂反，又乃貨反，弱也。《字林》愞音乃亂反，懦音讓夫反，云弱也。按《左傳》此音義今本訛甚，考正之如此。古音耎聲本在元寒部，而入歌戈部。需聲本在侯部，而入虞部，分别劃然。古假耎爲偄。《考工記》：‘馬不契耎。’鄭云：‘耎讀爲畏偄之偄。’自唐初耎已訛需。”據段玉裁注，耎爲偄的假借字，偄有弱義，亦借耎表弱義。又考《廣雅》云：“耎，弱也。”《漢書·司馬遷傳》：“僕雖怯耎欲苟活，亦頗識去就之分矣，何至自湛溺累紲之辱哉！”《廣韻》耎爲而兖切，日母仙韻。偄有二切，一爲而兖切，日母仙韻；一爲奴亂反，泥母桓韻。懦亦有二切，一爲人朱切，日母虞韻；一爲乃卧切，泥母戈韻。《集韻》：“耎，乳兖切。輭䎡軟需濡，柔也。或从耎从欠，亦作需、濡，通作耎。”據段玉裁注，懦、偄“二聲轉寫多淆”，“自唐初耎已訛需”，耎、偄或因此與“懦”轉寫而有“懦弱”義，故“選耎”一詞又可寫作“巽懦”、“巽愞”、“巽軟”、“選懦”、“選愞”、“選軟”。“巽”有“順”義，“耎”與“需”淆而有“懦弱”義，巽、耎疊韻且義近，由記音的疊韻聯綿詞漸趨于以可表其詞義的字組成並列複合詞而有“怯弱”義，引申則有“推托不肯爲”義。“選耎”、“巽懦”、“巽愞”、“巽軟”、“選懦”、“選愞”、“選軟”爲一詞異寫，或可視爲可分釋的疊韻聯綿詞[25]。姜亮夫先生《楚辭通故》説到可分釋的疊韻聯綿詞時曾舉“驕傲”一詞云：“此驕者，本馬高六尺之名，用爲驕傲，即高傲，當爲喬字之借。喬本訓高而曲，高而曲則高非正直，故引申爲倨簡、爲奢、爲慢。《禮記·樂記》‘敖辟喬志’，《坊記》‘富斯喬’，《書大傳》‘御貌于喬忿’皆是。經典多以驕爲之。……傲者，《説文》‘倨也’，《書·堯典》‘象傲’，傳‘傲慢不友益稷無若丹朱傲’等，《書經》凡用四傲字，皆訓慢，則三古舊訓如是矣。聲轉爲桀傲，或作傑傲，皆後世衍益之詞。”[26]驕，又作喬，憍。傲，又作敖、慠。《離騷》：“保厥美以驕傲兮。”王逸注：“倨簡曰驕，侮慢曰傲。傲，一作敖。言宓妃用志高遠，保守美德，驕傲侮慢。”“選耎”或與“驕傲”一詞相似。

三　方俗記音詞

方俗口語詞多只記音不表義，字形不定，其中有一些方俗口語詞在後來的詞義演變中成爲通語詞，音義與詞形結合而趨于固定。如據《方言》載：“茫，矜，奄，遽也。吴揚曰茫。”郭璞注：“今北方通然也。”從《方言》和郭璞注可知西漢時吴揚方言表示“急遽、匆促”義的記音詞“茫”到晉代已與北方通用。茫，後又可寫作“忙”。“忙”的本義爲“憂慮、害怕”，與“慌”是同源字。如《樂府詩集·木蘭詩》：“出門看火伴，火伴皆驚忙。”[27]例中“驚忙”一詞即“驚慌”，形容了木蘭的夥伴大吃一驚時茫然不知所措的迷惘狀貌。“忙”由心理上的“茫然不知所措”義引申而有行動上的“慌張、忙亂”義，又由“慌張、忙亂”義引申有“急遽、匆促”和“事情多，没有空閑”義。如王充《論衡》卷二十八《書解篇》：“著作者思慮間也，未必材知出異人也。居不幽，思不至，使著作之人，總衆事之凡，典國境之職，汲汲忙忙，或（何）暇著作?”[28]例中“汲汲忙忙”意謂急迫匆促，忙得没有空閑。又如《齊民要術》卷七《笨麴並酒》：“大凡作麴，七月最良，然七月多忙，無暇及此。”例中“忙”與“無暇”對文，“忙”亦即“無暇”。宋以後，“忙”原所表“憂慮、害怕”義漸趨于消亡，因“茫”、“忙”可相通，“忙”漸取代了原表“遽”這一詞義的記音字“茫”，二字由相通而分工各司其職[29]。

也有一些通語詞由于詞義演變而在方俗口語中成爲記音詞。如上海話中有形容天氣窒悶或心裏煩悶難受但又無法言説這一詞語，閔家驥和范晓等先生編《簡明吴方言詞典》和許寶華和宫田一郎先生主編的《漢語方言大詞典》記其音爲“挖塞［uaʔ⁵səʔ⁵］”[30]，許寶華和陶寰先生編纂的《上海方言詞典》記作“曷塞［əʔsə］”、“殟塞［uəʔsə］”[31]。吴連生先生《吴方言詞考》認爲“表示這一詞義的詞，在古代漢語裏則有‘於邑’、‘於悒’、‘抑鬱’等。”“挖塞實即於塞、邑塞、悒塞、抑塞和鬱塞。”如《吕氏春秋》卷二十《達鬱》：“故聖王之貴豪士與忠臣也，爲其敢直言而決鬱塞也。”又如杜甫《短歌行贈王郎司直》：“王郎酒酣拔劍斫地歌莫哀，我能拔爾抑塞磊落之奇才。”於、邑、鬱、抑與挖均屬影母，聲同[32]。

四 音譯外來詞

音譯外來詞最初也只記音不表義，字形不定，其中有一些音譯外來詞在後來的詞義演變中詞形逐漸固定，産生意義上的聯想而趨于表意，甚至成爲構詞的詞根。

如“毾㲪”是西域一帶人們對毛毯的音譯詞，毯可以看作毾㲪的省略形式[33]，指用來鋪蓋或張掛的御寒或裝飾的織物，又寫作“㲮”、“毹”、“緂”、“毲”、“菼”、“緂”，皆爲其記音字。一般認爲“毯”字唐代始見[34]，實際上南北朝時“毯”字已出現。考新疆維吾爾自治區吐魯番縣阿斯塔那一號墓出土文書中載有“罰毯貳拾貳張入官”[35]，據此墓同時出土的《隨葬衣物疏》所載，其時爲嘉興二年（418）。“毯”自南北朝問世後，經歷了與“㲮”並存及與“毹”、“緂”等混用的演變，後作爲詞根可組成壁毯、地毯、毛毯等詞[36]。

今天我們吃的“酥餅”的“酥”，最初寫作“蘇”，《説文》未收，王力先生《漢語史稿》指出其爲西域借詞，指從牛奶或羊奶内提出來的脂肪[37]。如西晉竺法護譯《正法華經》藥草品第五：“譬如陶家，埏埴作器，或盛甘露蜜，或盛酪蘇麻油，或盛醴飲食。”又如《新唐書·南蠻傳上·南詔上》：“婦人不粉黛，以蘇澤髮。”考希麟《續一切經音義》卷七釋《金剛壽命陀羅尼念誦法》中“搵蘇”載：“下素姑反。紫蘇草也。按經‘搵蘇’字合作‘酥’。《切韻》：酥，乳酪也。”可見宋遼時酥的乳酪義已融入漢語中，故希麟認爲“蘇”字應作“酥”，後又引申有“鬆脆”義和“肢體發軟發麻”義。

漢語中的“塔”是佛教東傳後出現的外來詞，梵語原文爲stupa，譯作“窣堵坡、蘇偷婆”等；巴利語爲thupa，譯作“塔婆”。後“stupa”的音節縮略爲“tupa”，又可譯作“兜婆、偷婆”等，“塔”是“塔婆”之省稱[38]。《説文新附》云：“塔，西域浮屠也。”鄭珍《説文新附考》曰：“塔字初亦止借鞈，齊、梁間乃有塔字，葛洪始收之。”[39]據我們檢佛經所載，實際上“塔”早在東漢時已出現，並可組成“寶塔”一詞。如支婁迦讖譯《道行般若經》卷二：“佛言：復置是三千天下七寶塔。”後又以其爲詞根而組成“塔廟”、“電視塔”、“水塔”等詞。

我們今天外出乘出租車説“打的”，“的”爲英語taxi的音譯“的士”的省略，在“的哥”、“的姐”、“面的”、“貨的”等詞中也已成爲可表意的詞根[40]。

漢語中“嘍囉”這個記音詞的演變也很值得一提，實際上此詞並不是單純的外來詞，而是由記梵文四流元音Ṛ、Ṝ、Ḷ、Ḹ的魯、流、盧、樓或囉囉哩哩等逐漸凝固成詞，又寫作婁羅、嘍羅、僂儸等。據唐段成式《酉陽雜俎》

續集卷四載:“予讀梁元帝《風人辭》云:‘城頭網雀,樓羅人著。’則知樓羅之言起已多時。一云‘城頭網張雀,樓羅人會著’。”又據宋吴曾《能改齋漫録》卷一《事始·樓羅》載:“《南史·顧歡傳》云:‘蹲夷之儀,婁羅之辨。’又《談苑》載朱貞白詩云‘太婁羅’,乃止用婁羅字。”[41]段成式指出北齊時已有此語,檢《北史》卷二十四《王昕傳》載:“嘗有鮮卑聚語。崔昂戲問昕曰:‘頗解此不?’昕曰:‘樓羅樓羅,實自難解。’”王昕是南北朝時北朝魏、齊間人,據《北史》所載,“樓羅樓羅”當爲形容鮮卑語的語音,王昕等漢人認爲“實自難解”。又檢梁蕭子顯《南齊書》卷五十四《顧歡傳》載:“夫蹲夷之儀,婁羅之辨,各出彼俗,自相聆解,猶蟲嚾鳥呫,何足述效。”顧歡是南朝時的道士,《南齊書》所載是其在《夷夏論》一文中譏諷佛經所用梵文要分清“婁羅之辨”,梵語經文在漢人聽來“猶蟲嚾鳥呫”。據梁釋僧佑《弘明集》卷七載,南朝宋佛教信徒朱廣之撰《咨顧道士〈夷夏論〉》一文,曾反唇相譏説:“想兹漢音,流入彼國,復受‘蟲喧’之尤,‘鳥聒’之誚,‘婁羅之辯’亦可知矣。”[42]由此可知“樓羅”、“嘍囉”、“婁羅”等皆爲表示外族語的記音詞,最早見于南北朝時期,用以形容外族語的語音不易分辨。

考梁釋僧佑《弘明集》卷六載其時謝鎮之《與顧道士書·折夷夏論》説:“至如全形守祀,戴冕垂紳,披毡繞貝,埋塵焚火,正始之音,婁羅之韻。此俗禮之小異耳。今見在鳥而鳥鳴,在獸而獸呴,允執萬之一音,感異類而殊應,便使夷夏隔化,一何混哉。”[43]謝鎮之指出漢語的“正始之音”和梵文佛經的“婁羅之韻”只是“俗禮之小異耳”。又考唐杜佑《通典》卷一百四十二《樂二·歷代沿革下》論述胡聲時説:“按此音所由,源出西域諸天諸佛韻調,婁羅胡語,直置難解。况復被之土木?是以感其聲者,莫不奢淫躁競,舉止輕飈。或踴或躍,乍動乍息,蹻腳彈指,撼頭弄目,情發于中,不能自止。”杜佑所説“諸佛韻調,婁羅胡語”即梵語和西域諸國之語的語音。又據宋羅泌《路史》卷八《祝誦氏》載:“求五音而不得,則益之以二變。合十二律而不協,則載之以四清。立四通,制留尺,倚歌梵唄,婁羅悦般,而風雅進矣。”羅泌指出“倚歌梵唄”,其音“婁羅悦般”。據謝鎮之、杜佑和羅泌所説,“婁羅”一詞則與梵語的語音密切相關。

據謝靈運所撰《十四音訓》云:“《大涅槃經》中有五十字,以爲一切字本。”“其十二字，譬如此間之言；三十四字，譬如此間之音。”“又四字非世俗所常用，故别列在衆字之後。”[44]謝靈運所説世俗非所常用的四個字爲“魯、流、盧、樓”[45]，又作“魯、留、盧、婁”，亦即梵語中的ṛ、ṝ、ḷ、ḹ四個字母。這四個字母本來是以響亮的輔音作音節主元音用，分爲兩組，ṛ、ṝ是舌濁音，ḷ、ḹ爲齒濁音，每組中的兩音有長短之别（有“-”號者爲長元音，無“-”號者爲短元音）。梵語中的ṛ、ṝ、ḷ、ḹ四個字母又有中天竺本與東天竺本的不同譯音，唐釋慧琳在其所撰《一切經音義》卷二十五轉録並删補雲公《大般涅槃經音義》中辯文字功德及出生次第時指出，梵文“總有五十字，從初有一十二字，是翻字聲勢；次有三十四字，名爲字母；别有四字，名爲助聲”。此名爲助聲的四字“用補巧聲，添文處用，翻字之處輒不曾用，用亦不得，所謂乙上聲微彈舌乙難重用取去聲引力短聲力去聲長引不轉舌。此四字即經中古譯魯留盧婁是也”。認爲《大般涅槃經》是北涼曇無讖法師依龜兹國胡本文字翻譯，因而與中天音旨不同，取捨差别。“言十四音者，錯之甚矣。誤除暗、惡兩聲，錯取魯留盧婁爲數。”又自述“幼年亦曾禀受安西學士稱誦書學，龜兹國悉談文字實亦不曾用魯留盧婁，翻字亦不除暗惡二聲”[46]。考曇無讖所依龜兹國胡本爲其時所傳《大般涅槃經》的東天竺本，慧琳“弱冠歸于釋氏，師不空三藏”[47]，屬密宗一派。據慧琳所説，其所依爲中天竺本，中天竺本與東天竺本“音旨不同，取捨差别”，故魯留盧婁又譯爲乙乙力力[48]。由此可知，“魯、流、盧、樓”是梵文ṛ、ṝ、ḷ、ḹ四個字母的音譯漢字，故在不同年代和不同方言中有不同的音譯。

由于這四個音在漢語中很難表示，故俞敏先生《等韻溯源》一文曾考證有“念這四個音帶u音色像《悉曇集紀》引謝靈運就作‘魯、流、廬、樓’”，也有“念ṛ·ṝ後頭帶i元音”，如《悉曇集紀》附《林記》引古經本作“梨、梨、樓、樓”[49]，南朝宋慧嚴譯《大般涅槃經·文字品》中此四音亦爲“魯、流、廬、樓”，慧遠又正音爲“億、力、伊、離”，不空、空海譯《悉曇章》作“哩、哩、唱、呬”，禪宗語録又作囉囉哩哩等。梨梨、樓樓、囉囉、哩哩等的重複，表明ṛṝ、ḷḹ不易辨别。由此可知南朝道士顧歡在《夷夏論》一文中所説“婁羅之辯”是意在以ṛ、ḷ之音難以區别來表明梵語難解，從而譏諷佛經所説不足述效，而“嘍囉”、“婁羅”、“樓羅”等記音詞的語源則與梵語助聲

r̩、r̩̄、l̩、l̩的譯音有關。

由梵語r̩、r̩̄、l̩、l̩最難辨別，故記其音的縮略形式“婁羅”等詞可用以表示語音含混的“難解”義，而源于梵文r̩、r̩̄、l̩、l̩的“囉囉哩哩”等語又含有祈福禳災之寓意，因而能分辨梵語r̩、r̩̄、l̩、l̩之音，懂梵語和會説梵語的人能祈福禳災，要比常人聰明穎悟，故“婁羅”等記音詞引申而有“精明干練”義。據文獻記載，此義至遲在唐代已有使用。如拾得詩之四十七：“嗟見多知漢，終日枉用心。歧路逞嘍囉，欺謾一切人。”由“婁羅”的“精明干練”義引申又可指“英雄豪傑”。考後晉劉昫《舊唐書》卷一百九十五《迴紇》載：“代宗御宣政殿，出册文。加册（迴紇）可汗爲登里頡咄登密施含俱録英義建功毗伽可汗，可敦加册爲婆墨光親麗華毗伽可敦。頡咄，華言社稷法用。登密施，華言封竟。含俱録，華言婁羅。”[50]據劉昫所説，其時“婁羅”一詞已作爲漢語詞語來解釋迴紇語，有褒義的“好漢”義。此義始見于唐代，如《敦煌變文集》卷五《無常經講經文》：“少年休更騁婁羅，限來也被無常取。”由“英雄好漢”義引申則可指緑林好漢，在元明戲劇和小説中也用以稱緑林强盜的部下。如《盆兒鬼》第二折：“誰着你燒窯人不賣當行貨，倒學那打劫的僂儸。”

五 結 語

漢語的詞是形音義三者的結合體，詞義是核心，詞音是外殼，詞形是標志，音爲義設，形爲義存。詞的意義是説話的人和聽話的人所共同了解的詞所反映的事物、現象或關係。混沌之初，詞義在人們大腦中的形成過程可以説也就是應用這種語言的集體在使用過程中約定俗成。有了最初的一些約定俗成的認識，然後就由此及彼，由已知到未知，順循人們認識周圍世界的認知規律，逐漸形成了隨着時代和社會的發展而演變發展的詞義系統。人們認知世界的表徵是詞彙，認知世界的實質是意義。因此，詞彙的系統，實質上是詞義的系統，詞彙的核心是詞義。客觀世界事物與事物之間有聯繫，新認識的事物與已認識的事物之間有聯繫，反映到詞義上，詞義與詞義之間就有了聯繫，新詞義與舊詞義之間也就有了聯繫。人們對客觀世界認知的過程不是機械的、照相式的反映，而是能動的認識世界，詞義是和人們對世界的認知緊密聯繫着的。

詞的語音是語言的物質外殼，詞義必須借聲音才能表達。作爲詞的形體的文字，就其本質而言，僅僅是記録和傳達語言的書寫符號。作爲詞形標志的漢字也只是詞的書寫符號。在約定俗成表示某個詞義之前，字與意義之間並没有必然的聯繫，但是由于漢字特有的表意特性，當其以自己的形體表示某個詞義時，形與義之間就會有一定的聯繫，字在一定程度上也就具有了表意的語言功能。因而，漢字不僅僅是書寫的符號，在某種程度上也是體現詞義的物質外殼。誠如索緒爾曾指出："語言和文字是兩種不同的符號系統，後者唯一的存在理由是在于表現前者。"然而，"對漢人來説，表意字和口説的詞都是觀念的符號，在他們看來，文字就是第二語言"[51]。因而，漢語詞的音義演變往往與記録其詞形的漢字也有關聯，研究漢語詞彙必須形音義三者結合，即段玉裁在《廣雅疏證》序中所説："小學有形，有音，有義，三者互相求，舉一可得其二；有古形，有今形，有古音，有今音，有古義，有今義，六者互相求，舉一可得其五。"[52]研究漢語記音詞同樣也需要形音義"三者互相求"，古形今形、古音今音、古義今義"六者互相求"，即既不拘泥于形而望文生訓，又能從形音義着手，探明音變和意義上的聯想引起的形變造成詞義撲朔迷離的線索，理清有些看似多形異義實則互有關聯的記音詞的詞義演變脈絡，揭示語言發展的某些規律。

注　釋

① 許維遹《吕氏春秋集釋》卷十八按："《文子·微明篇》輿謣作邪許，《淮南》同，他籍或作邪所，聲近而義同。今北方共著力于一事者，猶有勸力之歌。"中國書店1985年版，第19頁。晏鴻鳴《"歇和"探源》指出："幾種典籍時代接近，記載相似，是這個詞在此期公認的語義。"《語言研究》2006年第3期。考《清史稿》卷三百六十一："防邊之道，兵民相輔。""來則痛擊，去則修邊。前戈矛，後邪許。"例中"邪許"除有"修邊"時的"勸力之歌"外，還有"痛擊"時的"助威之聲"的語義。

② 《梁書》標點本校勘記："'野虖'，《南史》作'邪呼'。按'野虖'、'邪呼'並狀衆讙叫聲，詞異而義同。"中華書局1973年版第185頁。

③ 唐李延壽《南史》卷五十五《曹景宗傳》："臘月于宅中使人作邪呼逐除，徧往人家乞酒食。本以爲戲，而部下多剽輕，因弄人婦女，奪人財貨，帝頗知之，景宗懼乃止。"中華書局

1975 年版第 1357 頁。

④ “雲”，似爲“雩”之訛。《漢語大詞典》據此而立有“野雲戲”一詞，釋爲“大儺的別稱”。

⑤ 陳剛《關于“媽虎子”及其近音詞》一文認爲北京話裏的“媽虎子”一詞來自江淮地區，在詞義上又與其他近音詞相混。這些近音詞還包括滿語的詞在内。如果進一步作廣泛調查，也許可以發現以“m-h-”形式構成的“人、獸、鬼”名稱還有不少，各地詞義交錯的情形也許更複雜些。《中國語文》1986 年第 5 期。

⑥ 參許寶華和宮田一郎《漢語方言大詞典》，中華書局 1999 年版第 5704 頁。丁惟汾《俚語證古》卷十二《獸》：“威嚇小兒，每云吼子來了。吼字當作夒（古音讀吼）。”又“狼謂之‘麻虎’。‘麻虎’爲‘貗虎’之雙聲音轉。《爾雅·釋獸》：‘貙獌似狸。’《釋文》引《字林》云：‘獌，狼屬。一云貙也。’虎，謂其如虎食人也。”齊魯書社 1983 年版，第 270 頁和第 273 頁。張文質《“媽虎”釋義》一文認爲“媽虎雖然又叫毛猴，但它既不是虎，也不是猴，而是狼”。《河北師範大學學報》1989 年第 3 期。

⑦ 吴慶峰《“麻胡”討源》，《山東師範大學學報》1983 年第 3 期。

⑧ 《南史》卷四十《劉胡傳》：“劉胡，南陽涅陽人也，以面坳黑似胡，故名坳胡，及長單名胡焉。”中華書局 1975 年版第 1028 頁。

⑨ 宋曾慥《類説》卷二十九《麻胡》亦云：“俗怖嬰兒曰麻胡。隋將軍麻祜，性酷虐，稚童互相恐嚇曰麻祜來，轉祜爲胡。如憲宗朝涇將郝玼，番中皆畏其威，嬰兒啼者以玼怖之則止。武宗朝孩孺相脅云薛尹來者類此也。”又卷四十《麻胡恐小兒》：“後趙石勒將麻秋性獻險，太原胡人也，有兒啼，母輒恐之麻胡來，啼聲絶，至今以爲故事。”《十六國春秋》卷二十二《麻秋》：“麻秋，太原胡人也。仕勒爲征東將軍。虎世爲涼州刺史。率衆伐涼，互有勝敗。秋植性虓險鴆毒，有兒啼，母輒恐之曰：麻胡來。啼聲遂絶。”宋高承《事物紀原》卷十《麻胡》云：“《朝野僉載》曰後趙石勒將麻胡性虎險鴆毒，有兒啼每輒恐之麻胡來啼聲絶。《本草拾遺》曰煬帝將幸江都，命麻胡浚汴河，以木鵝試波深淺，止皆死。每兒啼言麻胡來即止，人畏若是。《演義》曰今俗以麻胡恐小兒，俗傳麻胡祜爲隋煬帝將軍開汴河，甚毒虐，人多懼之。胡、祜聲相近，以此呼之耳，誤矣。《會稽録》云會稽有鬼號麻胡，好食小兒腦，遂以恐小兒。若麻祜可以恐成人，豈獨小兒也。”《金史》卷一百十一《赫舍哩約赫德傳》：“（赫舍哩約赫德）以屢敗宋兵，威震淮泗，好用鼓椎擊人，世呼曰盧鼓椎。其名可以怖兒啼，大概如呼麻胡云。”明徐應秋《玉芝堂談薈》卷六《同姓事相類》：“怖小兒之麻胡，前有秋，後有佑（祜），又有劉胡及鬼，俱曰麻胡，凡四見。”

⑩ 馬叙倫《讀書續記》，商務印書館民國二十年版第 20 頁。

⑪ 魯迅《朝花夕拾·〈二十四孝圖〉》，人民文學出版社 1956 年版第 232 頁。魯迅在《後記》

中又説："我在第三篇講《二十四孝圖》的開頭，説北京恐嚇小孩子的'馬虎子'應作'麻胡子'，是指麻叔謀，而且以他爲胡人。現在知道是錯了，'胡'應作'祜'，是叔謀之名，見唐人李濟翁的《資暇集》卷下，題云《非麻胡》。"

⑫《玄應音義》今傳本主要爲磧砂藏、趙城藏、麗藏本等釋藏本和莊炘、錢坫等校刻本，各本及慧琳《一切經音義》中所轉録部分皆略有不同，大致分爲磧砂藏和麗藏本兩個系列。詳參拙文《玄應音義各本異同考》，《文史》2004 年第 4 期。此據麗藏本，磧砂藏本和莊炘、錢坫等校刻本無此條。

⑬《漢書》，中華書局 1962 年版第 1353、1354 頁。

⑭《後漢書》，中華書局 1965 年版第 3034 頁。

⑮ 參吴慶峰《"麻胡"討源》，《山東師範大學學報》1983 年第 3 期。

⑯《漢語大詞典》釋此義引清陳康祺《郎潛紀聞》爲首見例，偏晚。

⑰ 周作人《苦竹雜記·模糊》一文説，模糊今俗語云麻糊，或寫作馬虎。我想這不必一定用動物名，還是寫"麻糊"字，而南北可通用。劉瑞明《"馬"與"狗"的諧音示虚趣難詞》一文認爲"模糊"最早本是"麻糊"的寫法。"麻糊"見字明義，是真實理據，而"馬虎"是隱實趣寫。《寧夏大學學報》2002 年第 2 期。

⑱ 吴連生《吴方言詞考》認爲"耶耶乎"字應作"約約乎"。"約"有"大概、差不多"義。"約約乎"便是"差不多"的意思，引申爲馬馬虎虎。漢語大詞典出版社 1998 年版第 37 頁。

⑲《清稗類鈔·上海方言》："呀呀糊，糊塗也。"

⑳ 參李榮主編《上海方言詞典》，江蘇教育出版社 1997 年版第 333 頁。

㉑ 吴方言中表示程度嚴重或令人吃驚之義又有記音詞"夜夜和"一詞，如："一件衣裳要一萬塊，真是夜夜和哉。"參汪平《〈蘇州方言詞典〉補遺》，載《吴語研究》，上海教育出版社 2003 年版第 124 頁。

㉒ 蔣禮鴻《敦煌變文字義通釋》，上海古籍出版社 1997 年增補定本第 324 ~ 326 頁。

㉓ 載《俗語言研究》第四期。辛嶋静志在注文中説玄應對《大樹那羅王所問經》中"頗峨"一詞的解釋卻不同，檢原文，此爲慧琳所釋，玄應無此釋文。

㉔ 本文所據《慧琳音義》爲上海古籍出版社 1986 年影印獅谷白蓮社藏版《正續一切經音義》本，以頻伽精舍本和日本大正新修《大藏經》本參校。參拙文《慧琳一切經音義各本異文考》，《傳統中國研究集刊》第三輯，上海人民出版社 2007 年。

㉕ 顔洽茂《魏晉南北朝佛經詞釋》説徐灝《説文解字注箋》"謂巽乃古選字，是；分訓'選耎（懦）'則非，蓋連綿字不可分解也"。《杭州大學學報》1996 年第 1 期。

㉖ 姜亮夫《楚辭通故》，雲南人民出版社 1999 年版第 628 頁。

㉗ “火伴皆驚忙”，逯欽立輯校《先秦漢魏晉南北朝詩》收在梁詩卷二十九横吹曲辭中，作“火伴始驚惶”。沈德潛選録的《古詩源》收在卷十三梁詩樂府歌辭中，作“火伴皆驚惶”。惶，據逯欽立注云：“《古文苑》、《樂府》作忙。”又聶世美、倉陽卿校點《樂府詩集》所録此詩前載曰：“《古今樂録》曰：木蘭不知名。浙江西道觀察使兼御史中丞韋元甫續附入。”（上海古籍出版社 1998 年版第 307 頁）考《古今樂録》爲隋釋智匠編，韋元甫則爲唐大曆年間人。檢《先秦漢魏晉南北朝詩》所録此詩前載曰：“《詩紀》云：《古今樂録》曰：木蘭不知名。浙江西道觀察使兼御史中丞韋元甫續附入。又云：《古文苑》作唐人木蘭詩。”蓋《詩紀》爲明人馮惟訥所編，“浙江西道觀察使兼御史中丞韋元甫續附入”當爲《詩紀》之文。

㉘ 劉盼遂《論衡集解》，古籍出版社 1957 年版第 562 頁。

㉙ 參拙文《“忙”和“怕”詞義演變探微》，《中國語文》2004 年第 2 期。

㉚ 閔家驥和范曉等編《簡明吴方言詞典》，上海辭書出版社 1986 年版第 203 頁；許寶華和宫田一郎主編《漢語方言大詞典》，中華書局 1999 年版第 4037 頁。

㉛ 李榮主編《現代漢語方言大詞典 · 上海方言詞典》，江蘇教育出版社 1997 年版第 348 和第 355 頁。

㉜ 吴連生《吴方言詞考》，漢語大詞典出版社 1998 年版第 50 ~ 51 頁。

㉝ 據《廣韻》，毾的中古音爲吐盍切，盍韻透母入聲；㲪爲都藤切，登韻端母平聲。毯的中古音爲吐敢切，敢韻透母。毯和毾爲陽入對轉，毾㲪又省略爲毯。

㉞ 黄金貴《古代文化詞義集類辨考》説：“據今人賈應逸等所考，‘毯’字唐代始見；而‘地毯’連稱，要到元代。大抵合情。至今未見唐以前用‘毯’字的材料。”上海教育出版社 1995 年版第 644 頁。

㉟ 國家文物局古文獻研究室等編《吐魯番出土文書》第一册，文物出版社 1981 年版。這些文書現藏于新疆博物館和吐魯番地區文物保管所。

㊱ 參拙文《説“毯”》，香港《中國語文通訊》總 67 期，2003 年。

㊲ 王力《漢語史稿》，科學出版社 1958 年版第 518 頁。

㊳ 參季羨林等校注《大唐西域記》，中華書局 2000 年版第 105 頁。

㊴ 王力《漢語詞彙史》指出：“塔字最初見于晉 · 葛洪的《字苑》。這個名詞的産生大約在魏晉時代。”並舉《魏書 · 西域傳》爲例。商務印書館 1993 年版第 18 頁。

㊵ 參拙文《説“打的”》，香港《語文建設通訊》總 75 期，2003 年。

㊶ “又《五代史 · 劉銖傳》云：‘諸君可謂僂羅人也。’乃加人焉。以上皆朝英説，然予以爲此説久矣。北齊文宣帝時已有此語。王昕曰：‘樓羅樓羅，實自難解。’蓋不始于梁元帝之時，以表考之梁簡文帝即位，是歲己巳。次年庚午，北齊宣帝即位，至壬申年梁元帝方即

位。今據《緗素雜記》以樓羅事引梁元帝《風人辭》爲始，不當，蓋元帝在宣帝之後。”參見《北史》卷二十四《王昕傳》。

㊷ 上海書店 1989 年影印四部叢刊初編第 81 册第 10 頁。

㊸ 同上書，第 25 頁。

㊹ 梵文究竟有多少字母，各家説法不一，大致有 42 言、46 言、49 言、50 言、51 言、52 言等幾種説法。參安然《悉曇章》序，《大正新修大藏經》第 84 册。

㊺ 安然《悉曇藏》卷五引，《大正新修大藏經》第 84 册第 409 ~ 410 頁。

㊻《正續一切經音義》，上海古籍出版社 1986 年影印獅縠白蓮社藏版第 984 ~ 990 頁。

㊼ 見景審《一切經音義》序，序又云其“内精密教，入于總持之門；外究墨流，研乎文字之粹。印度聲明之妙，支那音韻之精，既瓶受于先師，亦泉瀉于後學”。參拙著《慧琳音義研究》，上海社會科學院出版社 1997 年版。

㊽ 印度虔誠的佛教徒認爲中天是佛誕生的神聖之地。據《悉曇三密鈔》載，印度佛教徒除了中天派外，還有東天、南天、西天、胡地等派系。

㊾ 參俞敏《等韻溯源》，《音韻學研究》第一輯，中華書局 1984 年版。據季羨林《梵語佛典及漢譯佛典中四流音ṛ、ṝ、ḷ、ḹ問題》一文考證，ṛ、ṝ、ḷ、ḹ四個字母的發音，南天音多以 i 音收尾，北天音多以 u 音收尾。載《季羨林佛教學術論文集》，台北東初出版社 1995 年版。

㊿ 清顧炎武《日知録》卷二十四《樓羅》指出：“含俱録，華言婁羅也，蓋聰明才敏之意。”

51 見《普通語言學教程》，商務印書館 1980 年第 47 頁和第 51 頁。

52《廣雅疏證》，江蘇古籍出版社 1984 年版第 2 頁。

徐時儀，1953 年生。博士，上海師範大學人文與傳播學院教授、中國傳統思想研究所暨古籍研究所研究員，博士生導師。主要從事中國古典文獻學和漢語詞彙史的研究。

On the Evolution of Some Chinese Word that Records Its Pronunciation

Xu Shiyi

Summary

The word of Chinese is a unity that conjoint with its character, pronunciation and meaning. There are a lot complex relation in the Chinese word that records its pronunciation also. This paper discusses the evolution of some onomatopoeias, Chinese words consisting of two characters that often alliterated or rhymed, common sayings and loanwords. The study of these words has the special academic value in the history study of the Chinese and linguistic.

杭州飛來峰楊璉真伽像龕及其在元明時期的命運

常　青

楊璉真伽是活躍在元代初年（公元13世紀晚期）的西夏僧人。至元十四年至二十九年（1277～1292）左右，他擔任元朝江南釋教總統，是杭州地區地位最高的佛教僧官。當元政府以行政手段推行西藏喇嘛教信仰時，楊璉真伽便是這一政策在杭州地區執行的得力人物。由於元朝對佛教僧侶的特殊優待，使身爲僧官的他有機會插手政治。也正是由於政教方面的便利條件，使他能在飛來峰崖壁模擬佛與菩薩像的尺寸與組合造立自己及其追隨者的肖像。

飛來峰保存著杭州地區現存規模最大的石窟與摩崖造像群。現存最早的雕刻造於吳越國時期，有200件以上的造像屬宋代作品，還有100多件元代造像。造像中以羅漢群、布袋和尚、阿彌陀佛、觀世音、盧舍那，以及衆多的密教造像爲代表。飛來峰也是一處重要的元代漢藏佛教藝術地點，不少造像就是漢藏佛教藝術的綜合體。這些在中國雕刻史上占有重要地位的元代造像多是在楊璉真伽與其他高級僧侶及政府官員的主持與資助下完成的[①]。

根據明代文獻記載：楊璉真伽爲自己及兩位親信僧侶在飛來峰崖壁造了石刻肖像。這些文獻還記載在明代人們是如何砸毀這三尊像頭部，以表示對這三位邪惡僧人的憎恨。明人有條件看到比現存更多的文獻資料，也許是他們能夠確認楊璉真伽像位置的原因。但是，現存飛來峰崖面已無任何題記可以證實此事，就給我們尋找楊璉真伽像帶來了一定的困難。前輩學者們將楊璉真伽像定在了現編第73號龕，因爲龕中保存著飛來峰獨一無二的三位僧人像，正好可以對應在楊及其兩位追隨者的肖像身上。但是，由於該龕三像的原頭部均被毀壞，而現今的頭部是近代以來重做的，給有的學者帶來了一些迷惑。其實，這三尊造像的服裝與姿態也能幫助我們判斷它們的身份。

楊璉真伽石刻肖像之命運反映了漢人對楊的厭惡，這與楊在杭州所施的劣跡有關。對楊的憎恨也連累了飛來峰的藏傳佛教造像。再進一步而言，楊的肖像的命運也反映了元明時期民族間的政治衝突所帶來的對異族文化的抵觸情緒。爲探討這些問題，我將首先簡要介紹一下楊的歷史，與學者們一起對第73號龕題材進行判定，再從中國佛教藝術史的發展情況來分析這種肖像的淵源與肖像本身體現的宗教功能。之後，我將討論楊造立自己肖像的宗教動機，以及人們爲什麽要砸毁與重修他的肖像。爲使讀者們進一步了解這位歷史人物的真相，我將利用文獻資料在附録中討論楊的籍貫與他的稱號的來源。

一 歷史上的楊璉真伽

在歷史文獻中，我們很難找到更多的有關楊璉真伽的籍貫與民族背景的資料，也許是因爲他頗具惡名吧。即使他身爲元初江南佛教的最高首腦，在明代史書中我們也找不到爲他專門寫的傳記。因此，我們無從知曉他的生卒年月。在元明文獻中，他的名字被寫爲“輦真加”（有時“加”也寫作“伽”或“佳”），表現了對他少數民族名字的不同音譯。根據這些文獻可知，他是來自原西夏國統治地區的僧人，號“永福”[②]。

有些歷史文獻展示了楊璉真伽在元初官僚系統中的角色。Herbert Franke研究認爲：楊璉真伽是與他同樣聲名狼藉的桑哥的下屬，是生活在元初的西藏人[③]。《元史》中說：至元中，桑哥被任命爲總制院使，統領全國佛教及西藏事務。至元二十四年（1287），忽必烈又任命桑哥爲丞相並兼任總制院使。次年，元廷改總制院爲宣政院，仍以桑哥兼宣政使[④]。總制（宣政）院在全國下轄有26個分支機構，稱爲“行總制（宣政）院”，負責管理各地區的漢藏佛教事務。保存在飛來峰第99龕的題記稱楊璉真伽爲“行宣政院使”。

楊的故事被元明清時代的文人學者們廣爲傳抄，情節十分相似，極有可能是不斷重複著同一個資料來源。通過這些文獻，我們可以看出楊的佛教活動與他的劣跡。

楊的惡名主要來自他對南宋皇陵及宋室官員墓葬的盗毁。據《元史》記載：至元十四年（1277），忽必烈任命亢吉祥與怜真加加瓦爲江南釋教總攝，掌釋教[⑤]。這個怜真加加瓦就是楊璉真伽[⑥]。至元二十一年（1284），忽必烈批准了楊的挖掘南宋皇陵並利用所得財寶來修復天衣寺的請求[⑦]。南宋寧宗攢宮被毀，在墓上修建了一座佛寺[⑧]。當楊擄掠宋室陵墓財寶時，僧人福聞與允澤是他的得力助手。元人周密記述道：

> 至元二十二年（1285）乙酉八月，楊髠發陵之事，起於天長寺僧福聞號西山者，成於剡僧演福寺允澤號雲夢者。初，天長乃魏憲靖王[⑨]墳寺，聞欲媚楊髠，遂獻其事。旋又發魏王冢，多得金玉，以此起發陵之想。澤一力贊成之。俾泰寧寺僧宗愷、宗允等詐稱楊侍郎、汪安撫侵占寺地爲名，告詞出給文書，将带河西僧及凶党如沈照磨之徒部，領人夫發掘。時有中官陵使羅銑者守陵不去，与之竭力争執，爲澤痛箠，脅之以刃，令人逐去，大哭而出。遂先啟寧宗、理宗、度宗、楊后四陵，劫取寶玉极多，惟理宗之陵所藏尤多……或謂西番僧回回其俗以得帝王骷髅，可以壓勝致富，故盗去耳……至十一月發徽、欽、高、孝、光五帝陵，孟、韋、吴、谢四后陵……高宗陵骨發盡化略無寸餘，止錫器数件，端硯一隻，爲澤所得。孝陵……有玉瓶爐一副，古銅鬲一隻，亦爲澤所得。……（一村翁）移理宗尸时，澤在旁以足蹴其首，以示無惧。……聞既得志，且富不義之財，復倚楊髠势，豪奪鄉人産業，後爲鄉二十人伺道間屠而臠之，罪不加衆，各不過受杖而已。其宗恺与楊髠分贓不平，已受杖而死。宗允見为寺主，多蓄寶貨，豪霸一方。[⑩]

至元二十八年（1291）正月“尚書省臣桑哥等以罪罷”。二月，“復召御史臺及中書、尚書两省官辨論桑哥之罪”。“籍桑哥家貲”。五月，“遣脱脱、塔剌海、忽辛三人，追究僧官江淮總攝楊璉真伽等盗用官物”。“中書省臣麥朮丁、崔彧言：‘桑哥當國四年，諸臣多以賄進，親舊皆授要官，唯以欺蔽九重、朘削百姓爲事。宜令两省嚴加考覈，並除名爲民。’從之。”六月，“宣諭江淮民恃總統璉真加力不輸租者，依例徵輸”。七月，“桑哥伏誅”。十一月，“監察御史言：‘沙不丁、納速剌丁滅里、烏馬兒、王巨濟、璉真加、沙的、教化的皆桑哥黨與，受賕肆虐，使江淮之民愁怨載路。今或繫獄，或釋之，此臣下所未能喻。’帝曰：‘桑哥已誅，納速剌丁滅里在獄，唯沙不丁朕姑釋之耳。’”[⑪]

至元二十九年（1292）三月，對楊璉真加的罪行作了判決，《元史》卷十七《世祖本紀》云："初，璉真加重賂桑哥，擅發宋諸陵，取其寶玉，凡發冢一百有一所，戕人命四，攘盜詐掠諸贓爲鈔十一萬六千二百錠，田二萬三千畝，金銀、珠玉、寶器稱是。省臺諸臣乞正典刑，以示天下。帝猶貸之死，而給還其人口、土田。"忽必烈對他確實是非常寬容。至元三十年（1293）二月，"從阿老瓦丁、燕公楠之請，以楊璉真加子宣政院使暗普爲江浙行省左丞"。到五月間，才因"以江南民怨楊璉真珈，罷其子江浙行省左丞暗普"[12]。根據飛來峰藏傳佛教造像的題記，楊在杭州擔任高級佛教僧官至少要到至元二十九年（1292）[13]。

楊璉真伽在任江淮釋教總攝時，除如前所述，曾經挖掘宋室皇陵珍寶用以修復佛寺外，他還破壞了南宋宫殿，並在遺址上修建了一座藏式佛塔和五所佛教寺院。同時，他還在南宋皇陵遺址上建造了一座藏式佛塔[14]。根據明代田汝成在十六世紀的著述，這座藏式塔狀似寶瓶，俗稱"瓶塔"，高 200 丈，内藏 10 萬卷佛經與一萬尊佛與菩薩像。因其外表爲白色，故又稱爲"白塔"[15]。另外，楊璉真伽還對道教作了嚴厲的打擊。元人張伯淳記載道：從至元二十二年至二十四年（1285～1287），楊璉真伽將大約三十所道觀恢復爲佛寺（因爲它們以前即爲佛寺），使大約七八百道士皈依了佛教[16]。這種對道教的打擊是元初朝廷的一項宗教政策，而楊正是元室在江南執行這一政策的得力幹將[17]。

與此同時，楊璉真伽也促成了一些正常的有意義的佛教活動。其中之一就是主持刊印佛經《普寧藏》。楊的名字出現在了至元十六年（1279）奉獻僧官的名單之中[18]。另外，有一件佛經的佛説法圖版畫題明是由楊損資刻就[19]。據《元史》記載：在 1288 年，政府將杭州西湖作爲了佛教的放生池[20]。此事發生在楊的任期内，很可能與他的努力有關。身爲江南釋教總統的楊，不僅推行藏傳佛教信仰，也極力發展漢傳佛教。楊璉真伽在飛來峰以及杭州其他地區主持雕造了許多藏式佛教造像，許多漢人因此認爲他是一個提倡、支持並資助藏傳佛教的人物。然而，事實表明，楊在飛來峰也主持並出資雕造了許多漢傳佛教造像。此外，根據元代嘉興大中祥符禅寺僧人念常的記述，在至元二十五年（1288），楊曾率領江南漢傳佛教禪、密兩派僧人入朝，在忽必烈面前討論佛教問題[21]。實際上，楊對漢藏佛教的提倡，反映了元時藏傳佛教（薩伽派）在杭州的流傳。

二　飛來峰第73龕楊璉真伽像的確認

楊璉真伽爲自己與福聞、允澤在飛來峰造石雕肖像的故事主要根據明代文人的記述。明嘉靖二十二年（1543），杭州知府陳仕賢領衆擊毁了三像頭部，田汝成特撰寫"誅髡賊碑"的碑文，以志此事。碑文説：

> 西湖之飛来峰有石人三，元之總浮屠楊璉真伽、閩僧聞、剡僧澤像也。蓋其生時刻畫諸佛像於石壁，而以己像雜之。到今三百年，莫爲掊擊。至是，陳侯見而叱曰："髡賊！髡賊！胡爲遺恶蹟以蔑我名山哉。"命斬之，身首異處。聞者莫不霅然称快。[22]

馮夢禎記述了另一與楊璉真伽像有關的事件：

> 沈太守（沈應時，嘉靖四十年至四十三年，即1561至1564年爲杭州知府）遊飛来峰，見楊璉真伽像，怒命石工截其头。石工誤截地藏菩薩及侍者头，置獄中。[23]

由四川入杭州的張岱在他的短文《岣嶁山房小記》中也記載説：

> （天啓四年，即1624年）一日，緣（飛來峰前）溪走，看佛像，口口罵楊髡。見一波斯胡坐龕像，蠻女四五獻花果，皆裸形，勒石志之，乃真伽像也。余椎落其首，並碎诸蠻女，置溺溲處以報之。[24]

然而，根據飛來峰現存造像，我們可知張岱砸壞的石像是元代雕造的第91龕中的印度佛教著名僧人密理瓦巴（Virupa）及其女侍者像。不像張岱所記載的那樣，兩身女侍者像並不爲裸體。[25]

比較而言，田汝成的記述較爲可信。田是錢塘（今杭州）人，嘉靖五年（1526）進士，曾任南京刑部主事，並在西南地區任職多年。退休後返回杭州，遍遊西湖，寫成《西湖游覽志》[26]。從田的著述中可知，田應該是陳仕賢領衆擊毁三像頭部的目擊人之一，也是授命撰文記載此事件之人。從上述三人的記載來看，明代人相信楊璉真伽命石工在飛來峰造了他與福聞、允澤的肖像。馮夢禎與張岱所記屬於個人行爲，而田汝成所載則是公衆事件，且發生的時間早於沈、張二人的舉動。雖然田汝成並没有説陳仕賢確認楊璉真伽像的證據，但很有可能他們當年掌握著一些現今已不存在的證據。

當代中國學者根據田汝成的記載，試圖找到楊璉真伽像龕的具體地點。在第68號龕（即布袋與十八羅漢像龕）的左下側有一龕，爲現編第73號龕。該龕内造像題材不同於飛來峰元代其他龕像，是三尊僧人像：一坐二立（圖一）。1956年，宋雲彬認爲楊璉真伽像可能就是這三身像中的一身。因爲這三身像現有頭部，宋認爲明代的陳仕賢與張岱都找錯了鑿擊對象[27]。1958年，黄永泉也認爲如果第73龕包含著楊與福聞、允澤的肖像，那麽看來此三人的肖像是保存完好的，而陳仕賢當年在確認楊的肖像時犯了一個大錯[28]。1981年，王士倫與趙振漢同意上述説法，也認爲第73龕屬楊的肖像龕，但並非陳仕賢所毁之龕[29]。陳高華則對此有不同看法，認爲第73龕並非楊的肖像龕，因爲福聞與允澤只是楊的隨從而已，他們的肖像不可能像第73龕中的三身像那樣

圖一　飛來峰第73龕造像

與楊的像位於同一龕中[30]。陳有此觀點，可能是因爲不了解一尊主像與兩尊侍從像是經常位於同一龕中的。

1989 年，洪惠鎮通過仔細觀察第 73 龕的三尊像，最終確定了該龕就是楊與聞、澤的肖像龕，也是被陳仕賢砸壞的像龕。洪發現第 73 龕（原編第 44 龕）中現存三像的頭部均係後補，三個新頭像的石質與雕法同身體部分有明顯區别，而且粗陋不堪。主像的頭部用鐵棍作 X 形加固粘於壁上，胸部砍過並用灰泥填補；二侍從僧人的頭像與身體粘接處痕蹟同樣明顯（圖二、三）。這些都應該是陳仕賢將三像斬首的證據。從新頭像的雕刻風格和水平看，洪惠鎮認爲似近代之物[31]。我想，如果洪惠鎮之前的諸位學者發現了這三像頭部是後補之物，也許他們會將第 73 龕與陳仕賢的行動聯繫在一起。我同意洪的觀點。迄今爲止，還没有反對洪觀點的作品面世。

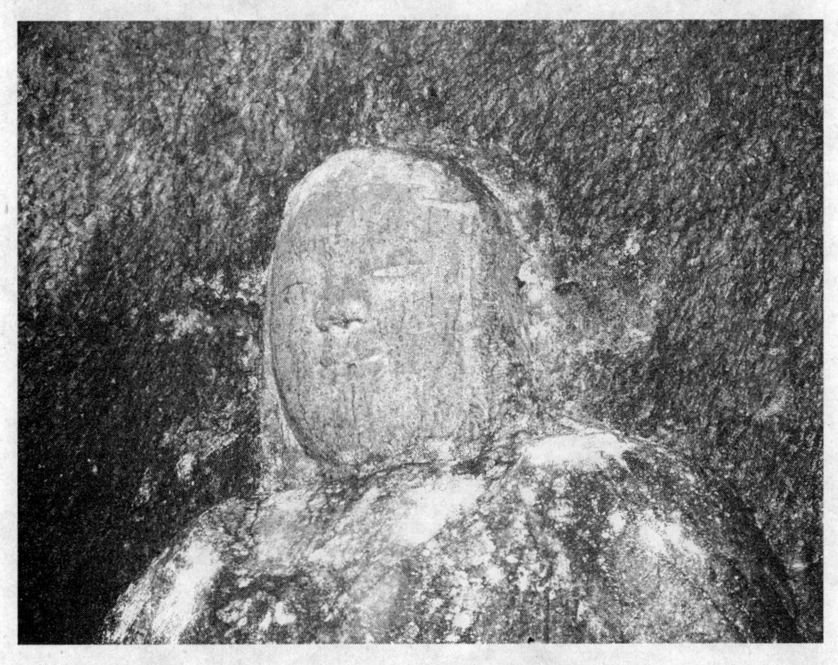

圖二　飛來峰第 73 龕主尊頭像

1995 年，勞伯敏發表論文認爲，明人是根據題刻來確認楊璉真伽肖像龕的位置的。他指出，飛來峰的許多元代龕像都有題刻，有些題記是刻在龕内右側壁。在第 73 龕内右側壁面有明顯的鑿毁痕跡，因此，勞認爲第 73 龕的造像

圖三　飛來峰第 73 龕右脅侍僧局部

圖四　飛來峰第 73 龕右側及左脅侍僧人像

記原來就刻在那裏。當陳仕賢擊壞三尊肖像時，這個造像記也同時被鑿毀了[32]（圖四）。如果這個假設可以成立，那麼明人對楊肖像龕的確認就更加可信了。

儘管楊的肖像龕題記已不復存在，但第 73 龕造像樣式仍可幫助我們來分析三尊像的身份。主尊坐像比兩尊脅侍立像明顯高大，這是爲了突出主尊身份而有意做的誇張處理。主尊身材健壯豐滿，寬肩，挺胸腹；所著內衣有兩袖，衣襟於胸前交叉並覆蓋雙肩；在內衣之上還著有另一件大衣，所不同的是，這件外大衣並没有覆蓋右胸及右肩部位。這尊主像還穿了一件袈裟，覆蓋雙肩。西藏喇嘛們富有製做藏傳佛教歷史上著名僧人形像的傳統，許多藏傳佛教高僧像都著有類似覆蓋雙肩的袈裟。在黑城發現的佛教藝術品中，一件大約製做於公元 13 或 14 世紀的唐卡即表現一位身披與第 73 龕主像類似袈裟的西藏喇嘛像（圖五）。在明清時期製做的藏傳佛教大師蓮花生（公元八世紀人）像也多穿類似的服裝，收藏在北京故宮博物院的一件清代黄銅蓮花生像即如此[33]。這種僧裝也被一些薩迦派僧人造像時所習用[34]。相反，在漢傳佛教造像中，我們見不到這種僧裝，表明它與西藏喇嘛的密切關係。

第 73 龕中的兩身脅侍僧人立像略側向主尊，這種造像組合在佛與菩薩及其脅侍像中是常見的（圖一）。與主尊相比，這兩尊僧人像的身體顯得矮瘦，分别手捧一物（可能是經書函）向着主尊，做隨時奉命的姿態。儘管他們的頭部是後代重新補做的，但原身體部分的比例很適度。二僧身穿交領式僧衣與袈裟覆蓋左肩與左臂，但均袒裸右臂。這是另一種西藏喇嘛們習穿的僧裝，可見於西藏邊霸縣邊霸寺收藏的一尊元代銅製喇嘛坐像（圖六）。另外，許多明清時期製做的西藏喇嘛像也穿這種袒露右臂的僧衣[35]。

通過對第 73 龕三像服裝的分析可知，它們的題材只有一種可能：三身與藏傳佛教有關的僧人像。唐宋時期，漢傳佛教僧侶就有在寺院與一些石窟中供奉佛教大師像的傳統，以紀念他們在傳播佛教方面的功德。例如唐宋禪寺中供奉的禪宗祖師畫像，以及飛來峰北宋第 28 龕禪宗祖師雕像等[36]。四川宋代大足寶頂等石窟中還流行雕造在唐末傳播獨門密教的柳本尊（844 ~ 907）像[37]。在元明清時期，藏傳佛教的僧人肖像常被供奉在寺院或洞窟中，被佛教信徒或這些大師的子孫們紀念與崇拜[38]。另外，在藏傳佛教藝術中，著名喇嘛的形像也可以在寺院或石窟、摩崖間與佛菩薩像並列受到人們的供奉。飛來峰第 91

圖五　黑城出土的西藏喇嘛像唐卡（公元 13 或 14 世紀）
俄羅斯聖彼德堡艾爾米塔什博物館收藏

龕中的密理瓦巴與他的侍從像即爲一例。元時的佛教滲入了許多政治色彩，特別是在元朝初年楊擔任江南釋教總統的杭州地區。地方行政官員無權過問楊璉真伽管轄範圍内的居民所受到的盤剥與逃避政府賦税的事，因爲楊是杭州地區

圖六　西藏喇嘛銅像（元代）

（西藏邊霸縣邊霸寺收藏）采自中國藏傳佛教雕塑全

集編輯委員會編《中國藏傳佛教雕塑全集 3-金銅佛 2》圖版 71

推行藏傳佛教信仰與藝術的最高首腦，而元朝宮廷對藏傳佛教有特殊優待。加之楊不是漢人，所以他很有可能在當年身穿藏式喇嘛服。那麼，第 73 龕中的主尊極有可能就是楊本人的肖像，展示了明人確定該龕爲楊的肖像龕的正確性。因此，龕内的兩身脅侍僧人立像就可以確定爲楊的得力助手——福聞與允澤的肖像。此二僧雖爲漢人，但因他們緊隨楊並幫着楊以非正常手段極力推行藏傳佛教信仰，還欺淩漢族同胞，因此在當年身穿象徵權勢與地位的藏式喇嘛服也當合乎情理。

三　楊璉真伽肖像的造形

根據美國學者 Richard Brilliant 的研究，肖像畫家們有時製做肖像是爲了達到利用對被畫者自身及他人所期望的敬重感令人滿意地描繪被畫對象的目的。這種目的性不僅僅被公衆與论而且被被畫者本人的自尊意識所鼓勵[39]。事實上，肖像有時帶給觀者的是一種錯誤信息，因爲有些肖像的繪製目的就是爲了有意拔高被畫者的形像。爲了提高被畫者的社會地位，他們的舉止與個性被誇張地描繪，即使這些肖像與被畫者在某種程度上仍有相似之處。這種藝術現象在西方與亞洲藝術中均有發現，其中就包括楊璉真伽的石雕肖像。根據中國佛教藝術史上的線索與元代佛教的特點，楊在佛教石窟與摩崖造像群中爲自己造立肖像的目的是爲了表達對自身聲譽的一種期望。由於其擁有的權勢與特殊地位，他的肖像在短暫的時期内達到了這個目的。

楊到底希望他的肖像表現一種什麽樣的形像呢？他下坐一個方形臺座，左腿盤於臺座上，右腿垂直下舒於臺座之前。他的右手展開，掌心向上，托一物於右大腿上。同時，他的左臂彎曲，左肘似支於一物之上，使身體略向左側斜倚。這種身姿一般爲唐宋石窟中的觀音與地藏菩薩像所慣用[40]，也可見於飛來峰第 99 龕中的元代藏式綠度母像與第 50 龕中的元代漢式觀音像[41]（圖七）。此外，一些藏式觀音像也有類似的體態，不見於一般僧人造像[42]。我們可以由此得出結論：楊希望他的肖像被信衆當作一尊菩薩像來加以崇拜。爲了達到這個目的，雕塑家運用了特殊的尺寸與體型去表現與誇大對楊的集權勢與慈善於一身的個性的理解。而雕塑家的這種理解很可能是在楊本人或其追隨者的指導下獲得的。在中國藝術史上，爲表現具有超人間能力但又具慈悲特性的佛與菩薩像，藝術家們采取了類似的表現手法。

作爲楊的脅侍，福聞與允澤像則與佛的二弟子或觀音的两位脅侍姿態相似。由於資料的缺乏，我们不知二像何者爲福聞，何者爲允澤。中國佛像常有

圖七　飛來峰第50龕觀音像與第49龕的善財童子（元代）

僧裝站立的二弟子像相伴，而菩薩像則常有二身站立的地位较低的菩薩像脅侍（圖八）。另外，我们也可以發現一些不常見的組合形式，如两身僧装弟子像脅侍一身菩薩像[43]。在龍門石窟中，一所唐代造像龕的主尊是與楊璉真伽肖像姿態相同的舒相坐菩薩像，它的脅侍爲站立的两身弟子与两身菩薩像[44]。相似的例子還可見於觀音的化身——僧伽像及其二身脅侍（圖九）。即使我们無法在飛来峰或其他地區找到直接的具有菩薩像坐姿的僧人像並两身脅侍僧人像的先例，上述像例所包含的思想也可以被視爲雕造楊與二僧肖像的極有可能的構思的渊源。楊与他的追随者或許正是希望人們把楊視爲一位菩薩的化身，具有與菩薩同等的宗教品質。同時，他們也希望人們把福聞與允澤視爲兩位侍奉楊的地位較低的菩薩的化身。

楊的這身肖像具有一些化身佛或菩薩像的性質。所謂化身佛或菩薩像，即把某位歷史人物的肖像製做得類似於一尊佛或菩薩像，或將一尊佛或菩薩描繪得具有某位歷史人物的特徵，以表示這位歷史人物的佛性，或表示該人物即某佛或菩薩的化身。這種化身像的思想早在元朝以前就已存在。北魏道人統法果

圖八　石雕菩薩三尊像（唐代）

寧夏固原須彌山石窟第105窟中心柱，采自中國石窟雕塑全集編輯委員會編《中國石窟雕塑全集5-陝西、寧夏》圖版213

認爲帝王就是當今如來，僧人應該對他們恭敬禮拜。因此，他提倡僧人們去崇拜北魏道武帝拓跋珪[45]。在這種思想影響下，後任的北魏佛教領袖師賢仿文成帝拓跋濬的形像雕造了一尊石佛像，還特意在佛的臉上和脚掌上各鑲嵌了一小塊黑石，以表示拓跋濬臉上與脚上的黑痣。北魏興光元年（454），僧侶們在京城五級大寺内爲道武帝及其以下的明元帝、太武帝、景穆帝、文成帝等五位皇帝各鑄造了一尊釋迦牟尼像，作爲這五世帝王的化身[46]。這一時期的化身像是以佛的形像爲主，被描繪者都是具有絶對權勢的帝王。

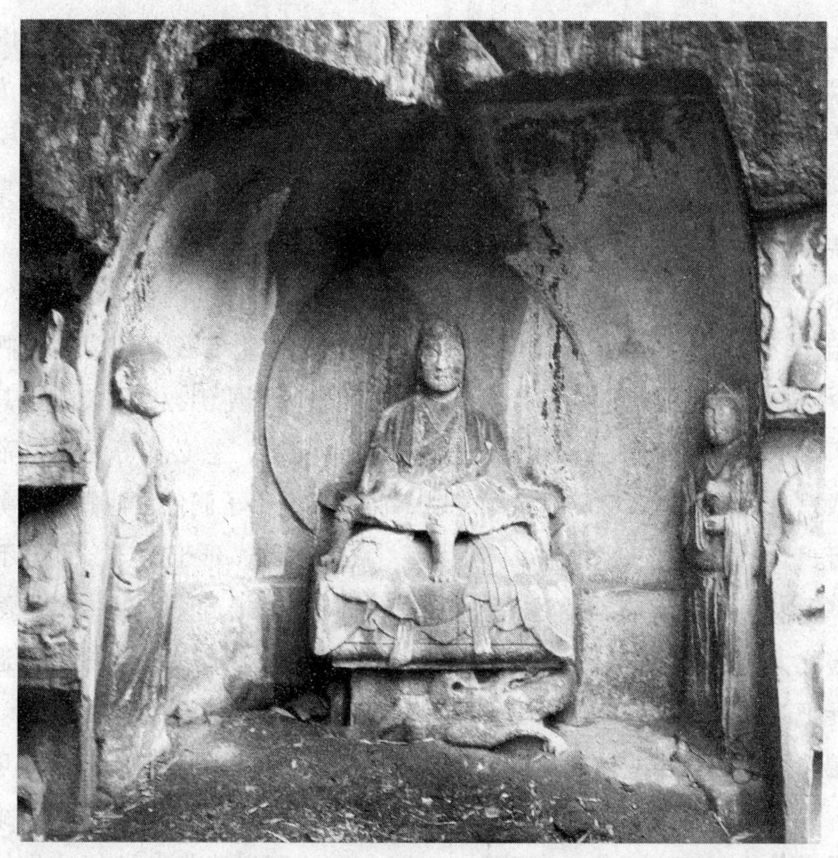

圖九　僧伽與二脅侍像〔南宋紹興二十二年（1152）〕
四川江津石佛寺石窟第4窟，采自中國石窟雕塑全集
編輯委員會編《中國石窟雕塑全集8-四川，重慶》圖版243

十世紀以後，印度佛教神祇成爲中國人物化身的說法更加深入人心，一大批佛與菩薩的中國僧俗化身應繼而生，彌勒化身契此，觀音化身僧伽、寶志、萬回，地藏化身金喬覺等即爲其中的代表[47]。與上階段不同的是，這些化身像均具佛教僧俗的形像特徵，被描繪者都是佛教大師，在世俗社會上没有權勢。

楊璉真伽像主要表現爲僧人形像，但同時具有菩薩像的特徵。類似的肖像可見於清代乾隆皇帝的化身像。美國華盛頓弗利爾美術館收藏了一件表現乾隆皇帝的唐卡。這幅唐卡正中是乾隆的喇嘛裝結跏趺坐正面像，被108位佛教人物圍繞。他右手捧一法輪，左手執長莖蓮花，花上托一劍，身體左側的長莖蓮花上托一本佛經，以表示文殊菩薩的象徵——經與劍[48]。我們可以看出楊璉真伽肖像與乾隆的文殊化身像的相似之處：均有菩薩像的坐姿與持物；保留着僧人服裝，以示與真正菩薩的區别；都是被描繪人在世時製做而成。乾隆與楊在社會上具有絶對的或一定的權勢，他們的肖像應該是上述兩階段中國化身像傳統的結合。

除了表現菩薩像特徵外，另一個激勵楊造立其肖像的因素應與元朝的佛教特點相聯繫。佛教僧侣（特别是西藏喇嘛）在社會上有很多特權，他們的這種社會優勢就反映在了楊的肖像之上。忽必烈崇尚藏傳佛教，不僅宣布其爲國教，還給予西藏喇嘛們許多特權。據《元史》記載，忽必烈等元朝皇帝相繼任命八思巴及其他西藏喇嘛爲帝師之職，而帝師的弟子們依仗他們的權勢多有不法行爲。他們“怙勢恣睢，日新月盛，氣焰熏灼，延于四方，爲害不可勝言”。《元史》的編纂者在描述這一現象時還特别以楊璉真伽的劣蹟爲例説明其危害之大[49]。楊的權勢給了他雕造自身的具有菩薩像姿態的肖像的機遇，還使他能把設立肖像的地點選在著名的佛教勝地並與其他佛、菩薩像並列。

楊造立自己肖像的最初動機也許是爲了使他的個人品質在未來達到理想化的境界，即爲自己獲取功德，去啟發人們對他的尊敬與崇拜，去表明並維護自己的社會地位。Roger Scruton 認爲：一幅肖像“可以瞄準並捕捉時代的判斷力，和表現它的主體在時間上的永恒”[50]。一般來説，和尚的職責是傳播佛法，他們希望能在有生之年爲自己及衆生建立一些功德。他們也希望人們能記住他們的功德以及他們的傳教經歷。古今僧人們的許多宗教活動表明：有時和尚們的主觀動機是爲了完成佛教賦予他們的使命，但其行爲所造成的客觀效果卻有時與“卑劣”二字相伴隨。换句話説，僧人們相信他們的行爲有其宗教意義上的合理性，不論其結果如何。有些和尚也能認識到他們的劣行，並希望自己有贖罪的機會。我無法推斷楊璉真伽的心態屬於哪種情形。楊是一位政治性的官僧，他把個人的政治企圖也注入到了他策劃或資助的佛教造像之中，以期用造立自身肖像的方式去向公衆表現他的宗教功德。

楊將自己的肖像刻意塑造成菩薩像的姿態，也是爲了激發信衆對他的敬畏與供奉。歷史上，具體的佛與菩薩像（包括觀音與地藏）之樣式在發展、變化着，而人們都熟悉他們所處時代的佛教神祇的樣式，並將這些樣式與這些神靈的宗教功能相聯繫。同樣，元代的佛教徒也知曉當時流行的佛教人物樣式，並隨處可見。菩薩，特别是觀音，是楊肖像模仿的範本。因此，楊的肖像展示着視覺上的宗教法則，以實現其宗教禮儀上的功能，與中國古代的其他僧人肖像有所不同。楊肖像的姿態與意義可以激發人們的崇拜意識，也可使人們聯想到他的精神永存於世，表現了爲借用一位菩薩之威力的自我設計。他也許希望觀者們如欣賞一尊觀音像那樣來欣賞他的肖像。但是，那畢竟是楊的肖像，並非實實在在的觀音像，于是該像就保留了楊的僧人服裝。也正因爲如此，楊的肖像被塑造者將其本質引向了一種高貴、智慧與神聖威力的理想境界。

楊的肖像也服務於第三個功能：表現他的崇高社會地位與名望。Richard Vinograd 論證説："肖像不可避免地與自我及身份的觀念與維護結合在一起。"[51]但是，如從楊的肖像身上看到的，"這樣的肖像積極地服務於掩飾或搞亂被表現者的真實身份，或者會破壞肖像的概念基礎"[52]。正如 Richard Brilliant 所説的，我相信"將人們置於一個社會環境内的所謂公正的位置總是需要一個很大程度上的在一個社會性遭遇中的參與者們的合作與共謀"[53]。楊璉真伽一定有類似的合作者與共謀者。第 73 龕三身像的組合不應是一種隨意的設計，而應是一個計劃周密的表現楊與二僧之間的密切關係的舉措。楊的社會與政治地位正被其肖像有意地傳達出來了，他希望通過他的肖像使其美好聲譽如同一位不懈努力的向人民傳教的佛教大師那樣不朽於人世。

如果説楊的肖像是一種以潔净的容器包裝其個人本質的方式，那麽這種方法用在他的身上曾經得到一些人的認可與欣然接受，至少一些奉承楊的官員甚至忽必烈本人是這樣的。爲了美化他的形像，楊與他的合作者們（包括雕塑家、政府官員及僧人）成功地完成了這件欺世之作。在元代初年他的任内，楊達到了使其肖像具有特定宗教功能的目的。但是，他卻無法預料在以後的日子裏其肖像的威力能持續多久。

四　元人對楊璉真伽的評價

在擔任江南釋教總統期間，楊既受到了贊揚，也遭到了批評。在佛教界與政界，他的一些支持者們贊譽他是一位傑出的傳播佛法的大師。當然，我們也不排除這裏面有阿諛奉承的一面。記載楊的佛教與造像活動的石刻銘文常常贊美楊的功德。例如，至元二十六年（1289），杭州靈隱寺僧人净伏爲楊在飛來峰出資雕造的一龕無量壽佛像（第89龕）撰寫了題記，他頌揚楊的功德說：

> 永福楊總統，江淮馳重望。旋靈鷲山中，向飛來峰上，鑿破蒼崖石，現出黄金像。佛名無量亦無邊，一切入瞻仰。樹此功德幢，無能为此況。入此大施門，喜有大丞相，省府衆名官，相繼来稱賞。[54]

從這個題記中也可看出，楊必定有一批地方與中央方面的擁護者，才能使他的多次不法行爲逍遥法外。《元史》曾提到桑哥的黨徒，如沙不丁、烏馬爾、沙的、教化的、王巨濟等人均與楊一起於1291年被朝廷逮捕法辦。由於這些人均在杭州任職，他們都應與楊有着密切的關係[55]。也許他們就是楊在杭州的親信或同黨。

在楊於至元二十八年（1291）被捕前，當一些元朝文人學士在提到楊所參與的佛教活動時也是對他稱贊備至。前面提到的元朝翰林院直學士張伯淳的文章很有可能完成於1291年以前。張在其文章中稱贊楊在至元十八年至二十四年（1281～1287）間把許多道觀轉變爲佛教寺院。張伯淳是崇德（今杭州桐鄉縣）人，在至元二十三年至二十八年（1286～1291）間任杭州路儒學教授，正是楊擔任江南釋教總統之時，且二人同在杭州[56]。所以，楊與張可能有着較好的關係。稍後，元僧念常也在其書中引用了張伯淳關於楊的著述，也許是出於維護佛教的立場[57]。

在楊任内，對楊的負面評價有一部分來自元朝政府官員，主要是針對楊的無視政府法律。例如，在至元二十年（1283）以前，杭州總管府推官申屠致遠批評楊並阻止了他想用南宋高宗皇帝書寫的九經石刻去修築座落在南宋宫殿遺址上的藏式佛塔塔基[58]。在至元二十一年（1284）以前，南臺中丞亦力撒哈曾向忽必烈上報楊的不法行爲，"諸道竦動"[59]。楊璉真伽最終以與桑哥同黨而被解職。

楊的行爲也觸怒了一些佛教僧侶。陶宗儀在其書中記載了一個很著名的關於楊與僧人子温［號日觀，祖籍華亭（今上海松江）］的故事：

> 杭瑪瑙寺僧温日觀，能書。所畫蒲萄，鬚梗枝葉，皆草書法也。性嗜酒。然楊總統飲以酒，則不一沾唇。見輒罵曰："掘墳賊！掘墳賊！"云。[60]

還有一些僧人也不喜歡與楊有什麽合作，著名禪僧晦機（元熙）即爲一例。據《續傳燈録》第36卷記載："至元中，總統楊璉真伽奉旨取育王舍利塔進入供養。乃親詣（晦機）師求記述舍利始末，因招與俱。師辭曰：'我有老母，兵後存亡不可知。'遂歸江西。"[61]

當楊被解職之時，元廷曾派官員調查楊的不法行爲，並公布於衆。當時，由朝廷公布的"江淮等處行尚書省榜文"中説：

> 近體知得楊總攝等倚恃權勢，肆行豪横。將各處宫觀、廟宇、學舍、書院、民户房屋、田土、山林、池蕩及係官業産，十餘年間盡爲僧人等争奪占據。……既得之後，不爲修理愛護，拆毁聖像，喂養頭疋，宰殺豬羊，恣行蹂踐，加之男女嘈雜，緇素不分。蔑視行省、行臺，欺虐官民良善，致使業主無所告訴。又民間金玉、良家子女，皆以高價贖買，以其貲財有餘，奢淫無所不至，由此南方風俗皆爲此曹壞亂。近者罪惡貫盈，幸而敗露，致蒙朝廷差官前来，抄出楊總攝並首領官一切黨與人等公私物件，除在搬運他處外，據金玉寶玩、歌童舞女，不所勝數。其貪縱無厭，於斯可見。[62]

總體上看，楊被懲辦之後，我們就幾乎看不到來自官方的對楊的贊譽了。相反，抨擊與詛咒楊的文章卻層出不窮。元朝的創建者是蒙古人。漢人，特别是原南宋人，對蒙古人强加給他們的不平等政策與待遇十分不滿，尤其是毁壞他們奉爲至尊的南宋皇帝的陵墓。自南宋皇陵被毁之後，一些漢人就開始撰文懷念宋室皇帝，贊揚保護南宋皇帝遺骨的正義之士，如唐玨（字玉潜）與林景曦（字德陽）。同時，他們咒駡楊是一個挖掘宋室陵墓的妖魔。在這些文章中，楊被罵作"禿妖"、"楊髡"、"妖髡"、"賊楊"等[63]。在中國歷史上，有些流行的綽號可以定義一些人的角色、人品、形像、行爲以及聲譽。當人們聽到或在書中看到這些楊的綽號時，就會聯想到楊的醜行。下述幾例即可説明元代漢人對楊的評價。

漢人撰文抨擊楊對南宋皇陵的掠奪應在楊被解職之前就已開始了。福州人謝翱是南宋遺民的代表。他的著名文章《冬青樹引》即爲紀念南宋皇陵而作，大約撰成於至元二十八年（1291）以前[64]。冬青樹是這場悲劇的象徵性紀念物，因爲當唐玨收集並重新掩埋了宋帝遺骨之後，在墓上種了一棵冬青樹作爲標記。謝翱的作品激發了許多文人去撰寫類似的紀念性文章。這些文章反映了漢人對楊的厭惡情緒，也使這個宋陵義士的故事廣爲流傳[65]。我無法確定謝翱是否爲第一位撰寫這種紀念宋陵文章的人，但他的文章確實在推動漢人譴責楊的暴行方面起到了先鋒的作用。另外，湖州人周密元時居住在杭州，也是一位在元朝譴責楊的著名人物。如前所述，他在其《癸辛雜識》一書中用激憤的文字介紹了南宋皇陵的悲劇。

另一位是丹徒人郭畀。在《客杭日記》一書中，郭畀提到了楊在南宋皇宮遺址上修建的藏式佛塔，以及他對楊所資助的藏式佛教造像的評價：

> ［至大戊申（1308）十月十八日］遊萬壽尊勝塔寺，亦楊其姓者所建。正殿佛皆西番形像，赤體侍立。雖用金裝，無自然意。[66]

很明顯，郭不喜歡楊，也不喜歡他製做的藏式造像。

在陶宗儀的《輟耕録》一書中，關於宋陵的故事最引人注目，我們可以看到漢人對唐玨與林景曦的情感與對楊的憎惡。書中說：

> 有總江南浮屠者楊璉真珈，怙恩横肆，勢焰爍人，窮驕極淫，不可具狀。……總浮屠下令裒陵骨，雜置牛馬枯骼中，築一塔壓之，名曰“鎮南”。杭民悲戚，不忍仰視。……而妖髡得以肆其惡與。[67]

曾幾何時，一位過去的“高僧大德”跌落成了人人憎恨的魔鬼。在許多民族的歷史中，人們對某一位重要人物的態度或评价常常會從敬畏迅速轉變成排斥。當這些大人物頭上人爲的光環消失以後，他們就從自己修築的神壇上走下來，變成了可供歷史學者自由研究的歷史人物，而不再像神一樣受人崇拜了。由於元代僧人所具有的特權，楊的肖像當時也具有一定的威懾力。當楊的權力達到頂峰時，無人敢對楊的肖像表示不敬。然而，楊及其親信們最初設計並希望借此肖像想要達到的目的却隨着楊的倒臺而全然倒轉過來了。在元明時期，人們對楊的公開評價的轉變直接影響到了楊的肖像在後世的待遇。

五 明人對楊的評價及楊肖像的命運

明代的許多官員、文人與藝術家繼續撰文表達他們對楊的憤慨。明朝是漢人政權，與元朝時的漢人一樣，他們仍然痛恨楊的劣跡。在批楊的同時，文人們也貶低楊的佛教活動，包括由楊資助的飛來峰元代造像，還想尋找並砸毁楊的肖像。政府的輿論起了帶頭作用。《元史》中没有單獨給楊立傳，提到楊時也多用貶詞。明廷重新安葬了宋理宗的遺骨，《明太祖實録》收録了關於這次安葬活動的明太祖的詔書[68]。文人學者與藝術家們紛紛撰文以表達他們對南宋皇陵被毁的哀悼，贊揚保護遺骨的義士，並咒罵楊璉真伽。例如，彭瑋在1469年寫成的《書〈輟耕録〉後》一文中以激憤的文字怒斥楊與他的同黨[69]。在1479年以前由程敏政編纂的《宋遺民録》收集了許多批楊毁宋陵的文章[70]。到了十六世紀，田汝成與文徵明（1470～1559）等也撰寫了類似性質的文章[71]。在清朝，漢人繼續表達對被劫宋陵的紀念之情，繼續使楊聲名狼藉[72]。

在明朝，楊璉真伽給他資助或主持的佛教藝術投下了陰影，特别是一些與他有關的飛來峰造像。從我們現代人的觀點來看，飛來峰是一處著名而珍貴的佛教藝術寶庫。但是，元人造像距明朝較近，一些文人官吏從他們的個人與民族情感出發對飛來峰元代造像有與今人不同的審美觀點。田汝成認爲：由楊主持雕造的佛教造像均“醜怪刺目，無復天成之趣”[73]。袁宏道看了飛來峰造像後説：“壁間佛像，皆楊髡所爲。如美人面上瘢痕，奇醜可厭。”[74]陳洪綬作有一詩以抒發自己的情感：

> 痛恨遇真伽，斧斤殘怪石。山亦悔飛来，與猿相對泣。[75]

張岱從四川來杭參觀了飛來峰之後，寫成《飛來峰》一文，文中説：

> 深恨楊髡，（在飛來峰）遍體俱鑿佛像，羅漢世尊，櫛比皆是。如西子以花豔之膚，瑩白之體，刺作臺池鳥獸，乃以黔墨塗之也。奇格天成，

妄遭錐鑿。思之骨痛。[76]

在元明時期，大部分漢人不熟悉也看不慣藏傳佛教造像藝術。我想，對楊璉真伽的憤恨是導致這些文人、學者、藝術家們不喜歡飛來峰元代造像的重要原因。

據史書記載，起碼有三個人試圖找到楊的肖像並毀掉它，而所有的人都將目標集中在了楊肖像的頭部。那時，楊肖像的原有功德早已消失，而楊的惡名又直接影響到了其雕像的命運。爲什麼明人都想砸毀這幾尊雕像的頭部，而不是砸掉整個身體呢？Richard Brilliant 的觀點可給我們一些啟發："也許只有面部保留着肖像的真實基礎。"[77]也就是說，一幅人物肖像的面部造型是使人們辨別被畫者的視覺形象的關鍵。如果肖像的面部被毀，作爲辨別其形像的面部的價值就不存在了。楊的肖像的頭部也同樣具有這種以區別他人造型特徵的視覺價值，是判斷其身份的關鍵。

田汝成是最早記述砸毀楊肖像的文人，這個事件也許與明朝嘉靖年間(1522～1566）皇室鼓勵毀佛有關。由於資料的缺乏，我們不清楚在嘉靖以前人們是否知道飛來峰的楊璉真伽肖像。在一般情況下，要想去一所寺院毀掉一尊佛像是無法想像的事，因爲佛教受到了僧人及政府的有效保護。但在一些特殊時期，特別是某位不信佛的皇帝發起了毀佛之舉，砸毀佛像就屬正常與容易辦到的事情了。嘉靖年間就是這樣一個特殊時期。據《明史》記載：嘉靖皇帝與道士關係密切，常請道士舉辦法事，耗去了大量的精力與財富以求長生不老[78]。在歷史上，大凡崇信道教的皇帝都很容易走上排佛的道路，嘉靖皇帝便是其中一位。《日下舊聞考》卷 43 城市上引《明典彙》說：

> （正統）十四年（1449）四月，大興隆寺災。御史諸演言：佛者非聖人之法，惑世誣民。皇上御極，命京師内外毀寺宇，汰尼僧，将挽回天下於三代之隆。今大興隆寺之災，可驗陛下之排斥佛教深契天心矣。又言寺基甚廣，宜改爲習儀祝聖之處。上不可。部議請改僧録司於大隆善寺，並遷姚廣孝牌位，散遣僧徒。……嘉靖十五年（1536）五月，論改大興隆寺爲講武堂。[79]

由皇室提倡的這些排佛事件很可能影響到了杭州，並爲希望砸毀楊肖像的人們提供了進入寺院禁地毁像的先例。但是，這只是一個假設，因爲在嘉靖年間不見有其他杭州寺院被毁、佛像被砸的記載。

六　楊等三肖像頭部的重造

後期製做的楊及二僧的頭像仍爲僧人樣。但這三個新頭部卻没有最初雕造的頭像之依據，因爲重做之時距三頭被毁的時代相去甚遠，且人們對三頭像不可能有任何圖像記録可作參考。楊的新頭部戴着僧人的風帽，面相豐滿，雙腮略方，面含微笑，很像一位中年僧人（圖二）。福聞與允澤的新頭部没有戴任何帽子，他們的面部瘦且略呈方形，爲含笑的老僧形像（圖三、四）。三個新頭像的風格粗陋，與由僧人或虔誠的信衆資助、由專業佛教雕塑家製做的造像相去甚遠。同時，也不似任何元代作品，但可反映一些入清以後的民間粗劣造像之風，很可能造於洪惠鎮所言的十九世紀或二十世紀初期[80]。新頭像的製做者應該是根據三像的着裝判斷出三像原應爲僧人形像，但對三像的具體身份並不知曉。因此，這三個新頭像不應被視爲是對被毁了的楊及福聞、允澤肖像的重修以恢復三像原有的功能，而只是一般意義上的對古老佛教造像的重修，並含有爲當時的某人或佛教信衆祈福的作用。

與專業佛教雕塑家不同，普通佛教徒們的信仰常常很簡單，他們一般不會識别複雜的佛教造像體系。從古到今，這些佛教徒們懷着各種願望一直都在重修舊的（或褪了色的）造像，以期激活那些舊的或已被毁的造像的原有靈性。在明清時期，這種重修活動是合情合理的，反映了人們爲來世建立功德的一種努力。在清末民初，基本無人知曉飛來峰第 73 龕三像的具體身份了，因此，給三像重做頭部也是合情合理的。當然，這種重修對信徒們建立功德也有一定的冒險性，特别是在原題記不存與不知原造像最初功能的情況下。三肖像没有了頭部，它們原來的造型與特徵不爲人們所知，重修的信徒們很有可能把它們當成了羅漢像或佛教大師像。平民及普通信衆無從知曉這些殘像原來的意義，也無從在宗教意義上與其作心靈的交流。但是，他們願意使古老的造像復活，再受人們的崇拜。爲此，最佳的方案就是給這些無頭的舊像安裝新頭，賦予它們新的宗教力量。

七 結 語

在中國歷史上，許多著名的政客或奸臣他们的命運極其相似。他們中的許多人往往在很短的時間裏可以位極人臣，也可以身敗名裂。不幸的是，歷史並沒有警醒所有的人，因爲歷史的重複性是驚人的。從明代文獻的記載及當代學者的研究中，我們可以確認杭州飛來峰第 73 龕中的三身像即爲楊璉真伽及其得力助手福聞與允澤的肖像。通過對飛來峰第 73 龕三肖像的分析，我們可以看到一個人由受人吹捧到聲名狼藉的歷史。楊璉真伽肖像的命運，正好反映了他本人命運的起伏：從受人贊頌到被冷落、被砸毁，再到被人當作别的身份而予以重修，從而完全失去了原有的意義與功能。楊之肖像的命運是與他生前在元初杭州擔任江南釋教總統時的惡劣行爲分不開的。從元明清文人對楊的評價以及楊肖像的命運中，我們可以看出漢人由於民族的情緒所產生的對飛來峰元代佛教造像的審美觀。同時，我們也可以通過楊及其肖像了解元初在飛來峰雕造佛教造像的歷史背景。

附録：楊璉真伽的籍貫與他的號“永福”

在前人有關楊璉真伽的研究成果中，有兩個問題常存疑惑：楊的籍貫與他的號“永福”之來源。在元明文獻中，楊被稱爲“番僧”、“西僧”、“西番僧”、“胡僧”、“羌僧”等，對搞清他的籍貫帶來了諸多不便[81]。美國學者 Herbert Franke 說他“不甚清楚楊是否是西藏人或是党項人”。同時，他又認爲楊的字名似乎來自西藏，所以，他在介紹楊的一些經歷時就把他當成了一名西藏喇嘛[82]。但是，陳高華根據對貫雲石《道隆觀記》以及《明太祖實録》認爲楊的籍貫是河西，即過去西夏國境内，後爲蒙古人占領[83]，是令人信服的。

元明文人有時提到楊璉真伽時，會在他的名字前面加上一個號“永福”。這個“永福”原指什麼呢？Franke 認爲“‘永福’可能是一個地方的名稱，或可確定爲位於西藏邊境上的一個鎮的名字。但是‘永福’也可能是位於首都的佛教寺院上永福寺的省略名稱。對於中國與西藏佛教僧侶而言，以與他們相關的寺院爲號並非不尋常。因爲，這個號大概源自他最初居住的寺院”[84]。與之相反，陳高華認爲“永福”應是忽必烈賜予上層僧侶的一個稱號，既非地名，也不是寺院名[85]。考證“永福”之來源，我無法找到可以支持陳高華觀點的證據。根據歷史文獻，我認爲“永福”是楊璉真伽在杭州居住過的一所寺院之名，同時也被楊在元朝政界與佛教界延用爲自己的一個吉祥稱號。張伯淳在《至元辨僞録隋函序》中曾説：

江南釋教都總統永福楊大師璉真佳，大弘聖化。自至元二十二（1285年）春至二十四（1287年）春凡三載。恢復佛寺三十餘所，如四聖觀者，昔孤山寺也，道士胡提點等舍邪歸正。罷道爲僧者，爰啻七八百人。挂冠於上永福帝師殿之梁栱間，故典如南嶽山之券，爲事僞者戒。[86]

周密《武林舊事》卷五記宋代永福寺云：

永福寺，隆國黄夫人功德，咸淳九年（1273）建，在靈隱西石笋山。

石笋普圓院，天福二年（937）黄氏重修。舊名資嚴，山有石如笋，高數十丈，故名石笋寺。有超然臺、金沙、白沙二泉。鄴公庵，杭守祖無擇愛此山之勝，結庵于此，取公所封名之。方丈左右金漆板扉，皆趙清獻諸賢蘇、秦、黄、陳留題，及文與可竹數枝，如張總得父子、吴傅朋等題字甚多，歲久暗淡，猶隱隱可見。寺極清古幽邃，爲湖山諸刹之冠。後隆國黄夫人以超然臺爲葬地，遂移此院于山之西，而古意不復存矣。[87]

田汝成《西湖游覽志》卷十記元明永福寺云：

飛來峰之西，爲呼猿洞，……洞對，舊有上、下永福寺、天聖寺，今廢。永福寺在形勝山下，一名資嚴山，宋隆國黄夫人功德院，宏規巧構，丹艧相輝，瓦用碧光琉璃。咸淳九年建。至元間分爲上、下兩院，内有金沙、銀沙池、福泉亭、雨花亭、石笋厓。[88]

盖普圓院在石笋山東，有超然臺、鄴公庵之勝，爲五代時黄家所修。咸淳三年（1267）黄氏被册封爲隆國夫人，黄氏卒後則葬于超然臺。黄家于咸淳九年另在石笋山西建新寺，金碧輝煌，稱爲永福寺。至元間以永福寺爲上寺，普圓院爲永福寺下寺。很明顯，這所具有元朝帝師（八思巴）殿的上永福寺就是楊在杭州的主要住處，也是楊總攝江南佛教事務的衙門所在。楊號“永福”即源自此寺之名。

至於 Franke 提到的位於大都的永福寺，亦稱作“大永福寺”，建於延祐六年（1319）[89]。楊被解職於至正二十八年（1291），因此，他不可能在擔任江南釋教總統之時住在此寺，並以該寺之名作爲自己的號。

附記：本文是我在 2005 年於美國堪薩斯大學［The University of Kansas］藝術史系答辯時的博士論文“Feilaifeng and the Flowering of Chinese Buddhist Sculpture from the Tenth to Fourteenth Centuries”［飛來峰與中國十至十四世紀佛教藝術的繁榮］中的第六章“Evil Incarnation：The Portrait Image of Yang Lianzhenjia and Its Reception in the Yuan and Ming Periods”［邪惡的化身：楊璉真伽肖像及其在元明時期的待遇］[90]。感謝我的導師 Marsha Haufler 教授對我的論文所付出的心血。

注 釋

① 對飛來峰造像作一般性介紹的文章國內已出版不少。英文方面的簡要介紹可參見 Richard Edwards，“Pu-tai-Maitreya and a Reintroduction to Hangchou's Fei-lai-feng”［布袋彌勒與對杭州飛來峰的再介紹］，*Ars Orientalis* 14（1984）：5～50。

② 我將在本文的附錄中討論楊的籍貫與他的號。

③ Herbert Franke，“Tibetans in Yuan China”［元代中國的西藏人］，刊於 John D. Langlois，Jr. 主編，*China under Mongol Rule*［蒙古人統治下的中國］（Princeton，New Jersey：Princeton University Press，1981），第 322 頁。

④ 《元史》（北京：中華書局，1976 年），第 15 卷，第 317 頁；第 205 卷，第 4570～4574 頁。

⑤ 《元史》第 9 卷，第 188 頁。

⑥ 參見萬斯同（1638～1702）編《南宋六陵遺事》，《叢書集成續編》第 59 册（上海：上海書店，1994 年），第 485 頁。

⑦ 《元史》第 13 卷，第 269 頁。

⑧ 《元史》第 13 卷，第 271～272 頁。

⑨ 這裏的魏王即南宋孝宗皇帝的第三子。

⑩ 參見周密“楊髡發陵”，見《癸辛雜識》（中華書局，1988 年）第 263 ~ 265 頁。陶宗儀《輟耕録》卷四“發宋陵寢”條所録《唐義士傳》詳記楊璉真伽盜挖南宋諸陵事，與周密所記類似，疑爲同一來源，可參閲，不具録。

⑪ 《元史》第 16 卷，第 343 ~ 349、352 頁。

⑫ 《元史》第 17 卷，第 362、370、372 ~ 373 頁。

⑬ 參見賴天兵《楊璉真伽與元代飛來峰造像相關問題的探討》，刊於霍巍、李永憲主編《西藏考古與藝術》（成都：四川人民出版社，2004 年），第 322 ~ 325 頁。

⑭ 《元史》第 15 卷，第 309 頁；田汝成《西湖游覽志》第 7 卷，刊於丁丙（1832 ~ 1899）編《武林掌故叢編》第 10 册（台北：台聯國風出版社、華文書局，1976 年），第 5952 頁。

⑮ 參見田汝成《西湖游覽志》第 7 卷，刊於丁丙編《武林掌故叢編》第 10 册，第 5952 頁。

⑯ 參見張伯淳《大元至元辨僞録隨函序》，《大正藏》第 52 卷，第 751 頁 b。

⑰ 陳高華《略論楊璉真加和楊暗普父子》，刊於《元史研究論稿》（北京：中華書局，1991 年），第 390 ~ 391 頁。

⑱ 參見竺沙雅章（1930 ~ ）《中國佛教社會史研究》（京都：同朋舍出版，1982），第 297 頁。

⑲ 宿白先生在《元代杭州的藏傳密教及其有關遺蹟》文中稱該圖引自鄭振鐸編的《中國版畫史圖録》，《文物》1990 年第 10 期，第 67 頁。

⑳ 《元史》第 15 卷，第 309 頁。

㉑ 念常《佛祖歷代通載》第 22 卷，《大正藏》第 49 卷，第 720 頁 a。

㉒ 田汝成《西湖遊覽志餘》第 6 卷，刊於丁丙編《武林掌故叢編》第 10 册，第 6159 頁。

㉓ 馮夢禎《快雪堂漫録》，另見萬斯同編《南宋六陵遺事》，《叢書集成續編》第 59 册，第 497 頁。

㉔ 張岱《西湖夢尋》（杭州：浙江文藝出版社，1984 年），第 96 頁。

㉕ 有關第 91 龕的更多信息，參見賴天兵《杭州飛来峰第 91 號龕藏傳佛教造像考》，《中國藏学》1999 年第 3 期，第 144 ~ 153 頁；《杭州飛來峰藏傳佛教造像題材内容辨析》，《文博》1999 年第 1 期，第 61 ~ 64 頁。

㉖ 見《明史》（北京：中華書局，1976 年）第 287 卷，第 7372 頁。

㉗ 浙江省文物管理委員會《西湖石窟藝術》（杭州：浙江人民出版社，1957 年），第 1 ~ 4 頁。

㉘ 黄永泉《杭州元代石窟藝術》（北京：中國古典藝術出版社，1958 年）第 7、8 頁，圖版 31。

㉙ 王士倫、趙振漢《西湖石窟探勝》（上海：上海人民出版社，1981 年），第 30 頁。

㉚ 陳高華《略論楊璉真加和楊暗普父子》，第 398 頁。

㉛ 洪惠鎮《杭州飛來峰楊璉真伽龕及其他》,《文物》1989年第3期,第92頁。

㉜ 勞伯敏《飛來峰楊璉真伽造像明代'遭斬'説探疑》,《東南文化》1995年第1期,第78頁。勞文晚於洪惠鎮的同類課題文章六年,且判斷楊璉真伽肖像龕位置的觀點與洪文相同,但没有提及洪的成果。

㉝ 中國藏傳佛教雕塑全集編輯委員會編《中國藏傳佛教雕塑全集2-金銅佛1》(北京:北京美術攝影出版社,2002年),圖版245。

㉞ 如Robert Hatfield Ellsworth收藏的製做於1429年左右的一幅薩迦派喇嘛像唐卡,參見Marylin M. Rhie、Robert A. F. Thurman編,*Wisdom and Compassion: The Sacred Art of Tibet* [智慧與慈悲:神聖的西藏藝術](New York: Harry N. Abrams, Inc., 1991),第200~201頁。

㉟ 中國藏傳佛教雕塑全集編輯委員會編《中國藏传佛教雕塑全集3-金銅佛下》(北京:北京美術攝影出版社,2002年),圖版71、119、156、192。

㊱ 常青《杭州飛來峰第28龕禪宗祖師像考述》,《藝術史研究》2006年第8輯,第483~500頁。

㊲ 胡昭曦《大足寶頂山石刻淺論》,見劉長久、胡文和、李永翹編《大足石刻研究》(成都:四川省社會科學院出版社,1985年),第68~70頁;重慶大足石刻藝術博物館編《中國大足石刻》(香港:珠海出版有限公司,1991),第140~141頁。

㊳ 元室曾修建了帝師八思巴(1235~1280)殿,在殿内供奉八思巴肖像。參見《元史》第12卷,第249頁;第27卷,第607頁;第29卷,第650頁。念常《佛祖歷代通載》第22卷,《大正藏》第49卷,第434頁bc。

㊴ Richard Brilliant, *Portraiture* [肖像](London: Reaktion Books Limited, 1997), 59.

㊵ 常青《龍門石窟地藏菩薩及其有關問題》,《中原文物》1993年第4期,第27~34頁。

㊶ 高念华主編《飛來峰造像》(北京:文物出版社,2002年),第125、179頁。

㊷ 例如,北京故宫博物院收藏的一件約製做於十世紀的藏傳銅觀音像具有這種姿態,見中國藏傳佛教雕塑全集編輯委員會編《中國藏傳佛教雕塑全集2-金銅佛1》,圖版8、17。

㊸ 在敦煌唐代壁畫中也可見這種組合形式,參見中國美術全集編輯委員會編《中國美術全集·繪畫編15-敦煌壁畫下》(上海:上海人民美術出版社,1985年),第65頁。

㊹ 常青《龍門石窟地藏菩薩及其有關問題》,《中原文物》1993年第4期,第29頁。

㊺ 《魏書》(北京:中華書局,1974年)第114卷,第3031頁。

㊻ 《魏書》第114卷,第3036頁。

㊼ 參見常青《從飛來峰看10世紀以後中國佛教信仰與藝術的轉型》,《燕京學報》2006年新21期,第197~203頁;贊寧《宋高僧傳》第12卷,《大正藏》第50卷,第838~839頁。

㊽ Jan Stuart、Evelyn S. Rawski, *Worshiping the Ancestors: Chinese Commemorative Portraits* [祖先崇

拜：中國紀念性肖像畫］（Washington，D. C.：Smithsonian Institution，2001），第 120 頁。另外三幅同樣將乾隆表現爲文殊的繪畫現藏於北京故宫博物院，參見聶崇正編《清代宫廷繪畫》（香港：商務印書館，1996 年），第 202 ~ 204 頁。

㊾ 《元史》第 202 卷，第 4521 頁。

㊿ Roger Scruton，"Photography and Representation"［攝影與表現］，*Critical Inquiry*7（1981）：586 ~ 587.

51 Richard Vinograd，*Boundaries of the Self*：*Chinese Portraits*，*1600-1900*［自我的界限：中國肖像，1600 ~ 1900］（Cambridge and New York：Cambridge University Press，1992），11.

52 Vinograd，*Boundaries of the Self*，5.

53 Brilliant，*Portraiture*，89.

54 這條題記可見於高念華《飛來峰造像》，第 121 頁。

55 《元史》第 16 卷，第 352 頁。

56 《元史》第 178 卷，第 4147 頁。

57 念常《佛祖歷代通載》第 21 卷，《大正藏》第 49 卷，第 710 頁 b。

58 《元史》第 170 卷，第 3989 頁。

59 《元史》第 120 卷，第 2958 頁。亦力撒哈是党項人，參見湯開建、馬宏祥《元代西夏人的歷史貢獻》，《青海社會科學》1987 年第 6 期，第 68 ~ 74 頁；《宋遼金元史》1988 年第 1 期，第 90 ~ 96 頁。

60 陶宗儀《輟耕録》卷五"掘墳賊"條（中華書局，1959 年），第 66 頁。

61 《續傳燈録》（成書於明代初年）第 36 卷，《大正藏》第 51 卷，第 712 頁 a。

62 《廟學典禮》（杭州：浙江古籍出版社，1992 年）第 3 卷，第 63 ~ 64 頁。

63 "賊楊"可見於王賓《南宋諸陵復土記》，刊於程敏政編《宋遺民録》第 6 卷。該書收於《知不足齋叢書》1（台北：興中書局，1964 年），第 6364 頁。

64 程敏政編《宋遺民録》第 6 卷，第 6327 ~ 6328 頁。

65 例如趙方（1319 ~ 1369）《跋謝翱冬青樹引後》，高启（1336 ~ 1374）《穆陵行》，楊維楨《冬青樹》篇等。見於萬斯同《南宋六陵遺事》，《叢書集成續編》第 59 册，第 489、490、492 ~ 494 頁。

66 郭畀《客杭日記》，《武林掌故叢編》第 10 册，第 1238 頁。

67 陶宗儀《輟耕録》卷四"發宋陵寢"條（中華書局，1959 年），第 43 ~ 49 頁。該書的序是陶的好友孫作大寫於至正二十六年（1366），因此，該書應完成于是年之前。

68 《明太祖實録》第 59 卷（歷史語言研究所影印本 1962 ~ 1966 年），第 1159 ~ 1160 頁。

69 陶宗儀《輟耕録》，《讀書劄記叢刊》，第 1 ~ 2 頁。

(70) 程敏政編《宋遺民録》之序寫成於1479年。

(71) 例如田汝成《板蕩凄涼》（見《西湖游覽志餘》第6卷），文徵明《雙義祠記》，馮夢楨《快雪堂漫録》，另有一些記録則散見於地方志中。參見萬斯同編《南宋六陵遺事》，《叢書集成續編》第59册，第495～497頁。

(72) 參見清代哲學家黄宗羲（1610～1695）《冬青引注》，黄百家（？～1643）《至蘭亭尋冬青樹記》。特别是萬斯同編輯了《南宋六陵遺事》一書，收集了許多有關宋陵義士的事跡與批楊的文章，萬本人也寫了三篇文章以抒發自己的情感。在文中，萬仍用“楊髡”來稱呼楊。參見萬斯同編《南宋六陵遺事》，《叢書集成續編》第59册，第500～506頁。

(73) 田汝成《西湖游覽志》第10卷，《武林掌故叢編》第10册，第5985頁。

(74) 袁宏道《飛来峰小記》，見於張岱《西湖夢尋》，第72頁。

(75) 陳洪綬《呼猿洞》，見於張岱《西湖夢尋》，第102頁。在詩中，陳用了飛來峰的兩個傳説：印度和尚慧理與飛來峰爲印度靈鷲山飛來之傳説；智一和尚在山中飼養白猿的傳説。在明代，靈隱寺僧人相信二白猿仍活動在飛來峰，有些和尚還説他們曾見過那兩隻白猿。參見張岱《呼猿洞》，《西湖夢尋》，第101頁。

(76) 張岱《西湖夢尋》，第70頁。在明朝末年，青年時期的張岱曾在杭州生活過一段時間。在清朝初年，他回顧在杭州時所見西湖之景物，寫下了《西湖夢尋》一書，由72篇文章組成，《飛來峰》是其中之一。根據他爲本書所寫的序，可知該書寫成於清康熙十年（1671）以前。

(77) Richard Brilliant, *Portraiture*, 109.

(78) 《明史》第226卷，第5928～5930頁；第307卷，第7894～7898頁。

(79) 《日下舊聞考》第43卷（北京：北京古籍出版社，2001年），第684～685頁引《明典彙》。

(80) 洪惠鎮《杭州飛來峰楊璉真伽龕及其他》，《文物》1989年第3期，第92頁。

(81) 關於楊的稱謂，“番僧”見於《續通鑑綱目》。“西僧”、“番僧”、“西番僧”均可見於田汝成《西湖游覽志餘》第6卷（《武林掌故叢編》第10册，第6157、6159頁）。“胡僧”可見於田汝成《西湖游覽志》第7卷（《武林掌故叢編》第10册，第5952頁）。番即西番，是宋、元、明時期的漢人對西藏的稱謂，見於宋人王偁的《東都事略》（台北：文海出版社，1967、1967年）。“羌僧”可見於王賓《南宋諸陵復土記》（程敏政編《宋遺民録》第6卷，第6364頁）。

(82) Franke, “Tibetans in Yuan China,” 321～323.

(83) 陳高華《略論楊璉真加和楊暗普父子》，《元史研究論稿》，第385頁。

(84) Franke, “Tibetans in Yuan China”, 321～322.

(85) 陳高華《略論楊璉真加和楊暗普父子》，《元史研究論稿》，第386頁。

⑧⑥ 見《大正藏》第52卷，第751頁a。

⑧⑦ 參見周密《武林舊事》第5卷，《武林掌故叢編》第1册，第364頁。

⑧⑧ 田汝成《西湖游覽志》第10卷，《武林掌故叢編》第10册，第5991~5992頁。

⑧⑨ 參見念常《佛祖歷代通載》，《大正藏》第49卷，第732頁b。

⑨⓪ 我的博士論文已由UMI Dissertation Services於2006年非正式出版印行。

常青，1962年12月生，陝西西安人。北京大學考古系學士與碩士，美國堪薩斯大學藝術史系博士，紐約大都會藝術博物館博士後。曾在洛陽龍門石窟研究所、中國社會科學院考古研究所從事考古研究工作。現在美國佛羅里達州Ringling藝術博物館工作。

The Portrait Image of Yang Lianzhenjia at Feilaifeng of Hangzhou and Its Reception in the Yuan and Ming Periods

Chang Qing

Summary

The monk official Yang Lianzhenjia was a chief patron who commissioned Tibetan Buddhist art at Feilaifeng in Hangzhou. Yang, a Tangut monk, held the position of Buddhist Controller in the South in the second half of the thirteenth century. When the Yuan court forcibly propagated Tibetan Buddhism in the former Southern Song (1127-1279) capital Hangzhou, Yang was a key and infamous figure in carrying out this policy. His official status gave him and his followers the opportunity to create his portrait on the same scale as a Buddha or bodhisattva at Feilaifeng, as a Ming dynasty (1368-1644) text mentions. Previous scholarship has focused on niche no. 73, which contains three monk-like figures, and they believed that this is the right location for Yang's portrait. The costume of the three figures, including Yang and his two Chinese attendants, is Tibetan-style, suggesting a well integration of different cultures in the Hangzhou area.

Yang's portrait statue's "life" has shared some of the ups and downs of Yang's life: glorification, neglect, destruction, and eventual repair. Ming texts state that people damaged the heads of the portraits of Yang and his attendants because of their hatred for these evil monks. Actually the fate of Yang's portrait reflects the Chinese people's strong dislike of Yang not only based on racial hatred because Yang was a foreigner but also based on his cruel treatment of people. This disdain carried over into people's opinions about the remains of the Tibetan-style Buddhist art that Yang patronized or sponsored at Feilaifeng, demonstrating some of the conflicts between Mongols, Tibetan and Chinese. In other words, Yang's history and his portrait provide insight into the context of the production of the Yuan Buddhist sculptures at Feilaifeng.

吴世昌先生的詞學研究

曾大興

吴世昌先生（1908～1986），字子臧，浙江海寧人。燕京大學文學碩士。生前係全國人大教科文衛委員會副主任委員，中國社會科學院文學所研究員、博士生導師。

吴世昌的學術研究，涉及文字、訓詁、目録、修辭、歷史、文學、教育等多個領域，僅就文學而言，又涉及詩、詞、小説、戲曲等多個門類，尤以紅學和詞學最爲知名。他生前出版的著作有八種，包括《中國文化與現代化問題》（1948）、《紅樓夢探源》（1961）、《紅樓夢探源外編》（1980）、《羅音室詩詞存稿》（1984）、《羅音室學術論著》一、二、三、四卷（1984）。他去世之後，河北教育出版社出版了《吴世昌全集》（2003），共12册，14卷。

吴世昌的詞學論著共有三種，一是他生前出版的《羅音室學術論著》第二卷《詞學論叢》，這是由他的弟子施議對校勘整理的一個論文集子，後收入《全集》第四卷；一是《羅音室詞札》，是在他去世之後，由他的外甥吴令華根據他生前留在部分詞書上的批語整理而成的，收入《全集》第五卷；一是《詞林新話》，也是在他去世之後，由吴令華根據他生前寫在部分詞書上的批注和部分手稿、信件整理而成的，2000年出版過單行本，後收入《全集》第六卷，有增訂。

吴世昌的治詞經歷，可分爲前後兩個階段。前一階段，從20世紀30年代初期到40年代中期。這一階段的主要詞學成果有：《辛棄疾》（1931）、《〈小山詞〉用成句》（1935）、《〈片玉詞〉三十六首箋注》（1939）、《論讀詞》系列（1941）、《論詞的讀法》系列（1946）；後一階段，從20世紀60年代初期到80年代中期。這一階段的主要詞學成果有：《清人詞目録》（1964）、《〈草堂詩餘〉跋》(1973)、《〈片玉集〉中誤字校記》(1976)、《讀毛主席詩詞三首管見》(1978)、《〈知聖道齋爐餘詞〉跋》(1979)、《唐宋詞概說》(1980)、《小山詞用成句及其他》(1981)、《花間詞簡論》(1982)、《宋詞中的"豪放派"與"婉約派"》(1983)、《有關蘇詞的若干問題》(1983)、《宋代詞論略》(與施議對合作，1986)、《辛棄疾論略》(與施議對合作，1986)、《宋詞作家論》(1986)、《周邦彥和他被錯解的詞》(1986)、《周邦彥〈少年遊〉賞析》(1987)。

吴世昌的詞學研究，重在詞的藝術特徵的分析和詞史、詞學理論問題的探討。他對常州派和清末民初詞學的批評，對"兩分法"的批評，對詞與散曲、詞與話本關係的考察，對詞的結構問題的考察等等，都包含了不少獨特的、有價值的見解，體現了20世紀詞學的批判精神與創新品格，值得很好地加以總結和借鑒。

吴世昌的詞學淵源

吴世昌在詞學方面有一位很知名的老師，這個人就是燕京大學的詞學教授顧隨。顧隨(1897~1960)，字羨季，河北清河人，1920年畢業於北京大學英文系，1929年至1941年，任燕京大學國文系教授。1941年以後，任輔仁大學、北京師範大學和天津師範學院(今河北大學)等校中文系教授，著有《稼軒詞說》、《東坡詞說》等。吴世昌在燕京大學讀書期間(1928~1935)，顧隨就在燕大講詞。吴世昌晚年在《我的學詞經歷》這篇文章裏回憶說，當年在燕大英文系讀書時，"因爲對詩詞感興趣，我曾經跑到國文系聽顧隨、聞宥講課。顧隨寫新詩，也寫小說，講課並不正規，常常拿一本《人間詞話》隨意講。他講詞，也講陶淵明的'悠然見南山'。開始學詞，我喜歡二晏，而不喜歡蘇、辛。顧隨推崇辛棄疾，我可能受了他的影響。後來，我在燕大圖書館專門爲辛棄疾寫了一篇傳記，在《新月》月刊上連載"。又說："顧隨注重創作，我聽他的課，也嘗試填詞。"①這兩段話，已經把顧隨在詞學研究和詞的創作方面對他的影響講得很清楚了。

吴世昌之於顧隨，還不只是一個旁聽生，而是一個及門弟子。寫於20世紀30年代的《羅音室碎語》第一節裏有這樣一段話："我嘗跋顧羡季師《荒原詞》云：'羡季師《無病》、《味辛》兩集如山西汾酒，辣口過癮，此卷《荒原》則如十年陳釀，入口温涼，下腸融和，舌上辨不準是甚滋味，這滋味須在血液中體會得。'"又説："《荒原詞》有《小桃紅》云：'……花落花開，年華有盡，人生無價。'真苦笑也。《味辛詞》有'愁絶天邊月，十五才團圓，十六還成缺'之句，人世悲涼有如是者！羡師詞之佳者其境界直不在陶下。"[②]顧隨三四十年代在京津一帶名氣很大，不但學問好，詞寫得好，課也講得好，旁聽他課的人很多。著名學者吴小如就在《顧隨先生談辛詞》一文中回憶説："我1945年曾旁聽過羡老講課，1946至1949年，又常到南宫坊口顧宅向羡老請益，雖非及門，卻時親謦欬。"[③]值得注意的是，既聽顧隨的課，又時常向顧隨請益的吴小如，只能稱顧隨爲"先生"或"羡老"，而不能稱"師"，因爲"非及門"。吴世昌在這裏一口一個"羡林師"，其口吻和周汝昌、郭預衡、葉嘉瑩等顧門弟子一個樣，非及門而何？

顧隨於詞學一道，終生服膺王國維。早在1933年10月，顧隨爲沈啓無編校的《〈人間詞〉及〈人間詞話〉》作序，説他之所以要寫這一篇序，原因之一，就是"平日喜讀此二書，兹欲假一序結香火因緣"[④]。直到1958年，也就是他去世的前兩年，顧隨還在一篇《教學檢查》中説，他這一生，"以不曾拜在王氏門下爲憾"[⑤]。他是20世紀詞學史上，第一個在高等學府講授《人間詞話》的人。吴世昌在燕大的時候聽顧隨講《人間詞話》，由此便走進了《人間詞話》所開辟的全新的詞學境界。

吴世昌在《羅音室碎語》的第一節開篇就講："所謂真理，固當窮自然宇宙之理，但尤當窮人類心靈之理。凡大學問家所著書，讀之有自然令人心地潔白志趣高尚者。陶淵明詩無論矣，余每讀《人間詞話》，便覺作者把我送入另一聖潔之境界。"[⑥]在20世紀著名詞學家當中，推崇《人間詞話》者可謂不乏其人，顧隨、劉堯民、俞平伯、馮沅君、浦江清、繆鉞、胡雲翼等，都有過許多贊美的言辭，但是他們都只是把《人間詞話》當作一部詞學著作或文學批評著作來看待，像吴世昌這樣，把《人間詞話》當作一部"窮人類心靈之理"的、可以把人的靈魂"送入另一聖潔之境界"的《聖經》一般的書來看待的，似乎還找不出第二人。

從文學的角度來講，吴世昌認爲《人間詞話》有别於此前和同時代的任何一部詞話，或者詩話。在《新詩和舊詩》這篇文章裏，在談到古代的詞話、詩話一類著作時，吴世昌指出："上百種的'詩話'，除了閑談和報告作者朋友們未刊的零碎詩句，加上一些贊語之外，還能供給我們些什麽?"講到這裏，他特别加了一個注："《人間詞話》算是例外。"他認爲過去那些做"詞話"、"詩話"的老先生們，"不能供給我們所要知道的，因爲他們没有我們的問題，即使有了，他們也没有適當的工具——術語——可以表達出來"[⑦]。而《人間詞話》之所以是個例外，就在於，它是一部全新的詞學批評著作，它除了能夠"供給我們所要知道的"具有現代色彩的思想或者觀念，還有一套"適當的工具"——具有現代色彩的文學批評術語。

吴世昌詞學思想的重要淵源，就是王國維的《人間詞話》。誠然，他是一個頗具懷疑精神和批判意識的人，他不會全盤接受任何一本書，哪怕是他非常推崇的書。他對《人間詞話》的個别觀點是不贊成的，例如：他不贊成王氏對蘇東坡《水龍吟·咏楊花》的過度推許，不贊成王氏講的"唐五代之詞，有句而無篇"這句話，不贊成王氏把晏幾道比作"大曆十才子之流"[⑧]。但是，對於王氏的"境界"説、對於王氏的詞體觀和詞史觀等等，這些最能體現王氏詞學思想的核心價值的部分，他是非常服膺的。我們不妨看看他和王國維在詞學思想方面的一些淵源關係。

1. "境界"説

王國維論詞，標舉"境界"。他在《人間詞話》裏講："詞以境界爲最上。有境界則自成高格，自有名句。五代北宋之詞所以獨絶者在此。"[⑨]什麽是"境界"？王國維解釋説："能寫真景物、真感情者，謂之有境界，否則謂之無境界。"[⑩]"境界"的實質，在一"真"字。什麽是"真"？按照王國維的意思："其言情也必沁人心脾，其寫景也必豁人耳目。其辭脱口而出，無矯揉妝束之態"[⑪]，便是"真"；"以自然之眼觀物，以自然之舌言情"[⑫]，便是"真"。"真"的含義有二，一在内容的真實，二在自然地表現這種真實。要求"真"，就不能"用替代字"，不能"爲美刺投贈之篇"，不能"使隸事之句"，不能"用粉飾之字"，總之，不能"隔"。因爲"隔"則傷"真"，"隔"則違背"自然"。王國維把"真"字視爲創作的第一要義。他舉例説："'昔爲倡家女，今爲蕩子婦。蕩子行不歸，空床難獨守。’‘何不策高足，先據要路津？無爲久貧賤，坎坷長苦辛。’可謂淫鄙之尤。然無視爲淫詞、鄙詞者，以其真也。五代北宋之大詞人亦然。非無淫詞，讀之者但覺其親切感人；非無鄙詞，但覺其精力彌滿。可知淫詞與鄙詞之病，非淫與鄙之病，而游詞之病也。‘豈不爾思，室是遠而。’而子曰：‘未之思也，夫何遠之有？’惡其游也。”[13]所謂“游詞”，就是不真實的詞，而“淫詞”和“鄙詞”，則是格調不高的詞，或曰未能盡善的詞。如果拿未能盡善卻真實的“淫詞”、“鄙詞”和貌似盡善卻失真的“游詞”供你選擇，王國維的意見是，寧要前者也不要後者。

吴世昌對“境界”説是非常欣賞的。他認爲王氏論境界，“有綱有目”，思路清晰。他對“有我之境”和“無我之境”做過很簡潔的闡發：認爲“有我”“無我”，相當於 personal 和 impersonal[14]。“有我者，謂有作者自己之思想感情注入所寫之境中。無我之境則但寫客觀環境之景物現象，自然高妙，但與我無涉。”[15]關於填詞之道和論詞之道，吴世昌講過一段很精彩的話。這段話雖然没有提到“境界”説，但是可以看作是對“境界”説的非常深刻而準確的表述：“填詞之道，不必千言萬語，只二句足以盡之。曰：説真話；説得明白自然，切實誠懇。前者指内容本質，後者指表達藝術……論古今人詞，亦不必千言萬語，只此二句足以衡之：凡是真話，深固可貴，淺亦可喜。凡游詞遁詞，皆是假話。‘豈不爾思？室是遠而！’僞飾之情，如見肺腑。故聖人惡之。依此繩準，則知晚唐五代詞之可貴，即在其所説大都真話。”[16]這一段話，與王國維“境界”説的内涵是一致的；連他所舉的例子，都和王國維的一樣。

2. 詞體觀

所謂詞體觀，是指人們對於詞的文體特徵的認識。詞體經過了長時期的發展，人們對它的認識也隨之發生過相應的變化。在前人關於詞的文體特徵的種種表述當中，王國維的表述是具有經典性質的。他在《人間詞話》裏説：“詞之爲體，要眇宜修。能言詩之所不能言，而不能盡言詩之所能言。詩之境闊，詞之言長。”[17]王國維的貢獻，在於通過詩與詞的比較來揭示詞的文體特徵，提出了著名的“要眇宜修”説。這個“要眇宜修”説得到後人的認可。例如繆鉞就講過：“這幾句話很能説出詞的特質。”[18]吴世昌也認爲，這幾句話，是詞的“個性與功能的體現”[19]。

值得注意的是，繆鉞和吴世昌雖然都認可王國維的這個表述，但是他們的認識，並没有停留在王國維的水平上面，而是結合自己的研究和理解，把王國維的這個認識深化和拓展了許多。如果説，繆鉞的貢獻，是以王國維的“要眇宜修”説爲基礎，吸收李清照“别是一家”説、張惠言“意内言外”説的合理成分，同時參考周濟、劉熙載、夏敬觀和劉永濟等人的正確意見，對詞的文體特徵做了更爲細緻、深入、全面、準確的描述[20]，那麽，吴世昌的貢獻，便是結合詞的起源與流變，結合宋人的社會文化心理等等，對之做了更具歷史感、也更具理論性的闡釋。吴世昌指出：“長短句歌詞原是民間之物，在其草創時期是以大衆藝術的身份出現的，但是，當它由民間過渡到文人手中，進入以言閨情與賞歌舞爲主的時代，便成爲封建統治者供奉於“花間”與“尊前”的娱樂品。同時，由於合樂應歌，長短句歌詞受到燕樂的制約與熏陶，也形成了特殊的藝術個性，具有特殊的藝術功能。王國維所謂：‘詞之爲體，要眇宜修……’就是這種個性與功能的體現。至宋，長短句歌詞之所以得到充分的發展，是因爲：（一）言閨情與賞歌舞，可以滿足宋人‘析酲解慍’、‘誤賓而遣興’的需求；（二）要眇宜修，適宜於體現‘静弱而不雄强，向内斂而不向外擴發，喜深微而不喜廣闊’（繆鉞語）的社會心理情趣；（三）‘能言詩之所不能言’，適合於表達‘動於衷而不能抑’的歡愉、愁怨之情致。因此，在表面繁華而道學空氣又極其濃厚的社會環境中，宋代藝術家便在‘以文章餘事作詩，溢而作詞曲’的幌子下，戴上面具作載道之文、言志之詩，卸下面具寫言情之詞，從内心真實地體現其生活和情緒。”[21]

3. 詞史觀

王國維於文學，持進化的觀點。他説：“四言敝而有《楚辭》，《楚辭》敝而有五言，五言敝而有七言，古詩敝而有律絶，律絶敝而有詞。蓋文體通行既久，染指遂多，自成習套。豪傑之士，亦難於其中自出新意，故遁而作他體，以自解脱。一切文體所以始盛終衰者，皆由於此。故謂文學後不如前，余未敢信。但就一體論，則此説固無以易也。”[22]這種進化的文學史觀，使得他於詞，喜唐五代北宋而不喜南宋。他説：詩至唐中葉以後，“殆爲羔雁之具矣”；詞至南宋以後，“亦爲羔雁之具，而詞亦替矣”[23]。又説：予於詞，“南宋只愛稼軒一人，而最惡夢窗、玉田”[24]。在署名爲山陰樊志厚的《〈人間詞甲稿〉序》

裏，有這樣一段話："君之於詞，於五代喜李後主、馮正中，於北宋喜永叔、子瞻、少游、美成，於南宋除稼軒、白石外，所嗜者鮮矣。尤痛詆夢窗、玉田。謂夢窗砌字，玉田壘句。一雕琢，一敷衍，其病不同，而同歸於淺薄。六百年來詞之不振，實自此始。"[25]

吴世昌認爲："從詞的興起到北宋末年，大約在兩個世紀之中，詞作爲一種民間愛好、文人競寫的文學作品，已經達到它的黄金時代。也可以説，全部詞中較好的那一半，產生在這一時期。以後，即在南宋時期，儘管派别滋生，作者增加，但就總的質量而論，已不如南宋以前的作品。"[26]吴世昌和王國維一樣，推崇五代、北宋詞，不看好辛棄疾以後的南宋詞。他學詞，"取逕二晏以入清真、稼軒，獨不喜夢窗、玉田"[27]。他指出："白石之言情，未暢欲言，其傷時又多所顧忌，故其詞低徊含糊，失其本色，遂非大家。夢窗、玉田以下，皆有此病，故晦澀矯揉，不可卒讀。"[28]他認爲："詞之亡，不亡於金、元、明，而亡於南宋，如夢窗、玉田、碧山、草窗之作，誰復有此閑情，猜其悶迷、笨迷、惡迷哉！此輩亡國之後，猶戀裙裾之樂，不甘寂寞，則藏其情於晦澀之詞，豫其流者則相視而笑，莫逆於心，餘子碌碌則其胡猜可也。若有人問之，則故作高深或憂時之狀，以掩其劣迹，嗚呼醜矣！"[29]

王國維於詞，喜五代和北宋，吴世昌則認爲五代北宋之詞是"全部詞中較好的那一半"；王國維認爲詞至南宋而成"羔雁之具"，即没有生命的東西，吴世昌則乾脆説，詞亡於南宋；王國維認爲詞之不振，始於夢窗之"雕琢"與玉田之"敷衍"；吴世昌則認爲，詞之亡，始於夢窗、玉田諸人的"晦澀矯揉"，兩人的詞史觀是一脈相承的。

批評"常州派"和"清末民初詞人"

"常州派"是清代嘉慶以後的一個詞學流派，其開山祖師是常州人張惠言（皋文）。張惠言編有《詞選》一書，以"意内言外"釋詞，主張比興寄托，意在提高詞的地位。他的用意未必不好，但是他以漢儒説詩的方式説詞，往往流於牽强附會。例如他説"温庭筠最高，其言深美閎約"，説温氏的《菩薩蠻》乃"感士不遇"之作，"篇法仿佛《長門賦》"，"照花"四句，有"《離騷》初服之意"，等等[30]，這些觀點一直難以爲人們所接受。張惠言的偏差，在周濟那裏得到部分糾正。周濟講"初學詞求有寄托，有寄托則表裏相宣，斐然成章。既成格調，求無寄托，無寄托，則指事類情，仁者見仁，智者見智"[31]。周濟編有《宋四家詞選》，提倡"問塗碧山，歷夢窗、稼軒，以還清真之渾化"[32]。周濟對寄托問題的態度比張惠言要通達，但是他的標舉周（清真）、辛（稼軒）、吴（夢窗）、王（碧山）四家，比張惠言的標舉温庭筠，其實也高明不了多少，同樣是門庭狹窄，作繭自縛。

吴世昌所講的"清末民初詞人"，也就是葉恭綽、蔡嵩雲所説的"桂派"，謂"創自王半塘，和之者有鄭叔問、況蕙風、朱彊村等。本張皋文意内言外之旨，參以淩次仲、戈順卿審音持律之説，而益發揮光大之"。"常州派"是"以立意爲本，以叶律爲末"，"桂派"則是"以立意爲本，故詞格頗高。以守律爲用，故詞法頗嚴"[33]。需要説明的是：第一，"桂派"的"詞格"不見得高過"常州派"，而其"守律"卻比"常州派"要嚴得多。"常州派"最初並不看好吴夢窗，張惠言《詞選》於吴詞一首不録；周濟《宋四家詞選》雖尊吴氏爲四大"領袖"之一，但是並不諱言其"過嗜餖飣"。"桂派"卻極力推尊吴夢窗，從來不講他的缺點，王鵬運甚至把他的詞和杜詩韓文相提並論，故其門庭比"常州派"更窄，局限性也更大。第二，鄭叔問雖曾數校夢窗詞，但是並不看好夢窗詞。鄭氏主張學白石，學柳永，希望以白、柳二家的"疏宕"來救夢窗的"質實"；鄭氏雖重詞律，但其所重在詞的音律（詞樂），不在詞的格律（聲韻）。和王、朱、況相比，他是有些另類的，不當劃入"桂派"，倒是陳洵，應是"桂派"的一個骨幹。

王國維對張惠言"深文羅織"的説詞方法很不以爲然[34]，對近人力推吴夢窗更是深致不滿，以爲是"棄周鼎而寶康瓠"[35]。他對朱祖謀的詞也不看好，認爲朱氏詞雖"富麗精工"，"然古人自然神妙處，尚未見及"[36]。吴世昌對"常州派"、對"清末民初詞人"（桂派）的看法，與王國維是一致的，但是他的態度更鮮明，理由更充分，措詞也更激烈。

第一，他不贊成周濟所指示的填詞途逕，對王鵬運、朱祖謀、況周頤等人的力推夢窗，尤其反感。他在《我的學詞經歷》一文中説："我平生爲詞，不聽止庵之所謂'問塗碧山'，而是取逕二晏以入清真、稼軒。我最不喜歡夢窗。清末民初某些詞人標舉夢窗，其目的一是在於借夢窗以抒遺老之情，二是在於借夢窗以掩飾其艷冶生活，三是在於借夢窗以掩蓋自己的淺薄無知。對於填詞此道，我一向主張‘真言語真性情’。離開這個‘真’字，也就喪失了生命力。”㊲

第二，他反對張惠言等人的比興寄托之説，强調“詞作本身是清楚的，是可以讀懂的。外加的政治意義不對頭。張惠言騙人，常州派的評語都是騙人的。讀者受政治解釋的騙，並不是受詞的騙”㊳。他指出：“自寄托之説興，而深澀之論作。推而衍之，則曰沉鬱，曰重拙。于是言情者曲晦其情，感事者故掩其事。倡是説者，若皋文、復堂、亦峰、夔笙諸君，今觀其己作，亦未嘗無斐然可誦之篇。然輒巧爲緣飾，不欲以真情相見。甚至前人之作，亦被曲解。如正中《蝶戀花》明言閑情，而皋文既作忠愛，又斥其大言；卒乃指爲排間異己。竹垞《金縷曲·夏初》明言‘簸錢’，顯用歐陽永叔故事，坦率可愛，而復堂乃謂‘人才進退，所感甚深’。此皆不惜强古人以就我，以自圓其説。于是世之好爲模棱兩可之語者，競趨於鄉愿之途，以爲不爾則不成其寄托、深澀、沉鬱、重拙之功。古人所謂比興美刺、言近旨遠者，豈如是哉！鄉愿之詞起，而清朗、秀逸、慷慨、率真之氣，遂不易見於吟咏性情、撫時感事之作，此近世詞風之所以不振也。”㊴説到“民初詞客”何以要拾張惠言的牙慧，借“比興寄托”以爲逋逃藪時，吴世昌指出：“民初詞客及論詞者競尚比興寄托之説，其故有三：一爲遮羞布，遮其冶游挾妓之羞；二爲遮其不學無知妄説之羞，如陳廷焯不知吴梅村贈妓用油尉贈别營妓卿卿詩（《才調集》卷七），以爲‘坡仙化境’；三爲掩護其懷念清帝，妄冀復辟之逆説，《彊村叢書》序文不用民國年號，而用宣統甲子，即爲鐵證。敵僞時期陳曾壽奔走於各僞組織之間，以謀其‘志業’，不成則發爲不通不慢之詞，亦可作證。寄托之説有百弊而無一利，不必爲他們遮羞。”㊵

第三，他反對“清末民初詞人”在創作上堆砌故實，雕琢字句，拘於聲律，詞意晦澀。在《讀〈近三百年名家詞選〉》裏，吴世昌評點了 43 位詞人的作品。雖然對多數詞人都有批評，但以對王鵬運、朱祖謀、況周頤、陳曾壽的批評最爲嚴厲。例如王鵬運的《鷓鴣天》（雲意陰晴覆寺橋）這首詞，被龍榆生收進《近三百年名家詞選》（以下簡稱“龍選”），但是在吴世昌看來，這首詞可謂一無是處："此詞一句笨拙，二句淺薄，三句做作，四句生硬。下片二對句勉强，二句意義不明，末聯貌似深刻，細思之文理不通。"關於朱祖謀的詞，吴世昌認爲，只有"《玉樓春》三首爲其傑作"，而"龍選"未收。就"龍選"所收的32首詞中，吴世昌評點了19首。這些評語可分爲如下幾類：一是"刻意煉句，弄巧成拙"、"如此煉句，真是要命"、"如此琢句，病入膏肓"、"越是着急煉字，越令人作嘔"、"如醜女扭捏，彌覺可厭"、"何其做作"、"令人作嘔"、"令人惡心"；二是"堆砌故實，頗見混亂"、"割裂義山，了無情趣"、"死學夢窗，真是何苦"；三是"全不相稱"、"前後矛盾"、"不通"、"可憐不通"、"不通之至"、"尤覺不通"、"真不知所云"、"不辭"、"作者不自覺，選者看不見，令人齒冷"、"不知所云"、"笨話"、"未免才短"、"幼稚笨拙"、"劣"、"甚劣"等等。彊村詞的主要毛病，一在雕琢字句，一在堆砌故實，由於這兩個緣故，所以往往搞得弄巧成拙，詞意晦澀。吴世昌的這些評語，雖然過於簡略，甚至有些刻薄，但也頗能擊中其要害。蕙風詞的成就比彊村詞要高，在吴世昌看來，他的問題主要在聲律方面，如"湊韻"等等，所以吴世昌對他的批評，言辭要温和一些[41]。

王鵬運、朱祖謀等人，在20世紀詞學史上是有重要貢獻的。他們在詞籍的輯佚、校勘、箋注、彙刻方面，做了大量的超越前人的工作，這是誰都無法否認的。他們在詞學觀上繼承"常州派"的傳統，注重詞的社會價值，這對於提高詞的地位，也具有一定的積極意義。但是，張惠言的那種"漢儒説詩"式的迂腐做法，周濟的那種"問塗碧山"的褊狹路子，以及吴夢窗的那種雕琢晦澀的詞風等等，他們也一並繼承了下來，並且作爲"不二法門"，傳授給年輕的一代。他們這樣做，不僅束縛了自己的手腳，影響了自己對於詞的體性和歷史的正確認識，使得自己有可能取得的創作成就大打折扣，也誤導了年輕的一代，誤導了讀者。但是，由於他們在詞壇上的領袖地位，由於他們長期握有詞學界的話語權，長期以來，幾乎没有人敢對他們提出如此尖鋭的批評。從這個意義上講，吴世昌倒是一個敢於講真話的人。誠然，吴世昌對王鵬運、朱祖謀等人的批評，只是一種評點式的、印象式的批評，缺乏應有的邏輯力量和理性色彩，某些用語也不夠恰當。但是，他能夠對一個世紀以來在詞學界享有霸主地位的王、朱等人説"不"，至少可以提醒大家，對任何權威都不要盲從。王、朱等人也是有缺陷的，也是可以批評的。批評王、朱等人，不是要和他們過不去，更不是要"顛覆"他們，而是要通過對他們的批評，引起學術界對傳統詞學的反思。從某種意義上講，對以王、朱等人爲代表的傳統詞學的反思達到什麽程度，就標志着我們對現代詞學的理解和追求達到什麽水準。

批評"兩分法"

所謂"兩分法"，就是以"豪放"、"婉約"爲標識，把唐宋詞人分爲兩派。一派如蘇軾、張元幹、張孝祥、陳與義、辛棄疾、陸游、陳亮、劉過、劉克莊、文天祥等等，屬於"豪放派"；一派如温庭筠、韋莊、馮延巳、二李、二晏、柳永、歐陽修、張先、秦觀、周邦彦、賀鑄、李清照、姜夔、吴文英、史達祖、周密、王沂孫、張炎等等，屬於"婉約派"。貼過標識、劃過成分之後，再按照"政治標準第一、藝術標準第二"的原則，對他們進行價值判斷，重"豪放"而輕"婉約"，把"豪放派"和"愛國主義"、"現實主義"、"人民性"等等劃等號，把"婉約派"和"形式主義"、"唯美主義"、"頽廢情緒"、"没落思想"等等劃等號。從20世紀50年代初期到80年代初期，這30年間問世的文學史、詞選和詞學文章等等，多數都是按照這樣一個模式炮制出來的。

吴世昌對這個"兩分法"可以説是深惡痛絶。1979年，他開始在中國社會科學院研究生院講這個問題，1982年秋天訪問日本時，他再次就這個問題發表演講。1983年，他連續發表了兩篇文章：《有關蘇詞的若干問題》和《宋詞中的"豪放派"與"婉約派"》，反復就這個問題陳述自己的意見。他指出："自唐五代到北宋，詞的風格很相像，各人的作品相像到可以互'亂楮葉'，一個人的詞掉在别人的集子裏，簡直不能分辨出來，所以也無法爲他們分派别，實際上北宋人自己從來也没有意識到他的作品是屬於哪一派，如果有人把他們分成派别，貼上簽條，他們肯定會不高興的。"針對"有些詞論家把宋詞分爲婉約與豪放兩派，而以蘇軾爲後者的領袖"這個問題，吴世昌專門對蘇詞作了一番深入細緻的調查研究。他發現，蘇軾並没有"一洗綺羅香澤之態"。《東坡樂府》340多首，專寫女性美的（即所謂"綺羅香澤"）不下50

首，而集中最多的是送别朋友、應酬官場的近百首小令，幾乎每一首都要稱讚歌女舞伎（"佳人"）。"在東坡全部詞作中，不洗'綺羅香澤'之詞超過一半以上，其他咏物詞（尤其是咏花）也有30多首，腦中如無對'佳人'的形象思維是寫不出來的。甚至連讀書作畫，也少不得要有'紅袖添香'。説蘇東坡這樣一個風流才子，竟能在詞中'一洗綺羅香澤之態'，將誰欺，欺天乎？"[42]他强調："即使把蘇詞中的'大江東去'、'明月幾時有'、'老夫聊發少年狂'一類作品算作'豪放'詞，我們至多也只能説，北宋有幾首豪放詞，怎麽能説有一個豪放派？如果真有這一派，試問有多少人組成？以誰爲派主？"如果"指蘇軾是豪放派的代表，或者説蘇詞的特點就是豪放，那是以偏概全，不但不符合事實，而且是對蘇詞的歪曲，對作者也是不公正的"[43]。説到南宋詞，誠然有不少"慷慨激昂、義憤填膺"的作品，所以南宋詞人中多有所謂"豪放派"。但是"'豪放'二字用在這裏也不合適，應該説是'憤怒派'、'激勵派'、'忠義派'才對。'豪放'二字多少還有點揮灑自如、滿不在乎、豁達大度的含義"[44]。

吴世昌的結論是：北宋只有范仲淹、蘇軾和王安石等人的不到10首豪放詞，根本没有一個豪放派；南宋那些寫有"慷慨激昂、義憤填膺"之作的詞人，似乎可以稱作"豪放派"，但"豪放"這個名稱並不恰當。"豪放、婉約這些名目，在當時並無人用，只是後世好弄筆頭或好貼簽條的論客，才愛用以導演古人，聽我調度。"[45]這就從作品和作者這兩個層面上否認了"兩分法"。

據考察，最早使用"豪放"、"婉約"來論詞的，是明人張綖。他在《詩餘圖譜凡例》中説："詞體大略有二，一體婉約，一體豪放。婉約者欲其詞情藴藉，豪放者欲其氣象恢宏。蓋亦存乎其人，如秦少游之作多是婉約；蘇子瞻之作多是豪放。大抵詞體以婉約爲正。"然而，張綖在這裏是用"豪放"、"婉約"來論詞體，即詞的風格，不是用來論詞派。詞體涉及的對象是作品，詞派涉及的對象是人，用"豪放"、"婉約"來論詞體是没有錯的。因爲同一個詞人的作品，可能有多種風格，有"豪放"的，也有"婉約"的，甚至還有其他。所以張綖説"秦少游之作多是婉約，蘇子瞻之作多是豪放"，這就是説，他們兩人除了"婉約"或"豪放"，還有其他的風格，不可一概而論。如果把張綖用來論詞體的話拿來論詞派，那就不恰當了，因爲同一個詞人，不可能既屬“豪放派”，又屬“婉約派”。一個詞人可以有多種風格，但不可能同時屬於多個流派。持“兩分法”論詞派的人，恰恰就在這個基本常識方面出了問題。有人説蘇軾是“豪放派”，吴世昌説，蘇軾的豪放詞並不多，相反，多數都是婉約詞，多數都没有“一洗綺羅香澤之態”；有人説柳永是婉約派，吴世昌説，柳永也寫過豪放詞，他的《八聲甘州》“不減唐人高處”，“倒真正可稱爲‘豪放’詞”。如果能像張綖那樣，只用“豪放”、“婉約”來論詞體，不用它來論詞派，就不會有這種尷尬。現在有些人反思“兩分法”的來龍去脈，習慣於將其“始作俑者”歸到張綖的頭上，這是不符合事實的。

張綖在以“豪放”、“婉約”論詞體的時候，雖然説過“大抵詞體以婉約爲正”，但是並没有貶低豪放詞，並没有揚此而抑彼。持“兩分法”論詞派的人，卻把張綖的觀點完全顛倒過來了：重“豪放派”，輕“婉約派”。吴世昌指出：“豪放派”和“婉約派”，雖在解放以前就有人談起，但解放以後談得最多，甚至“越談越起勁”，“越談越肯定”。“由此而推演發揮，則豪放一派變爲中國詞史上的主流或進步或革新的力量，思想性、藝術性、文學價值最高；而婉約派則是保守力量，消極成分，落後乃至庸俗不堪，不值得讚揚提倡，必須加以批判等等。于是不談詞則已，一談則言必稱蘇、辛，論必批周、柳。”[46]詞學研究走到這一步，還有多少科學性可言呢？

需要指出的是，這種“兩分法”，乃是統治中國的思想文化界長達30年之久的極左思潮和庸俗社會學在詞學領域的必然反映。那時候，社會學領域有所謂“無産階級”和“資産階級”，經濟學領域有所謂“社會主義”和“資本主義”，哲學領域有所謂“唯物主義”和“唯心主義”，史學領域有所謂“法家”和“儒家”等等。思想文化界的“二元對立”，則源於政治生活中的“敵”和“我”、“國民黨”和“共産黨”、“無産階級司令部”和“走資本主義道路的當權派”的對立，也源於幾千年來儒家文化的思維定勢：非此即彼，非君子即小人，“非我族類，其心必異”。當沉澱了幾千年的儒家文化的糟粕和瘋狂年代的極左思潮、庸俗社會學等等攪和到一塊時，學術文化的災難就無法避免了。詞學領域的“崇豪放輕婉約”，與詩學領域的“崇李抑杜”、古文領域的“崇柳抑韓”一樣，都不再是一個純學術的問題，而是具有了濃厚的社會政治鬥争的味道。

吴世昌對於“兩分法”的批評，無論是就詞學研究來講，還是就整個學術文化建設來講，都具有重要的意義。《羅音室詞札》裏有這樣一段話，回答了他“爲什麽反對將宋詞分爲‘豪放’、‘婉約’二派”。他説：“分派有必要嗎？完全没有。一個批評家只有在失去了具體問題具體分析的能力時，才只好乞靈於分派這個以偏概全的笨辦法。”更有甚者，分派“養成學術上專制、獨裁的學風。你只要提出别的評價，就是反對‘豪放’”。“機械的分派，堵塞了自由研究之路。我們主張自由研究，批評家、鑒賞家從人云亦云、隨口附和的懶惰惡習中解放出來，不再受分派的牢籠限制。”[47]所以吴世昌的批評“兩分法”，不僅僅是澄清了詞學領域的一段是非，不僅僅是爲詞學領域做了一件撥亂反正的工作，而且是從一個獨特的角度，對整個思想文化界的“非此即彼”的思維模式、“人云亦云、隨口附和”的鄉愿習氣和“專制、獨裁”的學閥作風等等作了嚴肅的批判。

需要澄清的一個問題是，吴世昌所批評的“兩分法”的代表人物究竟指誰？有人説是指胡適和胡雲翼，可是我翻遍吴世昌公開出版的所有詞學著述，並没有發現他在批評“兩分法”時提到“二胡”的名字，是不是私下裏對自己周圍的人提過？我們不得而知。不過，我倒要借此機會，爲“二胡”作一點辯護。第一，胡適從來没有把宋代的詞人分爲“豪放派”和“婉約派”。他在《詞選》“自序”裏，曾經把自晚唐到元初（850～1250）的詞分爲三個階段，即：（1）歌者的詞，（2）詩人的詞，（3）詞匠的詞。顯然，這種分法是分段，而不是分派，他所針對的是詞，而不是詞人。第二，胡雲翼早年寫作《宋詞研究》時，和吴世昌所持的觀點是一樣的，即不承認宋代的詞人有什麽流派。晚年編撰《宋詞選》時，他雖然講過宋詞有派，雖然熱情表彰過“豪放派”，但是，他從來没有拿“豪放派”和“婉約派”對舉。在他所有的著述中，也從來没有使用過“婉約派”這個概念，相反，他使用得較多的，是“其他風格流派”。他認爲，無論是“豪放”，還是“婉約”，都不能代表宋詞的全部風格。第三，胡適也好，胡雲翼也好，吴世昌也好，都是王國維的追隨者，他們都繼承了王國維的詞學思想，也都發展了他的詞學思想。他們都信奉“境界”説，都持進化的詞史觀，都推崇唐五代北宋詞而不喜辛棄疾以後的南宋詞。他們之間，相同的地方太多了，人爲地把他們三人對立起來，似乎不大恰當。

事實上，據吴世昌本人的意見，“兩分法”的始作俑者是宋人胡寅，推波助瀾者則是清代“常州派”的代表人物周濟。他説：“周濟《宋四家詞選》劃蘇、辛爲一派，以辛棄疾作爲頭頭，蘇軾歸附之，以爲稼軒地位在東坡之上；另一派以秦觀爲代表。這樣分派很不全面，不準確。實際上，秦觀的詞有的説得一點也不婉約，柳永、李清照也有寫得很露骨的；而蘇軾三百多首詞，寫得豪放的，僅是個别幾首，辛棄疾是帶兵打仗的人，也受了李清照很大影響。此外，周邦彦詞，則既不豪放，也不婉約。兩派説，無法包括全部宋詞。”⑱至於“兩分法”在20世紀中期的代表人物是誰，恐怕誰都難以指認，因爲許多人都曾這麽講過，都曾這麽做過，怎麽好把一個時代的認知錯誤，記在一兩個人的賬上？

“調查娘家的工作”

吴世昌是一個具有强烈的批判精神的人，但是，如果認爲他只有批判，没有建樹，那就錯了。他在詞學方面是頗有建樹的。他的建樹不在詞籍的輯佚、校勘和彙刻，也不在詞人年譜的編撰和詞的聲律的考證，而在作品的解讀、詞人的評價和詞的文體特徵的探討等等，他通過這些解讀、評價和探討，不僅提出了許多新的見解，而且爲詞學研究提供了新的思路和新的方法。限於篇幅，不能一一羅列，只能擇其要者加以評述：一是“調查娘家的工作”，一是對詞的“叙事結構”的分析。

所謂“調查娘家的工作”，就是考察詞與其他文體、其他藝術門類之間的關係。吴世昌在《談詞中的名物、訓詁和隸事》一文裏，講了這樣一件事。他説：“《唐文粹》説到有人要作一篇《海賦》，覺得海中只有水，苦於無法鋪叙，因去請教姚鉉。姚鉉告訴他道：‘誰教你只從海水着想呢？應該從海的上下四旁説起。’”他由此得到重要啓發：“我以爲要了解詞也是如此：應該從詞的上下四旁説起。詞之上是詩，下是曲，四旁是唐宋的傳奇、筆記、小説，以及其他集部之書，這也就是調查娘家的工作，不過同時也調查她的舅母、姑媽、伯叔、姨夫以及堂兄弟、表姊妹之類。”⑲

這種“調查娘家的工作”，前人和時賢也曾做過，例如考察詞與音樂的關係，詞與樂府的關係，詞與詩的關係等等。吴世昌的獨特之處，是在考察詞與戲曲、詞與話本等叙事文學之間的關係，並且提出了許多有價值的見解。

吴世昌指出：“《花間集》中的小令，有的好幾首合起來是一個連續的故事，有的是一首即是一個故事或故事中的一段。”他以孫光憲的《浣溪沙》八首、《菩薩蠻》五首和顧瓊的《虞美人》六首爲例，指出“這種以詞來連續寫一個故事或一段情景的作風很有點像後世的散套”。他認爲：“在傳世詞中最好的五更調是和凝的五首《江城子》，但因爲他並未標明是‘五更調’，所以從來没有人認出這正是後世民間小調‘五更相思’的老祖宗。但如仔細按其内容，則無疑是這一類的作品。”“至於曾布咏馮燕的‘水調七遍’，更是上承‘花間’，下啓散曲的明顯的例子。”他由此得出結論説：“歷來研究文學史者，都以詞曲連續起來記述故事，而爲後世戲曲之濫觴者，當舉趙令時的《商調蝶戀花》。由上文的例證來看，實在應該祧‘商調’而宗‘花間’。”[50]

吴世昌認爲：“以一首小令寫故事的風尚，到宋代還很流行。”他以周邦彦的《少年遊》（朝雲漠漠散輕絲）和同調（并刀如水）等作品爲例，指出“《清真集》中有許多結構極好，暗合現代短篇小説作法的故事，都能以寥寥數十字出之”[51]。又説：“近代短篇小説作法，大抵先叙目前情事，次追述過去，求與現在上下銜接”，然後承接當下情事，繼叙爾後發展。歐美大家作品殆無不守此義例。清真生當九百年前已能運用自如。”[52]

吴世昌通過對《草堂詩餘》的研究，指出“在宋代，‘詞話’或‘詩話’之意義有二：一爲評論詩詞之内容及其有關故實，其含義與今人所了解者相同；一爲宋代瓦子（劇場）藝人所用‘話本’名稱之一。其所唱之詞若詩與‘話’（故事）之本子，即合稱爲‘詞話’或‘詩語’，簡稱‘話本’”。“當時藝人説唱故事，既須隨時唱詩或詞，而故事雖可臨時‘捏合’，詩詞則須事前準備；非有素養，難於臨時引用。至其所引用者，或由自己編製，或爲前人篇什，或採用當時流行詩詞。”而“《草堂詩餘》將名人詞分類編排，輒加副題，實爲應此輩藝人需要而編，故雖爲選集而又名‘詞話’”。“其爲宋代説話人而編之專業手册，非爲詞人之選讀課本，昭然若揭。由此，亦可見當時城市繁榮，説唱盛行之情況。”[53]

詞和小説的這一層關係，應該屬於吴世昌的獨家發現。他對此是頗爲自信的。他指出："清代詞人鋭意復古，然知宋代詞與小説淵源之迹者鮮矣。《草堂詩餘》在宋、明盛行，其故即在於其編製便於説話藝人之採用，而近世文人知此者亦鮮矣。"[54]事實也是如此。在吴世昌之前，没有人注意到詞和小説之間的這一層關係，更没有人注意到《草堂詩餘》除了"應歌"，還可以作爲説話人的"專業手册"。直到現在，即在吴世昌的這篇文章發表30多年之後，某些專家的認識，仍然只停留在"應歌"這個層面，即認爲《草堂詩餘》是宋代的流行歌曲集，"類編"專爲應歌而設，"取便歌者"。這種各説各的、不注意吸收前輩學者已經取得的學術成果的現象，在當代學術界並不少見。

"叙事結構分析法"

吴世昌考察詞和戲曲、話本之間的關係，最初是基於這樣一個事實，即詞中有"故事"。也就是説，詞的基本元素當中，除了"情"、"景"、"理"，還有"事"。他認爲，周邦彦之所以能"集大成"，"其關鍵處就在於，能在抒情寫景之際，滲入第三個因素，即述事"[55]。詞中因爲有"事"，也就和叙事文學（如戲曲、話本）之間有了互爲體用的關係；因爲有"事"，也就有了叙事文學一樣的"結構"。而他的另一個重要貢獻，就是分析詞的叙事結構。

在20世紀詞學史上，俞平伯也是一個非常重視詞的結構分析的人，他的《讀詞偶得》（1934）和《清真詞説》（1948），可以算是這方面的代表作。吴世昌的路子和俞平伯不一樣。俞平伯的重點，在詞的謀篇布局，即詞的"情"、"景"、"事"、"理"諸要素的組織安排。吴世昌指出："歷來講文章的有所謂起、承、轉、合，近來講戲劇的也有所謂介紹、發展、變化、高峰、下降各種分幕，講繪畫的也有向背、明暗、比例、空距等名目。似乎寫在紙上的東西都應該有點章法，但這些又似乎偏於作法方面，屬於修辭學的謀篇布局之内。"[56]這種分析方法，我們姑且稱之爲"一般結構分析法"；吴世昌所講的詞的結構，不是這種一般意義上的"章法"或"謀篇布局"，而是指它的"叙事結構"；他所做的結構分析，是從故事的脈絡入手，觀其"以詞寫故事之妙"，我們姑且稱之爲"叙事結構分析法"。

吴世昌認爲，小令中有“事”，但不一定有“章法”：“小令既從絶句化出，起初也多是抒情或簡單的記事，所以章法比較簡單。或竟無需乎講章法，只把幾個富於暗示或聯想的印象記下來，只要音調和諧，詞句動人，就算佳作。”但是慢詞就不一樣了：“不論寫景、抒情、敘事、議論，第一流的作品都有謹嚴的章法。這些章法有的平鋪直敘，次序分明。這是比較容易看出來的。有的卻回環曲折，前後錯綜。不僅粗心的讀者看不出來，甚至許多選家也莫名其妙。”[57]他以周邦彦的《瑞龍吟》（章臺路）這首詞爲例：“若論章法，則我以爲此詞頗似現代短篇小説的作法：……第一段敘目前所見景物，第二段追憶過去情況，末段再回到目前景況，雜敘情景，發展到悄然回去，寄以哀感。末段是一個大段，所以中間又插入一句回憶：‘吟箋賦筆，猶記燕臺句’，作爲現在不遇的對比，激發下文的愁思。”吴世昌指出：這一首詞就是寫具體的故事，而且這類故事也很普通，大體情調，和崔護的《題都城南莊》差不多。“不過崔詩順次平敘，周詞錯綜反復，遂顯得章法謹嚴，結構精密。這類故事，我們可以稱它爲舊詩中的‘人面桃花型’。”[58]吴世昌的弟子施議對教授解釋説：“這是由時間順序推移所構成之結構模式。這一模式的特點是，空間位置不變，時間變，以之創造意境，易於達致風光依舊、人事全非之藝術效果。”[59]

吴世昌又以柳永的《引駕行》（紅塵紫陌）爲例，指出“作者的手法，先是平鋪直敘，後來追憶從前，幻想現在，假設以後，一層層推進，卻同時一層層收緊，最後四字鎖住了全篇。而在這追憶、幻想、假設之中，有的指作者自己，有的指對方，這更使章法錯綜複雜，但層次則始終分明，絶不致引起誤解”[60]。柳永這首詞的情調和李商隱的《夜雨寄北》正相似，吴世昌稱這種“從現在設想將來談到現在”的章法爲“西窗剪燭型”。施議對教授解釋説：“這是由時間順序推移及空間位置變换所構成之結構模式。這一模式，時間與空間都發生變化，即有所延伸與擴充，因而，其所負載的意，也就更加深長，更加富有姿彩。”[61]

吴世昌總結説：詞的章法當然不止這兩種，但這兩種是長調中比較習見的，也是不大容易了解的。“中國的其他文字，如歷史、傳記、議論文、寫景抒情的散文等，其内容的時間性是很容易看出來的。惟有詩詞之類，因爲其形式既受格律（用韻、平仄、字數等）的限制；其内容中又常常錯綜着事實與幻想，而這兩者都有‘追述過去’、‘直叙現在’、‘推想未來’三式；有時又有‘空間’摻雜其間，如‘她那兒’‘我這兒’之類，因此更加複雜難辨。我們讀詞，最要注意：哪幾句是説‘過去’，哪幾句指‘現在’，哪幾句指‘未來’？哪些句是寫現實情景，哪些句是寫想象意境？要明白這些關鍵，需要留心領字領句。”因爲通過領字和領句，“很容易看出它們所領各句的時、空和虚、實來的。如果把一首詞内容的時、空、虚、實弄清楚了，則對於本詞的章法，自然透徹了解，毫無歧義了”[62]。

吴世昌不僅非常精細地分析了慢詞的兩種較常見也較複雜的叙事結構類型，臨了還送給讀者一把鑰匙，即通過領字、領句去分析詞的時、空、虚、實。他這樣真誠地、細緻地來做詞的結構分析，比起老輩的學者，可以説是一個歷史的跨躍。誠如他所講的那樣：“以前精於此道的老輩，他們也心知其意，但因爲不會用術語，不願或不善傳授，後學受惠甚少。”例如宋人沈伯時，他在講到清真詞的時候，説清真“下字用語，皆有法度”（《樂府指迷》），可是“法度”在哪？他没有説；清人周濟説“清真多鈎勒”，“愈鈎勒愈渾厚”（《宋四家詞選》序），可是什麽是“鈎勒”，他也没有講明白。吴世昌不僅用“自然明白”的語言，講清楚了清真詞的“法度”，即叙事結構，還從一個全新的角度，解釋了周濟所説的“鈎勒”二字：“他的所謂‘鈎勒’，即述事：以事爲鈎，勒住前情後景，則新境界自然湧現。既湧現矣，再加鈎勒，則媚嫵畢露，毫髮可見，故曰‘愈鈎勒愈渾厚’。”[63]

這種“叙事結構分析法”，無疑是一種非常有效的方法。吴世昌指出：“《清真集》中許多作品有故事結構，如果不先清理出來，弄清其來龍去脈，是不容易讀懂的。”[64]其實何止是《清真集》？許多慢詞作家的作品，都是有故事結構的。如果能夠準確地領會和掌握這種結構分析方法，對於更好地體悟和把握作品的情感内容與藝術特徵，無疑是有重要幫助的。

吴世昌是一位思維敏捷、才氣縱横的詞學家，也正因爲如此，他的著述也有不夠嚴謹的地方。例如：他説柳永的詞，“情景二者之間無‘事’可聯繫”，未能像周邦彦的詞那樣，“能在抒情寫景之際，滲入一個第三因素，即述事”[65]，卻忘記自己曾把柳永的《引駕行》(紅塵紫陌)作爲"西窗剪燭型"的一個顯例,既用文字又用圖表,詳細地分析它的叙事結構[66],甚至肯定宋人王灼論柳詞"序事閑暇,有首有尾"等等,爲"宋人中評柳詞較公允者"[67]。他一面説蘇軾的《念奴嬌》(大江東去)、《江城子》(老夫聊發少年狂)和《水調歌頭》(明月幾時有)"這幾首作品只能説是曠達,連慷慨都談不到,何況'豪放'"[68]?一面又説"北宋没有豪放派,並不是説北宋就一定没有豪放詞。少數格調比較高昂,氣魄比較恢宏的作品是有的,比如范仲淹的《蘇幕遮》、《漁家傲》和蘇東坡的'大江東去'"[69]。又例如,他一面指出"宋代有些文人喜歡在筆記中替名家的作品編造'本事',表示他們是'消息靈通人士','熟悉詞壇掌故'。某些大家如柳(永)、周(邦彦)、蘇(軾)、辛(棄疾)諸人的作品,尤其不免"[70]。並且還就周邦彦和蘇軾作品的某些"本事"做了辨正,可是在講到柳永的生平時,他又似乎相信了宋人編造的"本事",稱柳永"直到他改名爲'永',才中了景祐元年(1034)的進士"[71];稱"柳永大概没有結婚,他死後又没有家屬爲之營喪葬,由歌女們聚資將他埋葬"[72]。而事實上,柳之改名爲"永",是因爲疾病,求長壽延年;柳永是結過婚並且有子嗣的,他的兒子叫柳涚,孫子叫柳彦輔[73]。當然,這些缺失是可以原諒的。評價老一輩學者的學術貢獻,主要的不是看他的每一個觀點、每一處表述是否都正確,都嚴謹,而是要看他有没有爲整個的詞學研究提供一些新的東西,包括新的詞籍整理成果、新的觀點和新的方法等等。對吴世昌是這樣,對其他老一輩的學者也應該是這樣。

注　釋

① 吴世昌《我的學詞經歷》,《吴世昌全集》,河北教育出版社2003年版,第4卷,第1頁。

② 吴世昌《羅音室碎語》,《吴世昌全集》第12卷,第196頁。

③ 吴小如《顧隨先生談辛詞》,《顧隨先生百年誕辰紀念文集》,河北大學出版社1999年版,第143頁。

④ 顧隨《沈啓無編校〈人間詞〉及〈人間詞話〉序》,《顧隨全集》,河北教育出版社2001年版,第2卷,第98頁。

⑤ 顧之京《記先父顧隨的一生》,《顧隨全集》第4卷,第642頁。

⑥ 吴世昌《羅音室碎語》,《吴世昌全集》第12卷,第195頁。

⑦ 吴世昌《新詩和舊詩》,《吴世昌全集》第3卷，第7~8頁。
⑧ 吴世昌《評〈人間詞話〉》,《吴世昌全集》第5卷，第108、115、117頁。
⑨ 王國維《人間詞話》,《蕙風詞話·人間詞話》，人民文學出版社1962年版，第191頁。
⑩ 同上書，第193頁。
⑪ 同上書，第219頁。
⑫ 同上書，第216頁。
⑬ 同上書，第220頁。
⑭ 吴世昌《新詩和舊詩》,《吴世昌全集》第3卷，第3頁。
⑮ 吴世昌《評〈人間詞話〉》,《吴世昌全集》第5卷，第104頁。
⑯ 吴世昌《詞跋》,《吴世昌全集》第11卷，第58頁。
⑰ 王國維《人間詞話》,《蕙風詞話·人間詞話》，第226頁。
⑱ 繆鉞《總論詞體的特質》,《繆鉞説詞》，上海古籍出版社1999年版，第14頁。
⑲ 吴世昌《宋代詞論略》,《吴世昌全集》第4卷，第70頁。
⑳ 曾大興《繆鉞對王國維詞學思想的繼承與超越》,《四川大學學報》2006年第6期。
㉑ 吴世昌《宋代詞論略》,《吴世昌全集》第4卷，第70~71頁。
㉒ 王國維《人間詞話》,《蕙風詞話·人間詞話》，第218頁。
㉓ 同上書，第223~224頁。
㉔ 同上書，第260頁。
㉕ 同上書，第255頁。
㉖ 吴世昌《宋詞中的“豪放派”與“婉約派”》,《吴世昌全集》第4卷，第84頁。
㉗ 吴世昌《自傳》,《吴世昌全集》第1卷，第6頁。
㉘ 吴世昌《評〈白雨齋詞話〉》,《吴世昌全集》第5卷，第1頁。
㉙ 吴世昌《羅音室詞札》,《吴世昌全集》第5卷，第266頁。
㉚ 張惠言《張惠言論詞》,《詞話叢編》，中華書局1986年版，第2册，第1609、1617頁。
㉛ 周濟《介存齋論詞雜著》,《詞話叢編》第2册，第1630頁。
㉜ 周濟《宋四家詞選目録序論》,《詞話叢編》第2册，第1643頁。
㉝ 蔡嵩雲《柯亭詞論》,《詞話叢編》第5册，4908頁。
㉞ 王國維《人間詞話》,《蕙風詞話·人間詞話》，第233頁。
㉟ 同上書，第238頁。
㊱ 同上書，第231~232、245頁。
㊲ 吴世昌《我的學詞經歷》,《吴世昌全集》第4卷，第5頁。
㊳ 同上書，第2頁。

㊴ 吴世昌《詞跋》,《吴世昌全集》第11卷,第59頁。

㊵ 吴世昌《詞林新話》,《吴世昌全集》第6卷,第25~26頁。

㊶ 吴世昌《讀〈近三百年名家詞選〉》,《吴世昌全集》第5卷,第193~198頁。

㊷ 吴世昌《宋詞中的“豪放派”與“婉約派”》,《吴世昌全集》第4卷,第86~88頁。

㊸ 吴世昌《有關蘇詞的若干問題》,《吴世昌全集》第4卷,第119頁。

㊹ 吴世昌《宋詞中的“豪放派”與“婉約派”》,《吴世昌全集》第4卷,第92頁。

㊺ 同上書,第86~88頁。

㊻ 吴世昌《有關蘇詞的若干問題》,《吴世昌全集》第4卷,第118頁。

㊼ 吴世昌《羅音室詞札》,《吴世昌全集》第5卷,第267頁。

㊽ 施議對《子臧先生論詞學研究》,《今詞達變》,澳門大學出版中心1999年版,第344頁。

㊾ 吴世昌《談詞中的名物、訓詁和隸事》,《吴世昌全集》第4卷,第23頁。

㊿ 吴世昌《論讀詞須有想象》,《吴世昌全集》第4卷,第32~37頁。

51 同上書,第37頁。

52 吴世昌《片玉詞三十六首箋注》,《吴世昌全集》第4卷,第145~146頁。

53 吴世昌《〈草堂詩餘〉跋》,《吴世昌全集》第4卷,第243~244頁。

54 同上書,第247頁。

55 吴世昌《周邦彦〈少年遊〉賞析》,《吴世昌全集》第4卷,第190頁。

56 吴世昌《論詞的章法》,《吴世昌全集》第4卷,第24頁。

57 同上書,第25頁。

58 同上書,第27頁。

59 施議對《走出誤區——吴世昌與詞體結構論》,《今詞達變》,第368頁。

60 吴世昌《論詞的章法》,《吴世昌全集》第4卷,第30頁。

61 施議對《走出誤區——吴世昌與詞體結構論》,《今詞達變》,第371頁。

62 吴世昌《論詞的章法》,《吴世昌全集》第4卷,第31~32頁。

63 吴世昌《周邦彦和他被錯解的詞》,《吴世昌全集》第4卷,第135頁。

64 同上。

65 吴世昌《周邦彦〈少年遊〉賞析》,《吴世昌全集》第4卷,第190頁。

66 吴世昌《論詞的章法》,《吴世昌全集》第4卷,第30~31頁。

67 吴世昌《宋詞作家論·柳永》,《吴世昌全集》第4卷,第97頁。

68 吴世昌《宋詞中的“豪放派”與“婉約派”》,《吴世昌全集》第4卷,第87頁。

69 同上書,第90頁。

70 吴世昌《周邦彦和他被錯解的詞》,《吴世昌全集》第4卷,第135~136頁。

⑪ 吴世昌《宋詞作家論·柳永》,《吴世昌全集》第4卷,第94頁。

⑫ 同上書,第98頁。

⑬ 曾大興《柳永辨正》,《辭書研究》2000年第6期。

曾大興,1958年生。湖北赤壁人,廣州大學中文系教授、系主任。

Mrs. Wu Shichang's Research on Ci

Zeng Daxing

Summary

Wu Shichang's teacher in ci was Gui Sui when he studied in Yanjing university. Gu Sui esteemed "the world notes and comments on ci" and Wu Shichang was also deeply influenced by it. Wu Shichang's theory was interlinked with Wang Guowei in basic characteristic and history of ci. He believed that the best work of ci is real, nature, sincere and easy to understand. He criticized the farfetched analogy of school of Changzhou and the theory of Zu Zumao in carving words and stacking literary and defending rule of pattern and the theory of some researchers esteeming Hoafang ci and disparaging Wanyue ci. He pointed out that ci has relations with poem, drama, novel and he called the work of researching their relations as "investigating the maternal home". His analyzing in narrative structure of ci and providing analysis method has significance value in understanding contents and artistic characteristic of ci.

王鍾翰先生的學術成就及其在史學領域中的地位*

仲棣梓

我們敬愛的導師、著名歷史學家王鍾翰先生，於 2007 年 12 月 12 日淩晨不幸辭世，依依不捨地告别了他畢生珍愛、辛勤耕耘的史學研究事業。先生從事清史、滿族史、民族史研究六十餘年，爲世人留下了豐厚的學術遺産和寶貴的治學經驗。如同許多卓越的學者一樣，王鍾翰先生一生獨特的學術風格和成就，決定了他在現代史學領域的特殊地位。

一　從崛起到清史研究的前沿

20 世紀 20 年代初，中國史學正處於由傳統史學向現代史學轉型的階段，許多領域都産生了成就卓越的大師，鬥艷争輝，形成一派空前繁榮的氣象。然而，民國初年設館纂修的《清史稿》，代表的仍是清史研究的古典史學[①]。國内史學界對清史的系統研究，尚屬一片空白，落後於日本學者。首先出來改變這一局面者，當屬蕭一山和孟森。蕭著《清代通史》明揭欲與日本學者稻葉君山的《清代全史》一争短長；而孟森則主要致力於清朝開國和前期史的研究，《明元清系通紀》的輯録即其結晶，《清史講義》亦是影響深遠的清代通史。二三十年代，蕭、孟二人以各自的成就，爲現代清史學的發展開闢了道路。他們作爲“中國清史研究的奠基者”，是當之無愧的[②]。

但在孟森去世之後相當長的一段時期内，清史學的後繼者似乎未能推出足

* 本文由王鍾翰先生門人討論撰寫。

以繼往開來的成果，將清史學推向另一個高峰。究其原因，顯然是受到學術發展必要條件與自身規律之制約。一個學科成熟之重要條件之一，即基本史料之發掘、整理與積累。而清史研究恰恰缺少這樣一個階段。所以，中國清史研究的開創者必須承擔起這項使命，孟森先生便是一個典型。但僅憑一二學者的努力，這項繁重的任務自是無法完成。孟森的學術成績主要體現在清朝先世及開國史上，這又恰恰是他的研究最爲精到的領域。然而在清史的其他領域，尚缺少這種開拓性的耕耘工作。這也爲孟森之後中國清史研究者留下了廣闊的發展空間。同時，史學研究發展的規律，無論是通史還是斷代史，往往顯示出綜合與分析這兩大要求交替主導着研究的趨向和風氣。在蕭、孟二人之清代通史問世之後，必然會出現轉入清代專門史及具體問題分析式的研究階段，而不可能是清代通史的層出不窮。也就是説，清史研究要朝着深入細緻即微觀的研究方向發展。這也預示着清史研究將會出現多極化的展開，而不可能形成定於一尊的局面。只有在清史的幾大主要領域和諸多專門史研究取得一定成績之後，才有可能在新的基礎上產生更深一步的綜合研究。

王鍾翰先生的清史研究，恰好適應了當時學術發展的内在要求。他的爲學次第及治學路徑，不但帶有鮮明的個性，同時也給中國清史學的發展打上了深刻的時代烙印。

王鍾翰先生開始習學研究清史已是30年代末期，在他稍前，鄭天挺先生和謝國楨先生的研究已經顯示出這一時代特徵。鄭先生在清代先世、清皇室血系及清初社會和宫廷風俗的研究上，已非孟先生清前期史所能藩籬。而謝先生則從私家野史筆記資料的清理中結集爲《晚明史籍考》一書，重啓南明史研究的新局面。而先生步入清史雖在之後，卻非謹循孟、鄭門徑[③]。他爲學伊始，即在治學途徑和規模上顯示出自成一家之氣象。這實有其得天獨厚的條件。燕京大學歷史系雖未有專治清史的名家，但鄧文如（之誠）先生諳熟清代掌故文獻，鮮有人能出其右；張孟劬先生更是《清史稿》的修撰人之一。正是他們將王鍾翰先生引入清史研究之門。洪煨蓮（業）先生的引得編纂與顧頡剛先生的古史辨，皆爲中國現代史學的奠基性的工作[④]。他們先進的學術思想和科學的研究方法，不能不對王鍾翰先生日後的清史研究產生巨大影響。王鍾翰先生重視清代官書和正史，除《實録》之外，更重視會典、則例以及政書中的典章制度。他的學士論文《清三通之研究》及碩士論文《清代則例與政法關係之研究》，均展現出這一特點。而晚年所撰《清代官制》實爲多年積思久慮之結晶，故備受學者推崇。正因如此，他的清史研究具有堅實基礎，絶無可能在一些重大問題的論述中發生誤會，同時也使他的學術論文具有極大的厚實感。要達到這一點，似易實難。即使在一些具體研究相當深入的當今，也很難有人對清代基本政治制度的掌握達到先生那樣的程度。據先生講，他之所以重視典章制度，乃得益於鄧文如師的指點。

典章制度的研究，又顯示出王鍾翰先生治清史的出發點，已不僅局限於單純事實層面的考證，而必然要求深入到研究問題本質性的聯繫。由於命運的驅遣，先生後來未能静心從事清代制度史尤其是官制的研究，確實給清史學留下一大遺憾。但時代風氣及燕大歷史系諸位導師的熏陶，使先生治學思維得以超越單純的考據，則是必然。1948 年發表的《清世宗奪嫡考實》一文，是先生的成名作。文章引徵繁富，考證精確，剪裁得體，行文流暢，爲史學界所公論⑤。但這絶非僅僅是一篇考證文章。從文章標題所揭，即知此文乃針對孟森《清世宗入承大統考實》而發，“從來論世宗事者，疑似之間，不免依違”一語，正爲孟森膠葛於“嫡”之一義。玆所欲論者，非欲判定孟、王二文之高低得失，而在於《奪嫡》一文之立意。“以允礽再立再廢始，以阿、塞、年、隆終”，即將圍繞胤禛繼位前後所有重大疑問皆與奪嫡相聯繫，伏因後果皆由奪嫡一以貫之。僅此而論，《奪嫡考》的基本思維取向就不是分析，而是基於分析之上的綜合，這恰與孟森《入承大統考實》形成鮮明對照。孟森以爲“將世宗之嗣位，與雍正間之戮諸弟，張皇年羹堯及隆科多罪案，皆意其並爲一事，遂墜入五里霧中，莫能瞭其實狀”⑥。先生於《奪嫡考》指出，孟森將各案分離，乃去真愈遠，“此則適得其反。故與本文結論迴乎不同”。後來先生在《自選集》序言中自道：《奪嫡考》是“將雍正諸弟與隆、年諸案綜合起來研究，是從問題發展的必然聯繫來思考的”。不論《奪嫡考》的一些具體結論將會受到何種質疑和挑戰，但其體現的思想方法，已完全具備了現代史學的特徵，這是毋庸置疑的。就上述意義而論，《奪嫡考》是將考據與史論結合的典範，對後人的研究産生了鉅大的影響。尤可注意的是，先生在後來改定的短序中對此文的宗旨所作的明確提示，其云：“嘗讀清史，總覺有同於元史者一點，即由帝位繼承而起糾紛。蓋滿洲風俗似蒙古，多立愛立少，不立嫡長，與之不無關係。康熙爲清最隆盛之時代，而奪嫡之争最烈。父子兄弟之間，視同敵國。後來引爲殷鑒，不立太子。然乾隆以後，每當爰立，則有齟齬。關係愛新覺羅一家盛衰者甚大。"[7]可見此文雖僅就世宗奪嫡一事始末而作，實則以此爲關鍵，進而探明清代皇位繼承制度演變及紛争之根由。而文章的附注對康熙朝太子預教禮儀考證尤詳，列舉有關史料甚至有今日之專著所未及者。世人論清代國祚較元長久，往往歸諸秘密建儲之制，於此多有溢詞，以爲勝出中原王朝傳統儲貳制度多矣。先生綜觀清代歷朝更替史實，對此説不以爲然，他特於注中指出："其實密建之制，自乾隆以後，並未見諸施行。""嘉慶、道光、咸豐、同治、光緒諸帝之立，並未預建，自是事實。"换言之，清代以秘密預立而得位者，乾隆一人而已。足見世宗懲康熙末年之失，創秘建之制，乃一時救急之策，實未形成世世相承的家法。以今日所見檔案，先生的結論或過於斬截，但其基本觀點，則依然無可動摇。在先生看來，清代入關之後的傳位之制，既未能固守祖宗家法一成不變，亦絶未幡然改從漢制。這是他以深刻的通觀得出的結論。可以説，先生很早就準確把握住有清一代政權中滿族性質。這一點恰恰是時下清史研究中所忽視的地方。

一般而言，由正史官書入手以治清史，其利在於容易掌握一朝興衰大勢；而其弊則在治史者應有的批判立場易爲統治觀念所奪。孟森治清史所以成功，原因之一即在以《東華録》質疑《實録》[8]。然孟森論著中於清朝地位頗持迴護，於其歷史弊端忽視甚多，也是顯而易見的，恐不能僅將此歸結爲力矯當時排滿之風所致。而先生治清史所表現出的質疑批判精神無疑更爲徹底。從《奪嫡考》及稍後發表的姊妹篇《胤禎西征紀實》來看，先生對有清一代的質疑和批判，已經不僅限於對官書文獻，而是透過紙面文字直逼出清王朝必然於官書作僞的本質，乃在於清政權的基本性質和民族特徵。由此可見，先生治清史之所以成功，首先在於思想上的超越之處，而手段固在其次也。他不取以滿洲統治者個人氣質決定王朝幽明的帝王史觀，實已步入異質文明的衝突融合的現代觀念，並以此來承接20年代史學新思潮。我們不能不説，這既得自燕大鄧、洪、顧諸位前輩的教誨和熏染，也是其赴美兩年之後思想更新的結果。《奪嫡考》一文以附注來承載大量的鋪述、考證，使正文於繁富中求簡練，於曲折的史實中體現思路的暢達，正文與附注，相得益彰。從中明顯看出受到洪業先生所作引得各序的影響，這也正是西方伯希和一派的風格。

自燕大本科期間首次發表《辨紀曉嵐手書四庫簡明目録》到《奪嫡考》、《西征紀實》，先生投身清史研究已十年有餘。其間雖因戰亂顛沛流離、輾轉求生而被迫一度中輟，而先生以承擔清史爲職志、爲民族争榮譽之心卻未曾稍息，云其堅韌卓絶，實非過譽之辭。十餘年潛心浸淫，他繼承了傳統史學必備的版本目録訓詁考據手段，還掌握了滿族語言及英語、日語，這是他日後得以超出中國清史學奠基一輩的優越之處。利用滿語系統地研究清史，並能與海外學者進行學術對話者，國内當推先生爲第一人。而更重要之處在於，他的研究思想不僅繼承中國史學求實的傳統，也融入了西方史學求真的精神，即要求在更高的意義層面上來重構歷史的價值取向。先生是孟森之後重新將清史研究與國際學術接軌的先驅。《奪嫡考》發表後，受到國内的葉遐庵和遠在美國的洪煨蓮師一致激賞，恰恰説明先生的清史研究不獨爲國内學者所推崇，同時也爲海外漢學界所接受[⑨]。先生後來因國内大學院系調整轉入滿族史研究，就個人主觀而言，應屬頗不情願。但先生卻能迅速在滿族史上取得進展，則不能不歸結到其史學思想的先進和對歷史理解的深刻。史學研究的多元性及歷史構成的多重性，實際早已植根於其思想之中。孟森離去之後的十餘年，正是先生從起步到崛起的階段。毫不誇張地説，此時的先生已站在清史學的最前沿。如果不是改而研究民族史，如果不是後來的政治風波，我們完全可以預料，以先生的學術積累和思想高度，極有可能在50年代，就會由他將清史研究推向一個新的高峰。遺憾的是，這樣的局面並未出現。以行政手段强行干預學術，對先生個人而言固然是一種傷害，對中國清史學的發展，又何嘗不是一大損失。

二　唯物史觀與清前期史的新探索

新中國建立之後不久，掀起學習馬克思列寧主義的熱潮，開展對舊知識分子的思想改造運動。與全國大多數知識分子一樣，王鍾翰先生以極大的熱忱來接受新的世界觀，積極學習掌握歷史唯物論，並以此指導自己的史學研究。就先生個人而言，有兩種因素影響着他在50年代的清史研究：其一是對全國少數民族的普查，其二是以馬克思主義的社會形態學説爲指導，對中國歷史，包括各少數民族的歷史進行研究。1957年結集的《清史雜考》，除上述《奪嫡考》、《西征紀實》之外，都是他在新形勢和新思潮下的研究成果。必須説明的是，“反右”運動之前，學術界的政治空氣雖日益濃厚，但尚未至於對正常的學術研究進行横加干預、野蠻禁錮的程度。中央民族學院研究部人才薈萃，仍保持着彼此探討切磋，相互激勵的良好學風。洪煨蓮先生雖遠在美國，然音訊尚未斷絶；鄧文如先生依然健在，存問如常。此一時期，先生情緒激昂，自我期許甚高，這在他的《甲丁日記》中反映得至爲明顯[10]。正因先生是以一種積極的姿態來適應新的政治和學術環境，同時舊日的優良學術傳統仍得以繼續保持，所以在短短的幾年内，依然能取得令人矚目的成果。這是一個對環境變化持抵觸或適應度較差的學者所無法想像的。從先生身上也反映出那一代知識分子的單純、勤奮與執着。

這一時期，先生的研究成果主要體現在《明代女真人的分布》（未收入《清史雜考》）、《滿族在努爾哈齊時代的社會經濟形態》、《皇太極時代滿族向封建制的過渡》三篇論文之中。正是這三篇論文，代表先生學術上的一個重大轉折：使其清史研究從以往所謂傳統的通史、政治史而轉入滿族史；從正統的王朝史上溯到清開國的前期史。就先生個人而言，當然是對於過去研究領域的拓展，但其意義並不僅止於此。明代女真的分佈和滿族社會形態的研究，同時也使先生置身於當時史學界所共同面臨的重大課題，即中國多民族統一國家之内中央王朝與周邊民族的關係問題。這是任何一位史學工作者，不論其具體研究屬於何種領域，都不能不加關注的歷史主題。借用王國維的説法，我們可以説，一代有一代之史學。每一時代皆有其成爲熱點的學術主題。那麽，新中國建立的新的政治體制，多元一體的民族格局，周邊少數民族空前的向心力，必然會將民族學、語言學、歷史地理學等學科推向一個新的階段。而作爲基本奠定中國現在疆域的最後一個專制帝國的清王朝，對它的研究，在當時勢必也將置於這樣一種大學術背景之中來發展。那種認爲先生自50年代即脱離了“正宗”清史研究的看法，不能不説是固守舊習的成見。

清代開國前期史是孟森先生開闢的學術領域。他的《明元清系通紀》，和另一位政治觀點不同的史學家吴晗後來所輯録的《朝鮮李朝實録中的中國史料》，不約而同地注意到系統整理滿族入關前的文獻記載，恐怕不是偶然的巧合，而恰恰反映了從不同的角度認識到清前期史對於整個清史研究的重要性。孟森在《清史講義》中，將他對清前期史的研究歸結爲兩點：其一、“明之惠於屬夷者，以建州女真所被爲最厚”；其二、“前史無論何朝，其開國以前祖先之事實，未有如清之先世，彰彰可考，既詳且久者也”⑪。這確是最基礎的，但也是具有前瞻性、開創性的工作，要想在此基礎上實現超越，實非易事。王鍾翰先生從事清史研究以來，之所以遲遲未能進入此一領域，或許與此有關。另一方面，孟森和後來的學者也都從明史研究中確認一個事實，即明朝自宣德以後，已將奴兒干都司從遼遠的黑龍江入海口撤回至開原，並從正統年間開始沿山海關至開原向北修築邊牆⑫。那麼，明中期以來對建州女真之外的其他東北女真的統轄範圍如何，便成爲亟需進一步解決的問題。先生所撰《明代女真人的分布》一文正爲此而發。故此文開宗明義：“在清王朝的奠基人努爾哈齊興起以前的女真諸部，從 14 世紀末到 16 世紀末大約二百年的期間，他們究竟分布在今天東北一些什麼地方，這是我們很想知道的一個問題。（這）不但對當時女真諸部所處的社會階段，而且對以後滿族的形成和發展等問題的研究都是有很大幫助的。”我們由此得知，此一問題的研究只是王鍾翰先生宏大的滿族史及清前期史的一個基礎性的工作。明朝在東北所設置的三百餘衛所的名稱、時間，需從史籍中重加檢索，本自不易，要一一確定其與今天地名相吻合的地理位置，則更爲困難。日本學者和田清在其名著《東亞史研究・滿洲篇》中，對此問題已有開拓性探討。在此基礎上，先生重檢《明實録》，而且以《遼東志》、《全遼志》、《滿洲源流考》相互對勘，從而將明朝約二百年間於東北設置的衛所系統在時間和空間上的演變過程作了更爲系統、全面的概括。我們僅據該文附著的《明代女真衛所簡表》可知，明正統以後陸續於東北地區設置凡一百七十四衛，充分説明即使奴兒干都司撤至開原之後，明朝仍在東北廣大區域内行使統轄權。無獨有偶，較先生此文早一年，美國學者亨利・賽瑞思（Herry Serruys）發表《永樂時期中國與女真的關係》一文。從兩文的標題可知，彼此的立意迥然有別。先生是着眼有明一代二百餘年對周邊少數民族區域建立統轄的歷史事實。《分布》一文以確鑿考證進一步澄清歷史事實，“從而粉碎了清統治者以及受了清王朝封建影響的民族主義者傾向認爲明的勢力未能越過今開原、鐵嶺以北一步，而滿族的前身女真卻是與漢族從未發生過直接關係的另一部族國家的傳統説法”。誠然，這一結論在孟森那裏已經出現，但孟森的結論强調的是滿洲開國者愛新覺羅一姓之世系及與明廷的關係，而先生則更突出明廷對整個東北疆域及生活其中的全體女真人的統轄。二者的差異是不難體察的。必須指出的是，這篇論文是先生的未完成稿，而不是最後的定本。他於30年之後爲此文寫的《再記》中説：“當時所據僅限於《明實録》及明清的官私漢文史料。”“1959年秋赴瀋陽，參加遼寧省少數民族社會歷史調查組《滿族簡史》的編纂工作，三年期間，曾翻閱朝鮮《李朝實録》一遍，輯録有《朝鮮李朝實録中的女真史料選編》約20萬字；又曾用羅馬拼音過録文謨閣所藏《滿文老檔》全部180卷。閱讀輯録，目的在於爲編纂《簡史》搜集補充資料，而對明代女真衛所的建置、遷徙與損益因革，亦稍稍注意及之，但重新改寫，固未遑爲之一詳考也。……此則敝帚自珍，新篇期諸它日耳。”[13]遺憾的是，由於後來年事漸高，先生再也無此精力爲我們寫出新篇了。

《形態》與《過渡》兩篇論文，對滿族入關前的社會形態及其發展作了深入的探討。從文章標題即可知道，這是以馬克思主義歷史唯物論爲指導而進行的研究。今天，五種社會形態説早已被學界棄之如敝屣，因爲它在解釋中國歷史的演進時確實表現出枘鑿不合。但問題是，歷史唯物論是否已成爲歷史研究的一種桎梏？能否由此將國内學者幾十年在此觀念下所進行的努力探索徹底否定，認爲毫無價值呢？五種形態説本身還有無合理的内核？歷史唯物論對歷史研究還能否作爲借鑒？誰曾證明，純粹的考據和現代層出不窮的各種方法論就一定高出歷史唯物論的方法論一大截？這些恐怕都需要平心静氣的討論[14]。就滿族入關前的歷史而言，日本學者的研究早於中國，其細緻程度確實亦非國内研究所能及。但日本學者對清前期史的研究就是不易之論嗎？中國學者的研究一定要遵循他們的路徑才是正確的嗎？須知馬克思的歷史唯物論在日本學者中也曾是風行一時的流派，何以中國學者嘗試以此進行研究就會遭致眼下如此輕蔑的否定呢？這難道不同樣是虚無主義的表現嗎？

我們今天回顧老一輩學者的經歷和成就，不能不考慮到一個基本事實，即他們在嘗試以歷史唯物論指導歷史研究時，並没有抛棄自己實事求是的優良傳統，而借空洞的理論口號代替踏實研究的畢竟是極少數。儘管以今日的眼光來看，老一輩學者當時的研究留下了種種不盡如人意的地方，但絶不能因此而將他們的研究全盤否定。這是我們現在認識先生《形態》和《過渡》兩文所應持的態度，因爲這兩篇文字實不愧爲當時一批明清史及滿族史學者對此一問題研究的代表作。兩文所利用的史料包羅明朝、朝鮮的官私記載以及清朝所修《實録》和《滿文老檔》。如此豐富的史料，爲作者提供了進行細緻分析的堅實前提。這是先生首次在研究中運用滿文史料。兩文每論一朝，必先述滿族所具備的生産力水準，生産生活狀況，生産關係包括對生産資料和勞動力的來源、佔有，繼而論及分配關係，然後進而論述建立在物質關係之上的社會階級結構以及法律關係。我們尤其應該注意到，歷史唯物論對先生雖是一種嘗試，但顯然已超越了中國學者在二三十年代運用馬克思主義的水準。這反映在先生論述滿族由部落制邁入文明社會階段時，更强調滿族前身所處的獨特的歷史環境，也就是説，他更强調“外部”因素對滿族進入文明社會的作用。這與所謂外因必以内因起作用的簡單化、概念化的理解，以及强求各個民族社會形態完全一致而抹殺各民族獨自特徵的做法，是截然有别的。雖然奴隸制、封建化及階級這些概念影響了作者本可達到的更合理的理論提升，但不可否認，先生已經給我們描述出當時所能見到的最豐富的滿族社會發展史。我們僅舉《形態》中對奴隸阿哈的來源爲例，先生寫道：“阿哈的第二個來源，也是比較重要的一個來源，是阿哈被承認結婚後所生的子女。滿文中有‘烏津’（ujin）一字譯作‘家生子’，此外又有 futahi（一輩奴）、furna（二輩奴）、bolhosu（三輩奴）、genggiyesu（四輩奴）等字。均係指阿哈而言。”没有能力利用滿文史料，簡單以概念代替史料分析，無論如何是不能獲得如此深入的認識的。而先生的歷史分析，又顯然是一般滿族學研究所無法企及的。

還可值得注意的是，先生這兩篇文章的立意。探明滿族入關前的社會形態，意義不僅在於清前期史本身，更重要的是對日後進入中原建立大清一統王朝的統治者主體的發展階段有一個準確而清晰的判斷，爲清承明制或中華民族歷史發展的統緒奠定一個可靠的基礎。簡言之，滿族的社會轉型及與漢族的初步融合，是滿族入關後與中原王朝統緒接榫的基礎。爲此，先生在《過渡》

一文中寫道：“但也衹有在進入到遼瀋地區以後大約20年期間，滿族社會由於它本身發展的固有因素，再加上不由人們意志所能自由改變得了的外來影響，所有這一切，才能促進它大踏步地、加速度地轉向封建化這一歷史過程。”又說：“將這兩方面（指内外因素）綜合起來加以研究和分析，可以肯定滿族之所以能夠進行統治全中國竟達三百年的局面，不是什麽不可以理解的偶然現象，而是有它自己的經濟基礎和社會根源的。”無可置疑，先生的滿族史研究，一開始就是將其作爲清史的一個起源來對待的。清朝在中國歷史中的地位，非但不同於遼、金，即使元朝亦不能與之相埒。對一個統一中國近三百年的王朝的前期史缺乏充分的把握，是無法對有清一代的歷史地位和作用有深刻理解的。先生後來反復對他的學生强調，不論研究清代哪一個具體方面，都要求熟習清前期史。清史的開山大師孟森曾云：“金一代自有正史位置。”⑮既然如此，對清前期史、滿族史的研究，怎麽會從正宗的清史研究中篩選出去呢？恰恰相反，對清前期史研究的深入化，不僅開闢了先生個人研究清史的新階段，其將清史滿族史融爲一體的獨特的研究，正是以此爲起點，同時也應視爲是新中國以來清史學新發展的一個標志。

需要補充的是，清社既屋和隨之而起的民族主義排滿風潮，確實對清史研究産生過影響。可能僅除孟森之外，對清代三百年的統治，史學界都曾一度有否定過當的傾向，但這並未長期妨礙中國史學家們理性的思考。1941 年，困守北平的陳垣先生在《南宋初河北新道教考》一書序言中寫道：“自永嘉以來，河北淪於左衽者屢矣，然卒能用夏變夷，遠而必復，中國疆土乃愈拓而愈廣，人民愈生而愈衆，何哉？此固先民千百年之心力艱苦培植而成，非幸致也。”⑯但如何以超越夷夏的傳統觀念，用現代民族和國家理論來解釋中國多民族國家分合的歷史，將歷史的理性與批判精神相結合，重建新的歷史價值系統，在50 年代，這一任務顯然應當是由先生這一代的學者來承擔的。不幸的是，從1957 年的“反右”運動開始，中國清史學的發展不斷受到各種政治運動的干擾和衝擊。結果是浩如烟海的史料無人去系統整理，加上意識形態的影響和極左的學風，使清史研究成果異乎尋常貧乏，甚至長期荒蕪。中國清史學的發展不得不走上一條崎嶇而艱難的道路。

三　晚年學術新境界：融滿族史清史研究於一爐

《清史雜考》面世未久，先生即因“反右”運動受到株連，此後20年未能發表一篇論文。即便如此，在極端困難的條件下，先生仍鑽研不息，積極爲後來的學術研究進行積累。這20年間，有三件事特別值得一提：1959年參加遼寧少數民族歷史調查組，在此期間完成了前述20萬字的《朝鮮李朝實録中之女真史料選編》，其後接任通纂完成《滿族簡史》一書；1971年至1976年參與《清史稿》的點校；最後是1976年至1980年獨力完成80卷《清史列傳》的點校⑰。正是多年的親身社會實踐和基本史料的沈潛浸淫，爲日後的學術飛躍積澱了雄厚的基礎。可以説，他將滿族史清史熔鑄一爐的創造性研究，就醞釀於這一時期。1978年右派問題平反後，先生多年學術積累終於迎來豐厚的回報。從此筆耕不輟，新作疊出。他晚年追述：“從這一年（1978年）開始直到最近2000年，平均每年至少有一篇，多則兩三篇。”1990年第二部論文集《清史新考》問世。1993年第三部論文集《清史續考》出版。2001年，先生88歲高齡，又出版了第四部論文集《清史餘考》。2004年，中華書局結集爲《王鍾翰清史論集》全四册，洋洋二百萬言。而先生的大部分論述是在65歲之後完成的，其生命力和學術創造力令人驚嘆。

（一）現代滿族史研究的奠基人和開拓者

今天的滿族，並不能與清朝的旗人完全等同。1635年清太宗皇太極定族號爲“滿洲”，從此八旗制度中主要由建州、海西、東海諸部女真人構成的核心部分，就以“八旗滿洲”之名行之於世。有清一代，他們與八旗蒙古和八旗漢軍一起，被統稱爲“旗人”，以這一身份與漢地廣大“民人”相區别，享有法律、政治與經濟各方面的特權。1910年辛亥革命之後，這個共同體經歷了急劇的動蕩和變遷，或被稱爲滿洲，或被稱爲旗族，莫衷一是。直到1949年以後，作爲諸多少數民族之一，才由國家民族事務委員會正式予以確定的族稱“滿族”。這是滿族史作爲一個學科發展的必要前提，這個學科也正是從這時才開始起步發展起來。先生親歷了這個學科從初建到發展的全過程，已具備了將滿族史作爲一個獨立的完整的學科、作爲中國民族史的一個組成部分來進行考察的條件。這使他的研究在繼承了孟森、鄭天挺等先生重視清朝史中滿族因素的傳統之上，無論從進行考察的深度和視角，都有了長足的進步。而在當時從事這個新學科研究的衆多學者之中，像先生這樣已經具備了深厚的斷代史研究功底並已卓然有成的學者畢竟不多。先生將對清代文獻、清代典章制度史的深刻體會和對考據方法的熟練掌握引入滿族史，這是他成爲這個領域的奠基者和開拓者的必要條件，而且在半個世紀的漫長歲月中，無論學界有什麽樣的起落沈浮，始終是該領域的領軍人物。先生學術生涯雖自清史起步，然在滿族史領域，畢生用力之多、貢獻之巨大且影響之深遠，亦不亞於清史。

先生曾在《清心集》中回憶，直到建國時爲止，史學界有關滿族史的研究，除孟森《八旗制度考實》及鄭天挺先生的幾篇有分量的文章外，諸多領域仍是一片荒蕪。他認爲原因有三：一是滿族史文獻資料既繁且散，明人和朝鮮人的記載又因記載滿族先世隸屬明朝的事實，以及頗多污蔑不實之辭，在清朝便被多方銷毁；二是由於清朝滿族統治者人爲地自我掩蓋；三是語言的限制。另外還有一個原因，就是中國正統史學一向以漢族爲中心，造成長期以來對少數民族歷史研究的輕視。先生的分析切中問題的要害。

先生在滿族史這一學科建設上的開拓表現在如下幾個方面：

第一，滿文史料的整理與運用。

史學研究的基礎是史料，民族史的研究同樣如此。先生研究滿族史，正是從史料的搜集整理入手的[18]。清史滿族史文獻浩如烟海，對其中最爲原始的檔案首先是滿文檔案的重視，是進行原創性研究的基礎，也是貫穿先生學術生涯始終的一個特色。他多次强調，不懂滿文，不利用滿文檔案，研究清史問題萬難深入。每一個民族都有其特定的、與其他民族相異的文化，而每一種文化，都有自己特有的表達方式，其中最重要的，就是語言。正因如此，每種民族語言背後特定的語境、所表達的特定的概念，往往不是其他語言可直接替代的。也就是説，無論哪兩種語言之間，都不存在完全對應的關係，因而不可能“直譯”。更何況清朝文獻中充斥的滿文名詞，早在清朝覆亡之初，就已令人不解並令史家望而生畏。鄭天挺先生曾説：“讀史之難，難於熟知史乘用語之當時涵義，其雜有異文殊俗者爲尤甚。清社之覆，去今僅30年，然讀《史稿·禮志》‘堂子祭天’、‘坤寧宫祀神’所述，已不識所謂。吾儕生長清季，頗聞其典章往事，且復如此，他莫論矣。”⑲鄭先生受陳寅恪先生啓發，作《清史語解》，取清史習見滿語加以銓釋，欲明其本義，申其藴瀡，卻因不諳滿語，在對詞語的銓釋上，亦有不盡如人意之處。而先生早在燕大學習期間，即到圓明園隨一清宫太監學習滿文。抗戰中到成都燕大，對滿文文獻，復有新的認識。先生在美國哈佛大學留學時，師從著名學者克利夫教授學習滿文。以後到中央民族學院，對滿語滿文進一步深造，從而達到直接利用滿文原始資料進行專題研究的水準。先生在研究中，凡是涉及滿族史中關鍵名詞和概念的闡釋，乃至對一些重大專題的討論，都努力從滿文檔案入手，以期達到事半功倍的效果。先生對滿語滿文的掌握和重視程度，在他那一輩學者中是相當突出的。立足於堅實的文獻基礎，這使先生能夠在滿族史研究領域取得一系列開拓性成果。

第二，釐清諸多基本概念。

將一個民族的歷史作爲學科來研究，迎頭遇到的便是這個民族該如何定義的問題。滿族的問題尤爲複雜。簡言之，女真、滿洲、旗人、旗族、滿族這些族稱，本來是各有各的特定意義的，對這些名稱、概念缺乏準確、科學的定義，勢必造成許多混亂。但釐清這些名稱，雖然是研究滿族史的前提和起點，對於研究者來説，也是最難於處理的問題。先生對滿族史這個學科的突出貢獻也恰在這裏。對於滿族史中諸多基本概念的定義，迄今爲止，幾乎還無人能比他做得更清楚、更明確、也更令人信服。可以説，如今滿族史的立論，很多都是在他奠定的基礎上發展的。

在這些名稱中，首先便是“民族”的概念。我國的歷史學和民族學工作者經過認真探討，拋棄了前蘇聯界定的民族四要素的僵死概念，正確地認識到，“民族概念、民族定義、民族形成、民族同化、民族融合等理論，必須結合着對各國民族情況以及各民族形成和發展的具體過程進行綜合分析研究，纔能得出比較切合實際的結論”。先生贊同這樣的態度，在《關於滿族形成中的幾個問題》一文中强調：“民族是歷史範疇，是歷史上形成的具有很大穩定性的人們共同體。”先生從對滿族歷史和現狀的長期研究中，得出這樣的結論：即“滿族作爲民族的長期存在，有過它的共同地域、共同語言、共同經濟和共同文化這些條件，雖然這些條件今天早已大部分消失甚至全部消失，它仍能靠共同的民族意識和民族感情來維持。中外學者從來没有提出過不同意見和懷疑"[20]。這是先生在"右派"問題改正後發表的一系列滿族史論文中，最重要的一篇。這些話儘管今天看來已經是常識，但在當初卻是學者們經過激烈争論纔獲得的理論飛躍。我們切不可忽視，正是以這種發展的歷史的觀念爲基礎，纔使得先生的滿族史研究一開始就走向科學合理的道路。先生後來有關滿族本身的演化及滿漢關係的許多結論，都是在此基礎上逐漸形成的。

其次便是"女真"與"滿洲"二者的概念與區别。先生在對明代女真人進行深入分析的基礎上指出，滿族主要來源於具有血緣關係的建州、海西女真人，他們在新的情況下緊密結合，形成爲滿族的主體。他論證了海西女真人的融入對滿族崛起與建國的重要意義，並强調説，正是有大量不具有血緣關係的外族成員加入進來，從而形成了新的共同體——滿族。他認爲，只有承認滿族這個新的共同體彙集了不同血緣成分這一事實，才有可能對後來源源不斷加入這個共同體的各種非滿洲成分如漢軍旗人、内務府旗人的民族從屬問題作出合理的解釋。先生進而以"新滿洲"形成爲例，詳細考證了散處於東北沿邊地區的女真諸部如何一步一步被滿洲統治者吸收融合的過程。關於滿族中爲數最多的漢族來源，先生作了開拓性研究，除了在《滿族形成中的幾個問題》一文中專章探討"漢軍旗人的從屬問題"與"内務府旗人的旗籍問題"外，又於1979年作《清代八旗中的滿漢民族成分問題》一文[21]，從投充與逃人、通婚與過繼爲嗣、入旗改旗與逃旗、冠漢字姓與改漢姓、入旗與出旗爲民等五個方面，對漢人融入滿族的過程和具體途徑做了更爲詳盡的闡述。先生對於女真、滿族的概念，從歷史進程入手進行了論據充分的論述，迄今爲止，仍不失爲最扎實嚴謹有説服力、爲學術界廣爲接受的觀點。

三是"旗人"與"滿族"二者的同異。先生通過對這二者間關係的考察，來闡述這些最基本的、在人們頭腦中卻混淆不清的名稱。其中最核心的内容，就是旗人與滿族是否等同，尤其是其中的漢軍旗人能否與滿族等同的問題。對這一問題的論述，散見於《關於滿族形成中的幾個問題》、《國語騎射與滿族的發展》[22]、《清代八旗中的滿漢民族成分問題》等文章中。先生認爲八旗制度的三個組成部分，即八旗滿洲、八旗漢軍和八旗蒙古，既然同處於八旗制度之下，享有與八旗滿洲同等的社會地位，其中的漢軍旗人當然可以自稱爲旗人即滿族人。先生並對今天的民族成分如何劃分提出自己的標準，即按照清亡以前是否出旗爲民爲線，凡是已出旗爲民或已改回民籍的，就應該算作漢族成員，否則就應該把他們作爲滿族看待。而八旗蒙古的成員願意報蒙古族也是合理的㉓。先生認爲凡在清代未曾出旗的漢軍旗人都可作爲滿族對待的説法，在學界引起很大争論，至今仍有異議。正像對待任何一個重要歷史問題，學術界的看法不可能千篇一律，對於滿族的族屬和認同問題產生歧異也是很正常的。然而先生以滿族史爲例，反復指出，民族是不斷變化發展的，滿族作爲一個歷史範疇的民族，與其他民族不斷進行人員的交流，進而促進彼此關係的發展與融合，對於後人的研究富於啟迪。

第三，在釐清諸多基本概念的基礎上，先生與當時諸多學者共同努力，在滿族史研究中開拓了許多重要的研究領域。

關於滿族社會性質的研究。20世紀50年代中葉以後，我國民族史學界掀起了對各民族社會形態問題的研究。在滿族史、清史學界，同樣掀起了對入關前滿族社會性質問題研究的高潮，出現了滿族社會當時處於原始公社父系家長制解體、階級社會剛剛形成時期及奴隸制時期和封建社會等不同意見。前述《滿族在努爾哈齊時代的社會經濟形態》，從努爾哈齊時代滿族奴隸制形成的物質基礎和階級結構方面進行了具體分析，認爲滿族在努爾哈齊時期的社會經濟形態還處在奴隸制佔有階段，先生因此成爲滿族入關前爲奴隸佔有制説的代表。而《皇太極時代滿族向封建制的過渡》一文，從滿族當時的生產力水準、大莊園制經濟和租佃關係、社會變革中的階級關係、政治制度等方面，對皇太極時期滿族社會的發展情況作進一步討論，認爲在進入遼瀋地區以後大約20年間，滿族社會大踏步地、加速度地轉向封建化，故至皇太極統治時期，滿族社會發展開始向封建制轉化，並逐漸佔據主導地位。這兩篇論文雖可屬於清前期史範疇，但同樣可視爲滿族早期社會史研究，對滿族史研究產生較大影響。

關於旗地的探討。1987年，先生發表《滿文老檔中計丁授田商榷》一文㉔，这是30年之後先生研究滿族入關前社會經濟形態之續作。先生核對《滿文老檔》原文，對各種版本“計丁授田”諭令的漢文譯文進行詳細比勘、考證，檢討各種譯文的利弊得失，最後得出自己的結論。先生認爲努爾哈齊在海州、遼陽等地徵來的30萬垧土地，是按每丁授田六垧，平均分給駐札在遼東地區的滿族貴族所屬人丁和八旗兵丁的。分給八旗兵丁者爲“份地”，給八旗貴族的地畝多設置莊園，否定了未對旗人授田的觀點。就其土地所有制而言，直至皇太極時期，份地當然是土地公有制或土地國有制；而貴族莊園與在赫圖阿拉時的農莊一樣，是奴隸制莊園。《商榷》修正了過去的結論，進一步確認入關前滿族社會處於奴隸制階段的觀點。先生認爲，土地制度的變化，最可體現某一時期的社會形態。先生對入關後滿族社會經濟形態的研究，主要側重於對旗地的探討，認爲旗地的發展過程最能表現滿族社會性質的變化情況。1978 年，先生發表《清代旗地性質初探》一文[25]，從各種旗地的不同形態、旗地中地主土地所有制是主導形式及莊園中存在的地主所有制成分三方面，對順、康、雍、乾時期旗地從領主經濟向地主經濟轉化過程進行考證。後又根據康、雍、乾時的房地契，作《康雍乾三朝滿漢文京旗房地契約四種》一文[26]，分别考釋了各朝房地契約的特點和旗地的交易情況。兩篇論文的結論是：從清初順治年間起，占旗地絶大多數的八旗兵丁的份地很快向地主租佃制轉化。滿族統治者雖然主觀上極力維護皇莊、王莊等農奴制莊園的經營方式，但它不能不受到一般旗地及漢人地主制及租佃關係的衝擊和影響，經過百餘年，各種旗地的生産方式發生了改變，大約到 18 世紀後期，地主土地所有制成爲旗地的主導形式，滿族社會已步入封建社會。先生關於旗地研究，從入關前“計丁授田”，到清代中葉各種旗地制的演變，深刻地揭示滿族社會生活逐步衝破統治者的種種禁令，終於融入地主制封建經濟的發展潮流。這些研究，不僅反映了滿族歷史性的飛躍，同時也豐富了清史研究的内容。

關於滿漢關係的論述。先生對這一問題的突出貢獻，不祇在於對具體問題的闡述，還在於他完全超越了舊史學沿襲已久的那種“落後的少數民族進入中原後被文明的漢族同化”的思路，明確提出在有清一代，不僅存在滿人“漢化”問題，同時也存在漢人“滿化”問題。滿、漢兩個民族相互融合的結果，是“雙方面的成長壯大而不是單方面的被吸收同化”[27]。總之，似先生這樣以逆向思維方式討論漢族“滿化”過程的做法，爲舊日學者不屑爲、不敢爲，卻從一個全新的視角，揭示了滿漢等民族多源多流，相互融合，形成你中有我、我中有你密切關係的歷史進程。這不僅是滿族形成發展的重要特點，大而言之，也是中華民族發展的一個共同特點。因此，先生的這一研究，不僅對滿族史研究，同時對彰顯中華民族形成歷程、中國歷史發展的特點（這明顯有别於其他東西方國家），都是有貢獻的。

關於八旗制度。滿族作爲中國歷史上統治中原時間最長也最成功的少數民族，在有清一代具有明顯不同於漢族歷代王朝的統治特徵。八旗制是滿族統治者賴以維持其統治特權的根本。爲了防止滿族漢化，堅持“國語騎射”是清代歷朝皇帝奉行不渝的家法。在這一宗旨之下，清代實行旗民分治。清代的人口按照户籍大分爲“旗人”與“民人”兩類，這並不僅僅是一種民族間的區分（旗人並不完全是今天所説的滿族，民人包括清代其他各族，也不完全是漢族），旗民之間在法律上、政治地位上和經濟待遇上不平等，甚至不可以通婚，這是清朝統治最重要的特點之一，並在社會各方面産生深刻影響。孟森曾對八旗制度的形成、特徵及其與皇權的關係，有過精闢的論述。繼孟森之後，先生在資料挖掘、專題開拓、研究深度等方面都大大超越了前人。大量利用滿文文獻研究八旗問題，對内務府旗人研究，利用旗人契書研究旗地和旗民關係，先生實開風氣之先，進而拓寬了八旗史研究的領域。

第四，也是最重要的，先生將他在滿族史方面的研究與心得引入清史，將二者的研究融爲一體。這使他在清史研究的領域中無論視野還是角度，在國内清史學界中都别具一格，從而在滿族史與清史兩方面，都開創了研究的新局面，也是他形成自己獨特的學術風格和成就的决定性因素。在此僅以《釋馬法》、《釋汗依阿瑪》兩文爲例，以見先生如何運用滿文名稱詮釋清史迷案。

德國人魏特根據湯若望回憶録著成《湯若望傳》一書，曾風靡一時。1938 年楊丙辰漢譯本出版，即受到學者高度重視[28]。由於《傳》中記載孝莊太后尊湯若望爲“義父”，而順治皇帝福臨更“慣以瑪法［Mafa］二字稱呼湯若望”。故使學者以爲福臨“稱若望爲瑪法，瑪法猶漢語爺爺也”。西方漢學權威費正清等對瑪法亦作此解。此雖一稱呼之微，然關係當時宫廷風俗及中國帝王對待西方傳教士的態度，不容含糊。誠如陳寅恪先生所説：“滿文名字之考證，殊與推求事實有關，治史者不得置而不究。”[29]爲此，先生特撰《釋瑪法》一文。先生據《御製增訂清文鑑·人倫類》，瑪法可譯爲漢文“祖”字；而據《老少類》，則爲漢文之“老翁”、“老爺子”、“老爺爺”的意思。如何解決語源學上的歧義，惟有憑藉歷史考據。先生指出，湯若望見福臨，雖免除三跪九叩大禮，但依然須行跪拜禮。這與將瑪法釋爲“爺爺”是説不通的。先生更追溯滿族先世，以《明實録》、朝鮮《李朝實録》、明人私家著述以及《清太祖武皇帝實録》、《清史稿》大量記載爲證，皆有將瑪法以“酋長”作解之慣例，或“年高者”、“長老”之通釋，又引宋史專家聶崇岐《滿官漢譯》以瑪法釋爲“老翁”爲據，證明福臨之稱湯若望爲瑪法，亦只能於此求解。進而指出，所謂孝莊稱若望爲“義父”，乃“出之一蒙婦之口”，非孝莊所親言，不足爲訓。至此，强以福臨稱湯若望爲瑪法即尊其爲祖父之説，實不足以成立。值得注意的是，乾隆末年，滿人中竟仍有以瑪法稱呼皇帝之餘風，但爲正統觀念所不容。先生此文不但澄清對清初史實的誤解，而且通過瑪法一詞的歷史變遷，折射出滿族入關前後禮法、風氣的差異。

《釋汗依阿瑪》一文發表於 1990 年，是先生的得意之作。“汗依阿瑪”，滿文 Han iama，即汗之父，或皇父。孝莊太后下嫁一事，猜測紛紜，實由多爾衮“皇父攝政王”稱號而來。孟森先生《清初三大疑案考實》一書，首篇即《太后下嫁考實》。孟森力闢張煌言《建夷宫詞》，以太后下嫁多爾衮爲傳聞污衊之辭。但蔣氏《東華録》順治五年冬至覃恩大赦詔書，明載加“皇叔父攝政王”爲“皇父攝政王”。對此，孟森認爲“蓋爲覃恩事項之首，由報功而來，非由亂倫而來，實符古人尚父、仲父之意”。孟森的基本思路是，既然稱“皇父攝政王”不爲清廷所諱，則太后下嫁若果有其事，則必無可諱之理，“必以太后下嫁明告天下”[30]。然遍檢清朝官書及朝鮮實録，皆無太后下嫁之詔。于是孟森斷定絶無太后下嫁一事。孟森的這一結論，胡適曾明確表示不能滿意[31]。孟森論證的邏輯，實際上是“證”無有，即“事”無有；既認定下嫁之事無有，則“皇父”之稱只能“報功而來”。無可諱言，孟森在這裏既體現出一個史學家無徵不信的嚴肅態度，卻也反映他對滿族社會内部關係的某種隔膜。繼孟森之後，鄭天挺於 1936 年推出《多爾衮稱皇父之由來》一文，考證“皇父攝政王之一切體制均下於皇帝，與太上皇固不同也”。鄭先生並結合滿洲舊俗，認定“皇父攝政王既爲當時之最高爵秩，多爾衮之稱皇父攝政王復由於左右希旨阿諛，且其稱源於滿洲舊俗，故決無其他不可告人之隱晦原因在”[32]。王鍾翰先生對鄭先生的文章給予高度評價[33]。但顯然，孟、鄭兩先生皆以順治皇帝與“皇父攝政王”的關係是君臣關係，而這也正是王鍾翰先生

《釋汗依阿瑪》一文需要辨明和突破的地方。先生從滿漢文語法結構上對“皇父攝政王”進行分析，指出：這一稱謂“漢文只能是分成‘皇父’與‘攝政王’兩個詞組，滿文也只能是分成‘Han iama’與‘Doro be aliba wang’兩個詞組”。先生之意，旨在説明“皇父攝政王”這一稱謂不是一個逐漸提升的爵位，它必須有“皇父”這層關係纔能成立。先生根據第一歷史檔案館所藏順治五、六、七年刑部題本發現“大量寫有‘皇父攝政王’與‘皇上’並列擡頭或批紅‘皇父攝政王’的題本”。其中以順治五年十一月初三日和七年九月二十五日的兩份題本尤其值得注意。因爲前者比五年冬至日早五天，而後者距多爾衮之卒日僅差兩個月。這充分證明從順治五年以來，多爾衮“皇父攝政王這一稱謂，未之或改”。這在考察的精確性上已經超過前人[34]。更重要的在於對“皇父攝政王”這一稱謂如何作出解釋，也就是説，其地位如何？清廷正式加封“皇父攝政王”的詔旨，迄今爲止並未發現，這確實給判斷“皇父攝政王”的地位、性質帶來困難。但蔣《録》中所載多爾衮死後十二月己亥日的葬禮詔旨，恰能彌補此一缺憾[35]。詔旨中仍稱多爾衮爲“皇父攝政王”，且明文宣稱“中外喪儀，合依帝禮”。這足以推翻酬功報德一説。而先生猶恐未能盡釋前人之疑，又以蔣《録》所載數日後甲辰詔書，“追尊攝政王爲懋德修道廣業定功安民立政誠敬義皇帝，廟號成宗”與之相印證。至此疑霧盡散，報功一説，最高爵秩一説，皆無能成立。“皇父攝政王”就是一代帝王，確鑿無疑。最後的問題只剩下福臨與多爾衮的關係，彼此間地位如何判斷。日本學者神田信夫參加一史館六十年館慶之際，攜來《明清檔案存真選輯》一部相贈先生。先生從中檢得順治八年正月追尊皇父攝政王爲成宗義皇帝祔享太廟恩詔，發現其中原文書寫格式，“皇帝”低於“皇父攝政王”一格。先生最後得出結論：“足證‘皇父攝政王’低於‘皇上’與‘太上皇亦不相同’之説不能成立；相反，適足以證成‘皇父攝政王’高於‘皇上’，與‘太上皇’正相同。”[36]“皇父攝政王”問題歷經半個世紀之久，自孟、鄭二位先生之後，終於在先生之手獲得徹底解決。由此可見，一個歷史問題欲獲得確解，需要多麽艱辛的努力，有時甚至需要幾代人的積累。没有腳踏實地細緻縝密的閲讀與思考，僅憑一點小聰明，浮光掠影，甚至想當然地對待歷史研究，是無法得到真知灼見的。太后下嫁，以及雍正繼位這類疑案，表面看來是一些個案，或者是一類歷史趣題，實則包含極爲豐富複雜的内容，其間往往寓含着統治集團内部的重要關係，對當時的政治舞臺予以極大的影響。對這些問題的研究，需要超乎想像的付出。我們必須充分尊重歷史研究先行者的探索和成果。正是他們的艱苦努力，在爲後人的研究開路奠基。

在先生看來，清史與滿族史是互相關聯又不盡相同的兩個學術領域。滿族史既是清史中不可或缺的重要的組成部分，又構成"滿學"的重要内容。就研究方法而言，滿族史既可以從民族學的角度進行研究，又可以將其置於清史研究的框架下來探討。近十年來，在歐美學界的中國史研究領域中出現了所謂的"新清史"（New Qing History），並迅速成爲近年來美國中國學中最重要的研究趨勢之一。事實上，"新清史"提出要重視清朝統治中的滿洲因素和滿語在清史研究中的重要性兩點並非全新之物[57]。先生的研究方法與特點，其独特之处恰在这两点，这种不謀而合，體現了先生在研究方法、研究成果方面的前瞻性，也是他的研究可以在國内外清史、滿族史學界居於領先地位的原因。

（二）清史研究的新境界

先生晚年清史研究的重點之一，即繼續對雍正奪嫡問題進行探討，發表了一系列文章。但與原來不同之處是，此時先生的研究更加重視利用存世的滿漢文檔案史料。其中首先值得關注的是《清聖祖遺詔考辨》一文，先生就僅存的滿漢文合璧的《遺詔》原件，將其與《上諭内閣》、《實録》中所載《遺詔》、《面諭》及《起居注》詳加比勘，進一步證實雍正即位時所頒《遺詔》爲其本人僞造，同時也使僞造《遺詔》的具體過程展現得細緻入微。先生證明，玄燁死去當日隆科多所宣遺詔，及三日後對諸王廷臣宣讀的遺詔皆爲满文詔，僅有傳位之語。而遲至二十三日以後，纔由《面諭》抄寫成漢文詔，而後又有满文詔。此一過程的徹底澄清，雍正僞造遺詔一案即可定讞，其功當首推先生。與此相關的是《胤禎與撫遠大將軍王奏檔》一文。先生撰寫此文，收羅了國内外五個版本：即北大藏滿漢文《王撫遠大將軍奏檔》，此爲"近三百年來唯一幸存的孤本，洵爲胤禎奏稿各本所從出之祖本"；北大藏漢譯抄本《撫遠大將軍奏疏》；北大藏《撫遠大將軍奏議》；吴豐培先生編譯的《撫遠大將軍奏稿》；日本東洋文庫藏《撫遠大將軍奏摺》。通過先生的努力，胤禎奏稿這一重要文獻的版本源流獲得清理。此文對50年前撰寫的《胤禎西征紀實》作了較大補充，對考察康熙帝晚年招撫蒙古、進軍西藏，與用人得失、施政成敗，以及康熙諸皇子奪嫡成敗等問題，至爲有關。胤禎本爵爲貝子，其稱“王大將軍”究竟係自稱還是他稱，關係到玄燁晚年傳嗣屬誰。先生原撰有《滿族貝子稱王考》一文，以爲“撫遠大將軍王爲自稱，奏之於君父之前，當非俗稱，而爲迺父聖祖玄燁所默許”。此次又據一史館藏玄燁親筆所書《給撫遠大將軍王胤禎敕書稿》滿漢文敕書，發現玄燁於敕書中直稱胤禎爲“撫遠大將軍王胤禎”，從而使這一疑問徹底解決。正因玄燁以此稱呼胤禎，故“朝野臣工，從而效尤，稱之爲王，名正而言順，又何僭妄之有”。

先生研究問題，擅長見微知著，從一些看似普通或旁人習焉不察的細節中，挖掘歷史的真相。雍正奪嫡一案，又連帶引出康熙帝第八子胤禩、第九子胤禟的改名問題。自來對康熙帝諸子中第八子胤禩之改名爲“阿其那”、第九子胤禟之改名爲“塞思黑”，世俗相傳“阿其那”、“塞思黑”即是狗、豬之意。陳寅恪早已指出:“其說至爲不根。無論阿其那、塞思黑非滿文豬、狗之音譯，且世宗亦絶無以豬、狗名其同父之人之理。”[⑧]真是入木三分。但阿其那、塞思黑究係何意，史學界争論已久，長期没有定論。爲此，先生先後撰寫了《釋阿其那與塞思黑》、《再釋阿其那塞思黑與滿族傳統文化》、《三釋阿其那與塞思黑》三篇文章。明確指出，胤禩之改名“阿其那”爲自改，並改其子弘旺名爲“菩薩保”；而胤禟之改名“塞思黑”係出自諸王，爲他改。但兩者均得到雍正皇帝的認可。關於“阿其那”、“塞思黑”的含義，先生利用新發現滿文檔案並綜合他人研究成果，進而指出：阿其那、塞思黑的滿文書寫形式是akina和seshe，而不是acina和seche。阿其那作爲人名，很可能源於akiyan，意爲夾冰魚。胤禩因在儲位之争中失敗，自喻爲俎上之魚，任憑乃兄胤禛處置。塞思黑seshe的本意爲“討厭”，亦即以胤禟爲“令人討厭之人”；與胤禟同時改名的還有他的第八子，而所改名字也含有討厭之意。先生於當時的政治環境中求解，顯然更接近真實，可信度也更高。又如皇十四子胤禵，本名胤禎，与世宗胤禛音同。“禎”、“禛”二字，治清史者多不細審，落筆即誤。張采田先生《清列朝后妃傳稿》据弘旺《皇清通志綱要》，首先指出這一點。先生則從《聖祖仁皇帝御製文集第三集》四十八年對宗人府的上諭中，再次證實胤禵本名确为胤禎，“此爲現存官書中僅可考見者”。玄燁的上諭自比私家記載更加有力，即使海外最挑剔的史家亦承認此説爲先生的一大貢獻[39]。先生的這些研究都是圍繞雍正奪嫡而展開的，與50年前的《奪嫡考》、《西征紀實》相比，對雍正奪嫡這一重大歷史問題的認識無疑是更爲豐富而深化，顯然，這得力於先生滿族史、滿文的研究功底。

先生常説，清史學科的一個特點，就是新史料的不斷發現，使過去的研究重新受到檢驗，原來的觀點，或被否定，或被驗證，或需進一步修訂。他談道：“哪怕是一個改名的小問題，一旦只要有新材料、新見解，我還是願意繼續鑽研下去的，問題討論不厭其詳，如果結論經不起時間的檢驗，翻案不但可能而且是完全允許的。”[40]50年代，先生關於皇太極時期滿族開始向封建制過渡的結論，在史學界曾産生廣泛影響，但30年之後，重新審視，決定“正式予以自我擯棄”。正是這種嚴格的求實精神，使先生不斷與時俱進，不斷自我完善。這種科學求真的態度，貫穿於治學的全部歷程，足以矜式後學。

20世紀20年代《清史稿》修成之後，曾引起極大非議，甚至連有清一代是否應該享有正史的地位，亦有争論。經孟森以來學者力辨，清代爲繼明之後一正統王朝已無疑義[41]。但究竟如何認識清王朝的歷史地位，學者之間卻因時代和識見不同，而不盡一致。這裏關涉到諸如清承明制、清代的文治武功、康乾盛世等重大問題的評價。王鍾翰先生從多民族統一國家形成的視角出發，徹底摒棄中原王朝的正統觀念下的華夷之辨，肯定清代是超越漢、唐以及元代的一個興盛的封建王朝。他在《清代民族宗教政策》一文中寫道：“平心論之，清代的民族宗教政策，不但超周、秦、漢三代，甚且連煊赫一時、地跨歐亞二洲的大元帝國亦瞠乎其後。何者，元享年未過百，蒙古宗室崇佛而自弱，終趨分崩，忽興忽亡，悄返北土，幾不能自保，以視清代遠遠望塵莫及。”换言之，先生認爲清代之所以興盛，其中極爲重要的原因，即在於民族宗教政策的成功。他之所以肯定清朝，甚至也承認“康乾盛世”[42]，乃是基於清朝前期的國家穩定，民族融合的加强，有利於多民族統一國家的鞏固。這與某些學者僅從清朝憑藉武力、帝王權術，而得以“綏服”各族以達於極盛，或者炫惑於清代帝王的種種惠政，立意顯然不同。但王鍾翰先生同時又予歷史事實以充分尊重，從這一點出發，他既承認每一民族都應享有平等的權力，同時也對由一個相對落後的少數民族滿族在統一中國的過程中所帶來的危害，對清代民族宗教政策中的消極反動因素，進行毫不掩飾的揭露和批判。

先生於 1985 年發表的《論袁崇煥與皇太極》一文，尤其值得注意。在此他對明清之間戰爭的性質及其轉化，有明確的表述："今天祖國民族大家庭的成員中，在歷史上曾多次出現過兄弟鬩於牆，甚至彼此間以兵戎相見的不愉快局面。這是歷史事實。""當然，兄弟交惡和相爭，是家庭間内部的事，但是也有個誰是誰非的問題。"我們知道，先生堅決反對"説滿族是外來民族"[43]。他在《滿族先世的發祥地》一文中，就日本學者和田清"已提出而未置論的清朝滿族先世的肇祖孟特穆居地即滿族先世發祥地問題"，對原始文獻、歷史地理及神話傳説進行相互論證。認爲肇祖孟特穆（猛哥鐵木耳）與始祖布庫里英雄實爲一人，即元末明初三萬户之一的斡朵憐萬户首領。並指出"滿族愛新覺羅氏先世的發祥地，是以長白山爲中心而展開活動的"。他曾在《試論理藩院與蒙古》一文中論及中華民族各個民族成員時寫道："不管哪個民族的成員充當全國的最高統治者，他們都是中國人。這是一個獨立的主權内部的事，並不存在向外擴張、侵佔别人的土地，或統治别國人民的情況。"

承認滿族是中華民族大家庭中的一員，但先生也絶未因强調民族融合而置歷史事實於不顧，也絶非因清朝後來完成統一，即墮入成王敗寇的舊套，以掩蓋歷史上的是非。先生研究滿族，也熱愛滿族，甚至在研究中出現個别明顯失誤，亦是由此，這是毋庸贅言的。但對於清王朝滿族統治的歷史功過，他認爲必須予以歷史學家的嚴厲的審視。或以爲從今天現實計，不欲重新糾纏歷史舊賬。先生不以爲然，他認爲只有將歷史是非徹底辨明，才能真正總結歷史經驗吸取教訓。先生曾明確告誡他的學生説："寫作切忌平穩，平穩就是平庸，不要怕犯錯誤。"這就是基於他的歷史責任感。從《論袁崇煥與皇太極》一文可知，王鍾翰先生不爲正統王朝的觀念所囿，承認清朝先世爲明朝屬民，同時指出："須知在封建社會裏，一般地説，歷代王朝的統治階級是壓迫者，各兄弟民族是被壓迫者。明王朝也不例外。""我們就應當承認明代女真各部的統一，後金政權的建立，努爾哈齊的反對明王朝民族壓迫是絶對正確的。""後金國的出現，既與明王朝没有君臣隸屬關係，我們就應當承認它是一個與明王朝同時並存的獨立政權，而這個後金政權仍然是屬於祖國民族大家庭中的成員之一。”先生雖然没有直接參加過有關中國史定義、歷史上的中國等問題的討論，卻以自己對明清關係的研究豐富着中國歷史這一概念的基本内涵。他進而又指出，到皇太極時期，明清之間的戰争性質已發生根本逆轉。“皇太極多次發動圍攻遼西走廊的八城，甚至跨獨石口、喜峰口、殺虎口等處，深入長城以南，俘掠人畜以數十萬計，大量役爲奴隸。在這些軍事活動中，滿族統治者成爲壓迫者，漢族人民及其上層統治者即明王朝則全都退居於被壓迫地位。”可見先生論明清嬗代，是將政治鬥争與經濟形態所決定的社會性質，民族融合中的對立與統一，彼此的地位轉化等方面聯繫起來予以綜合考察。他的某些具體結論，或許還有可商之處，但先生的研究態度和方法，無疑給人以寶貴的啓迪。

正是由於先生對歷史客觀事實的高度尊重，才有可能對明清嬗代之際以及滿族統治者建立的清王朝保持清醒的認識和嚴格的批判態度。這對於當今的清史研究尤其值得借鑒。正因爲具備歷史學者的嚴謹縝密和正直良知，使先生絶不肯以曲學阿世。他讚揚袁崇焕等民族英雄，斥責洪承疇之流爲背叛民族氣節的敗類。他積極評價康熙在重建全國統治政權中的歷史作用，同時對鄭成功堅持沿海抗清和收復臺灣給予高度讚賞[44]。由於種種原因，先生没有明確去論證清承明統的具體時間斷限。我們無從得知先生對清初從民族壓迫和民族征服，到緩和民族矛盾、建立滿漢聯合統治體制這一歷史轉化的完整論斷。但從他的一些論述來看，我們有理由推測，先生是將清初社會主要矛盾的轉變斷在康熙八年的玄燁親政。先生繼承明、清以來的優秀傳統，但絶不固守統緒相承的歷史觀念。他鍾愛考據，卻能不斷接受先進思潮以更新自己的歷史觀，更能時時體現他作爲歷史學家的嚴格。同樣，先生肯定清王朝的歷史地位，但對滿洲貴族落後和反動的統治卻有着深刻的認識。他承認滿族對蒙古的統治成功有利於國家的統一和民族融合，但他又多次强調，清王朝旗、盟制度的分而治之，使廣大蒙古族人民“付出巨大的代價”。他肯定清朝繼明朝之後的改土歸流，但又指出在這一過程中，清廷“始終施以軍治。謂其未能脱‘軍事征服’四字之譏，誰曰不宜”？對清廷在西藏統治的分析，亦持此種態度[45]。

清代的滿漢關係，先生認爲是有清一代最重要的關係之一。他從民族融合的角度，研究滿漢兩個民族相互滲透的事實；從旗地性質的演變，證明滿族進入中原之後，在漢族先進制度影響下社會形態所發生的飛躍；他肯定清朝統治者的漢化政策，又從清代官制、財政政策、內務府世家等多個側面的探討，充分指出滿族貴族始終居於統治地位，八旗兵丁腐化衰頹的事實。總之，清王朝是繼明之後的中國正統王朝，但又不同於漢族統治下的傳統王朝，滿族統治的特徵滲透於社會的各個方面，並極大的影響着中國社會的發展。這是他對滿族進行多年研究之後所獲得的認識。就此而言，滿學與清史學是合一的。缺乏對滿學的深入研究，對清史的理解很難達到如此境界。他始終堅信，滿學的發展必將使清史研究得到進一步的拓展和深入。然而，從另一角度而言，他又看到滿學有自己特定的內涵，滿文、滿族文學、滿族的社會結構、滿族的風俗、宗教及文化心理，又將極大豐富人類文化學、社會學的內容。這顯然又不是一般的歷史研究和清史研究所能取代的。他是守己有度的學者，鄙夷那種遊移無根的“學問稗販”。滿學和清史學相結合的研究，誠然不自王鍾翰先生始，陳寅恪先生，甚至更早的老一輩學者，都注意到這種結合的必要。但真正爲這種結合開闢出一條研究之路的，當首推鄭天挺先生，而之後成就卓然，蔚爲大觀者，則屬吾師王鍾翰先生。這恐怕是無可否認的。他在清史研究領域的地位，同樣是無可取代的。

世紀之交整理出版的《四庫禁毀書叢刊》及其《補編》，是一項巨大艱辛的學術和出版工程，也是清史學發展中值得大書特書的一頁。學術界和出版界公推先生擔任主編。先生在修改編委會《編纂緣起》初稿時，以極大的使命感寫道：“兢兢業業地工作，臨深履薄，夙興夜寐，以期無負於禁毀書的原作者和當年冒死收藏者，無負於現在的讀者以及國内外學術文化界，更無負於高明來哲。”[46]先生的話對全體編委是一種極大的鼓勵。自1991年至1999年，歷時八年，由於全體編委辛勤努力，《叢刊》終於在20世紀末出版面世。全書輯收禁毀書634種，凡311册。繼此之後，全體編委又奮鬥六年，於2005年完成《補編》，收禁毀書290種，集爲90册。《叢刊》及《補編》都401册，共收禁毀書924種，幾將全國現存可以整理成篇的禁毀書收羅殆盡。《四庫禁毀書叢刊正補編》與《續修四庫全書》、《四庫全書存目叢書》、《四庫全書》四者“構成一個完整的體系，比較清晰地顯露出從當時到清末中國古典文獻的廬山面目”[47]。《四庫禁毀書叢刊正補編》的整理出版，編委們和出版界同仁付出無數心血，這是對學術界一件功德無量的奉獻，必將推動清史研究的深入發展。

乾隆一朝素稱盛世，《四庫全書》及其他許多大型叢書的編纂，從來被視爲文治昌明、稽古右文的見證。但乾隆朝又是文字獄最爲猖獗的時代，《四庫全書》的編纂，實質上是一場寓禁於修的文化普查運動。如何認識乾隆朝的時代特徵，是頗不易把握的。簡單的兩分法，優劣並舉，實際上毫無意義。爲此，先生特撰《四庫禁毀書與清代思想文化普查運動》一文。文章不長，但内涵卻甚爲深刻，其中對清初以來的政治文化趨向的判斷，值得細細體味。先生指出："修書、禁書互爲表裏並時時伴之以文字獄，如此嚴密而成熟的思想文化手段，絶不是一種發明，也就是説，不是哪一朝統治者想這麽做就能做得到的。它是清朝立國百餘年來社會矛盾，特别是滿漢民族矛盾的産物。除了種種物質、人力條件之外，清廷統治者在思想文化上支配地位的取得，同樣是社會矛盾推進的結果，也是統治者政治經驗積澱的結果。"由是指明了文化發展與政治的關係。《四庫全書》的編纂是在最高統治者弘曆直接干預下進行的。所以，先生説："與其他任何官方主持的文化活動一樣，目的首先在於維護其統治，而不是其他什麽别的。離開這一基本點，將無法對《四庫全書》及其編纂活動進行準確評價。""《四庫全書》的編纂和禁毀，都是嚴格按照最高統治者乾隆的意志進行的，既不是自由的學術活動，也不是文化長河自然演進的結晶。《四庫禁毀書叢刊》的出版，不僅會極大擴充我們的眼界，也會在最大限度内將乾隆盛世内發生的那場文化清查運動的實質暴露出來。"

評價一個歷史時代，不能僅僅停留在對那一時期所發生的種種事件的外在描述，尤其不能被統治者自我宣揚的正統觀念所迷惑，相反，我們應該對該時代物質及精神生活的價值取向作出一種批判性的審視，並指出這種取向是否符合人類文明發展的潮流，這纔是歷史學家所應具備的眼光。先生的可貴之處，正在於他的史學研究始終保持着這種求真的批判精神。他的研究思想，與他獨特的研究方法及其成就一樣，都是對現代清史學的寶貴貢獻。

四　中國民族史研究的新貢獻

在漫長的史學研究過程中，先生以滿族史的研究爲重點，逐漸拓展開來，對其他民族如蒙古、達斡爾、錫伯以及西南地區的民族史乃至整個中國民族史進行了一系列研究，作出了超乎前人的貢獻。

《清史雜考》中《達斡爾人出於索倫部考》和《清初八旗蒙古考》兩篇論文，是先生50年代民族學研究的代表作。1956年，爲在學術上有針對性地配合當時國家開展的大規模中國少數民族社會歷史調查，先生發表了《達斡爾人出於索倫部考》一文。此文運用《清太宗實録》、《清聖祖實録》等文獻，詳細考察了歷史上達斡爾人與呼爾哈部及索倫部的關係，得出了達斡爾民族出自索倫部的科學結論，徹底澄清了學術界久爭不絶的達斡爾族族源問題，修正了前人認爲達斡爾人來源於黑水國、來源於白韃靼部或來源於蒙古、來源於契丹以及日本學者提出的達斡爾人來源於呼爾哈部等諸多不確切的觀點。二十餘年之後，先生發表《瀋陽錫伯家廟碑文淺釋》一文[48]。研究的物件只是一方碑文，似乎稱不上大作。然先生在篇中首先將錫伯碑文全部轉寫成拉丁文，再將錫伯文對譯成準確的漢文，給研究者提供了第一手資料，使研究具有可靠的依憑。先生通過對該碑文的研究，弄清了錫伯人的原住地問題，先生認爲“札蘭綽羅畢喇”應在今内蒙古海拉爾市東南札蘭屯市西南一帶的綽爾河。這是錫伯族歷史研究中的基本問題。先生的研究，訂正了自清後期以來一些學者和日本學者島田好等認爲錫伯人原住地在伯都訥即今黑龍江扶餘縣的錯誤觀點，並進而解決了錫伯人原住地和遷徙活動基本線索等重大問題。

關於蒙古史的研究，先生結合對清代八旗制度的研究，撰寫了《清初八旗蒙古考》。文章重點研究了八旗蒙古的建立過程和建制等問題，首次指出八旗蒙古的前身是八旗滿洲之下的蒙古牛録。先生指出，努爾哈齊時期歸附於後金的蒙古人就已經被編入八旗之下，但當時的編制只有“蒙古牛録”，並没有單獨的“八旗蒙古”，至遲到1633年（清天聰七年），已經有兩“蒙古二旗”存在。單獨編制“蒙古八旗”是在1635年，當時編制喀拉沁壯丁爲十一旗，其中的八旗與原八旗下的“舊蒙古”合併成立八旗，基本釐清了蒙古八旗建立的全過程。先生又通過“八旗滿洲”和“滿洲八旗”等稱謂的差異，指出衹有前者纔反映旗制關係的實質；而後者係俗稱，相沿成習，學者不察，遂導致對八旗中滿、蒙、漢關係的誤解。

先生於80年代發表了《試論理藩院與蒙古》、《蒙古世系譜作者及其他》

兩篇文章。《蒙古世系譜》本名《蒙古家譜》，又名《蒙古博爾濟忒氏族譜》，是一部以蒙古文手鈔本形式流傳至今的稀見文獻。但是，在此之前，關於這件珍本文獻的版本流傳情况卻不甚明瞭，甚至連該《世系譜》的作者也曾有所混淆。先生利用鄧文如師所藏清人博西齋舊鈔本、内蒙古圖書館藏清乾隆四年鈔本、德國波恩大學西稀教授私藏本和第一歷史檔案館藏本四本對勘，結合雍正《上諭八旗》檔案，證明該鈔本的作者爲羅密，矯正了臺灣學者張興唐認爲該書作者是博西齋（博明）的錯誤。同時，先生將《世系譜》與《漢譯黄金史綱》相校，將兩書中的人名、官名、地名、部落名之同名異譯一一勘同列表，爲後來的研究者提供了可靠的參考資料。

《試論理藩院與蒙古》是一篇開創性的文章，它研究的問題是清政府對蒙古政策的得失。理藩院在崇德元年（1636）所設蒙古衙門的基礎上，於崇德三年正式更名理藩院。理藩院與六部都察院合稱六部二院八衙門。較之明代七卿，這反映清初對於北方蒙古族的重視。後來，理藩院的管轄範圍逐漸擴大到藩部（西藏）和回部（新疆），不僅是中央管理少數民族的行政機構，也直接負責蒙古地區的立法工作，並掌管蒙古地區王公的封爵、會盟、户丁、刑獄、宗教、朝覲等諸多事務。先生從中國數千年歷史的宏觀角度評價理藩院，認爲是中國歷代封建王朝所絶無僅有的機構，並總結清代統治蒙古的策略是“修其教，不易其俗；齊其政，不移其宜”、“重建蒙旗，分而治之”。在這一策略之下，中國北部邊疆長治久安達百年之久，在中國歷史上是少見的。先生在文章中對蒙古盟旗制度的建立過程和作用、對清朝在蒙古、西藏地區大力提倡喇嘛教的意義和影響等方面的分析，絲絲入扣，令人信服，其觀點至今仍被大學教科書所採納。

進入20世紀八九十年代，先生在以上研究的基礎上，將視野擴大到清代對全國各民族的統轄政策。1980年發表《雍正西南改土歸流始末》一文，首先介紹了西南三省民族的分佈，接着詳敘了清代對西南的用兵次第、設治先後，列表分述流官的設置情況，明確指出，西南改土歸流的直接執行者是鄂爾泰，發號施令者是清世宗胤禛。該政策表面看來是“剿”、“撫”並用，實際上是以剿爲主，先剿後撫，清軍是通過殘酷殺戮西南少數民族人民來推行“改土歸流”政策的。當然，從長遠的歷史發展趨勢來看，通過該政策的實施，打通了西南三省的水陸交通線，加强了中央政府對三省的直接控制。改土官爲流官以後，革去了三省大部分地區割據稱雄的土官、土司，有利於國家的穩定，加速了三省少數民族社會封建化的過程，有利於三省少數民族經濟文化的發展。1992 年，先生於《中國社會科學》雜誌發表《論清代民族宗教政策》，通過對清代在東北地區、蒙古地區、新疆地區、西藏地區、西南地區所實行的各種民族、宗教政策進行實事求是的清理和深刻入微的分析，認爲清代的民族宗教政策是清代滿族統治者在中國民族地區開創的一整套適合當時國情、有利於多民族國家統一的成功政策。文章中諸多創建性的見解，令學術界耳目一新。譬如，先生認爲努爾哈齊在東北地區對各民族實行的招納、吸收、融合的政策，具有相容並包和一定的開放性；對於蒙、漢八旗，先生認爲："表面上看被編入八旗者都享有同等的權利和義務，但實質上滿族統治者實行的政策卻是與元朝劃分蒙古、色目、漢人、南人四個等級相類似的滿洲、蒙古、漢軍、漢人四個等級的民族政策相吻合，不但不以平等對待漢人，且亦不以平等對待漢軍、蒙古和其他族人。"與此前認爲蒙古、漢人入旗即爲滿族的觀點相比，先生的認識無疑又深入一層，使滿漢融合問題及民族認定問題有了更豐富的内涵。又如滿族統治者没有將東北邊緣地區的索倫（今鄂温克族）、達呼爾（今達斡爾族）、鄂倫春、錫伯、赫哲等編入八旗，使其仍然保持本民族的族名，從而分别成爲今天祖國民族大家庭的成員之一。在宗教信仰方面，滿族自古以來信奉薩滿教，但從後金時期就開始建立了藏傳佛教寺院，皇太極一直保持着與藏傳佛教上層的往來，説明滿族貴族的宗教政策是開明的。先生認爲，清朝在新疆所採取的民族宗教政策，在平定了準噶爾部噶爾丹和回部大小和卓木叛亂之後，對天山南北兩路採取的是旗治與民治的雙重政策，凡在北疆的土爾扈特、杜爾伯特、和碩特部之人皆編入八旗，設有札薩克，設置伊犁將軍及塔爾巴哈臺副都統，實行軍事統治。南疆回部則分建喀什噶爾、英吉沙爾等八城，設置辦事和領隊大臣等，實行民治。清代在新疆的宗教政策也是比較開明的。清朝統一南疆後，沿用其宗教信仰習俗，支持當時業已成爲新疆統治教派的伊斯蘭教白山派，禁止黑山派活動。先生在研究清朝對西藏和青海地區的民族宗教政策時指出，清代統治者一直高度尊崇藏傳佛教，因此在康、雍、乾三朝，西藏地方與中央王朝和睦共處，七世達賴和六世班禪都曾晉京，備受禮遇。使得西藏、青海民族地區基本穩定，有利於祖國的統一。

先生這些有關清代民族宗教政策的真知灼見，很快被學術界所接受，不久即收入高等學校研究生的專業教科書之中。《論清代民族宗教政策》的全文也於 1993 年被譯成英文在《中國社會科學》上發表，引起了國内外廣大學者的極大關注。當年，先生恰好 80 高齡。

老驥伏櫪，壯心不已。1994 年年底，由先生主編的研究中國民族史的鴻篇巨制 157 萬言的《中國民族史》由中國社會科學出版社正式出版。此著乃由十四位學者共同撰寫，先生最後删定成書。《中國民族史》是在科學的歷史理論與民族理論指導下集體撰寫而成的，集中了先生許多的學術思想和研究成果。自從 20 世紀之初梁啟超首先提出"中國民族史"的概念以來，1934 年北平文化學社出版了王桐齡的《中國民族史》，同年，世界書局出版吕思勉的《中國民族史》。但到 20 世紀 80 年代中期，還没有一部真正涵蓋整個中國各個民族、一直貫穿到新中國成立前的通史。于是，國家民族事務委員會決定邀請先生擔綱主編《中國民族史》。

先生主編的《中國民族史》，體大思精，多發前人所未發。所謂"體大"，具體來説就是全面而貫通。全面表現在本書包含了中國 56 個民族的歷史，貫通則在表現中國各民族從古至今（中華人民共和國建立）的完整歷程。最值得注意的是此書的宗旨，迺在於打破以漢民族爲中心的王朝體系，而以民族融合爲主綫，按歷史發展階段謀篇佈局，既承認漢民族在中華民族大家庭中的主體地位，對其他各民族亦能平等相待，肯定他們在中華民族發展壯大中的貢獻和作用。故全書枝多不蔓，經緯分明。在此之前的中國民族史專著，多是研究某個民族或某個地區、某個朝代的民族歷史，即使有通史之稱的中國民族史，也多爲古代民族史，而於近現代則很少涉及。先生主編的《中國民族史》則填補了這一空白。從中國傳統史學發展的角度而論，全面、貫通的思想和著作方法，是優秀史學傳統，從司馬遷的"通古今之變"，到近代梁啟超提出"中國民族史"概念的初衷，無不在致力於歷史的"貫通"，因爲只有"貫通"，才能夠"鑒前世之興衰，考當今之得失"。先生的《中國民族史》在民族史研究領域做出了表率。

該書的"思精"之處，舉不勝舉，俯拾即是。例如，在民族史研究的概念方面，該書不但避免了歷史上具有誣衊性質的族稱，如“猺”、“苗子”、“漢狗”等等，而且對於邊疆民族建立的政權或王朝，則避免使用“地方政權”、“民族國家”、“民族政權”等尚有争議而有待完善的概念。再如對於歷史上民族之間的戰争的性質，正義與非正義的標準，歷來説法不一。有人認爲統治階級發動的征服、鎮壓其他民族的戰争都是非正義的，被壓迫民族的反抗鬥争都是正義的；統一全國的戰争和反對民族分裂的戰争都是正義的，反之都是非正義的。先生的《中國民族史》則以科學的理論爲指導，具體問題具體分析，絶不籠統地“一刀切”，其原則是一定要看每一場戰争是由何原因而引起，戰争的後果和影響是積極的還是消極的。比如，唐代對突厥和對南詔的戰争，表面看來都是中央王朝發動的對地方少數民族的戰争，但是，前者是維護統一、制止掠奪的戰争，是正義的；而後者是唐王朝掠奪雲南少數民族的戰争，是非正義的。再如對於歷史上“民族英雄”的論述，經過深入研究，先生認爲，所有的“民族英雄”都是歷史上著名的英雄人物，但是，並非所有的“英雄人物”都是“民族英雄”。先生在《中國民族史》中明確界定：“民族英雄”一定要有“民族因素”，所謂的“民族因素”，即在民族關係或民族戰争中反映出來。按照這個標準，岳飛、戚繼光、鄭成功、松贊干布、骨力裴羅、完顏阿骨打、儂智高、成吉思汗、努爾哈齊等，都是“民族英雄”；而劉邦、項羽、曹操、李世民則不能稱爲“民族英雄”。歷史上漢族出身的民族英雄，不能僅稱之爲“漢族英雄”；同樣，少數民族出身的“民族英雄”，也不能僅稱爲“本民族的英雄”，他們既是本民族的英雄，也是中華民族的英雄。先生對於這些科學理論的成熟運用，不僅使《中國民族史》的各具體章節的寫作充滿着閃光的亮點，而且爲今後的中國民族史乃至世界民族史的研究，確立了原則，提供了範式。先生主編的這部《中國民族史》，數次獲得國家級社會科學成果的大獎，如今已成爲民族相關學科廣大學者的必讀書目。先生在中國民族史學術研究領域所做出的貢獻正在並將永久澤被後世。

先生六十多年的研究生涯，在清史、滿族史、民族史及文獻整理方面取得豐碩的成果，也給後人留下寶貴的治學經驗，值得認真總結。我們還來不及做好這件工作，以上所述，僅彙集我們自己的點滴體會，肯定遠不全面，評述也不一定中肯，有待以後繼續努力。但先生的學術貢獻是屬於整個學術界的。名也者，天下之公器。真正的學術成就必能經得起時間的檢驗，也只有時間纔能給予一個學者的研究最公正的評價。我們相信，王鍾翰的名字必定會在清史學、滿族史、民族史發展的豐碑上獲得他應有地位，永垂不朽。

（本文撰寫得到何齡修先生自始至終的熱情支持和鼓勵，郭松義先生答疑解惑，在此一並致謝。）

注　釋

① 參王戎笙《趙爾巽與中國古典史學的終結》一文，載《慶祝王鍾翰先生八十壽辰論文集》，遼寧大學出版社 1993 年版。又，1918 年許國英編撰的《清鑑易知録》流傳頗廣，其體裁仿朱熹《通鑑綱目》。

② 參何齡修《中國近代清史學科的一位傑出奠基人》一文，王戎笙《蕭一山和他的清史研究》一文，均載《清史論叢》第八輯，中華書局 1991 年版。

③ 何齡修《悼謝國楨先生》一文，載《清史論叢》第五輯，中華書局 1984 年版，將王鍾翰先生列爲“第二代的清史學家”，而以鄭天挺、謝國楨“是第一、二代清史學家之間的承先啟後的學者”。據先生生前言談，似並不認可這一定位。

④ 參余英時《顧頡剛、洪業與中國現代史學》一文，《文化傳統與文化重建》，三聯書店 2004 年版。

⑤ 楊啓樵《雍正帝及其密摺制度研究》一書，上海古籍出版社 2003 年版，第 54 頁：“王鍾翰先生的雍正篡立說，共有兩文:《清世宗奪嫡考實》和《胤禎西征紀實》。這兩篇似較孟文影響更深：孟文間有剪裁失當處，如上諭、傳記整篇照抄，以致散漫蕪雜，眉目不清。王文則以豐富的史料作後注，使本文精煉可讀，是不可多得的佳構。”楊先生又在《康熙遺詔與雍正篡立》一文中說，先生“四十餘年前有關雍正奪嫡的兩篇宏文，時至今日，依舊是探討這個問題的必讀之作”。文載《清史論叢》，遼寧人民出版社 1992 年版。

⑥ 見孟森《清世宗入承大統考實》一文，載孟森《明清史論著集刊》，中華書局 1959 年版，第 519 頁。

⑦ 見《王鍾翰學術論著自選集》，中央民族大學出版社 1999 年版，第 298 頁。

⑧ 前引《清世宗入承大統考實》一文云：“清之改實録，乃累世視爲家法。人第知清初國故，皆高宗所删汰僅存，殊不知清列朝實録，直至光緒間猶修改不已。其經蔣氏《東華録》所録者，固已異於王《續録》時所見之本，而王《録》成於光緒十年，偶一與《實録》庫中

之官本對勘，又删去重要史實甚多。”

⑨ 前引余英時《顧頡剛、洪業與中國現代史學》寫道：“洪先生晚年對他在燕京大學所培養出來的幾位史學家常常稱道不置，如齊思和先生的春秋戰國史、聶崇岐先生的宋史、翁獨健先生的元史、王鍾翰先生的清史，都是洪先生所激賞的。”

⑩《王鍾翰手寫甲丁日記》，中央民族大學圖書館，2005 年印製。

⑪ 見孟森《明清史講義》，中華書局 1986 年版，第 372 ~ 373 頁。

⑫ 孟森《女真源流考略》一文即云：“女直自正統後，止有亡失故官，無更置新職之事。且建州漸横，明無馭邊之方，奴兒干都司已撤至開原以南，領土之名係虚有，又何從增置衛所。”載《明清史論著集刊續編》，中華書局 1986 年版。明修邊牆一事參張維華《明遼東邊牆建置沿革考》一文，作於 1934 年，載《晚學齋論文集》，齊魯書社 1986 年版。

⑬ 見王鍾翰《清史新考》，遼寧大學出版社 1990 年版，第 21 頁。

⑭ 即以目前中國最權威的《中國經濟通史》爲例，經濟日報出版社 2000 年版，吴承明先生在該書總序中寫道：“各卷都以馬克思主義基本原理爲指導，有基本一致的世界觀和歷史觀。”“本書認爲中國經歷了原始社會、奴隸制社會和封建社會的嬗遞。”可見歷史唯物論在中國史學研究中仍有很大影響。

⑮ 孟森《明清史講義》下册，第 268 頁。

⑯ 陳垣《明季滇黔佛教考·外宗教史論著八種》，列入《二十世紀中國史學名著》，河北教育出版社 2000 年版，下册，第 568 頁。

⑰ 詳見《王鍾翰學述》一書相關章節，浙江大學出版社 1999 年版。

⑱ 參見王鍾翰《清心集》，新世界出版社 2002 年版，第 110 ~ 111 頁。

⑲ 鄭天挺《清史語解》，載《探微集》，第 136 頁。

⑳ 載王鍾翰《清史新考》，遼寧大學出版社 1990 年版，第 44 ~ 58 頁。

㉑ 本文初載《社會科學戰線》，1981 年第 1 期。後收入《滿族史研究集》，中國社會科學出版社 1987 年版，第 1 ~ 16 頁。並見《清史續考》，華世出版社 1993 年版，第 43 ~ 79 頁。

㉒ 載《清史新考》，遼寧大學出版社 1990 年版，第 59 ~ 70 頁。

㉓ 這一説法初見於《關於滿族形成中的幾個問題》中第四節“漢軍旗人的從屬問題”，見《清史新考》，第 53 頁。

㉔ 王鍾翰《清史續考》，第 198 ~ 217 頁。

㉕ 王鍾翰《清史新考》，第 71 ~ 86 頁。

㉖ 王鍾翰《清史續考》，第 218 ~ 232 頁。

㉗ 對這一論點，先生在《清心集》的第八節“千慮一得”中闡述得最爲清楚，見第 125 ~ 126 頁。

㉘ 陳垣先生《湯若望與木陳忞》一文《引言》説："楊丙辰先生眎我新譯德人魏特著湯若望傳，凡十四章，四十餘萬言，余讀而善之，中引湯若望回憶録載順治朝軼事甚多，足以補國史之闕略。嘗以與北遊集對讀，所言若合符節，間有差異，亦由宗教觀念之不同，事實並無二致。"見《陳垣學術論文集》第一集，中華書局1980年版，第484頁。

㉙ 見《姚薇元北朝胡姓考序》一文，載《金明館叢稿二編》。

㉚ 見該文《附録二·作者答胡適之君書》，載《明清史論著集刊續編》，第168頁。

㉛ 見《附録一·胡適之君來書》，胡適頗不客氣指出："惟讀後終不免一個感想，即是終未能完全解釋'皇父'之稱之理由。""終嫌'皇父'之稱似不能視爲與'尚父'、'仲父'一例。"載《明清史論著集刊續編》，第167頁。胡適自是嚴謹的態度，而孟森的答書實不足以釋胡適之疑。

㉜ 文載《探微集》，中華書局1980年版；後改名《多爾衮稱皇父之臆測》，收入《清史探微》，北京大學出版社1999年版。

㉝ 《清史新考》第96頁："鄭先生特别注意檔案材料的重要性。""鄭先生的考訂縝密，取材翔實，有許多地方可以補孟先生的不足，並有所前進。"

㉞ 孟森《太后下嫁考實》云："順治四年以後，内外奏疏中亦多稱'皇父'。"但未注明根據。鄭天挺先生於《多爾衮稱皇父攝政王之由來》文尾特地注明，史語所清代檔案均由李光濤先生檢示，北大文科所檔案均楊向奎先生檢示，故宫文獻館所藏《清實録》由劉官諤、單士元兩先生檢示；滿文均由李永年先生音釋。

㉟ 蔣氏《東華録》所載詔旨不全，先生藏有"韓玉田於六十年代初從北京故宫博物院鈔出寄我"之全文。

㊱ 先生於《釋汗依阿瑪》一文附注中指出：順治二年的"三件檔案中均有'皇上'與'皇叔父攝政王'字眼，均並寫擡頭，又適在加封'皇叔父攝政王'一個月之後。'皇叔父'既可以與'皇上'並列擡頭，則亦可爲'皇父'高於'皇上'一格之佐證，其'皇父'不啻等於'太上皇'無疑"。

㊲ "新清史"學派强調兩點：第一點，强調清朝統治與歷代漢族王朝的區别、强調清朝統治中的滿洲因素，他們認爲清朝能夠成功地將如此衆多的民族、文化統一在一個政權之内的重要原因之一，就是滿族統治者的"非漢因素"，是他們與東北、西北諸族在血緣、文化上的聯繫，以及這些民族對滿洲而非漢族存在的那種認同。第二點，"新清史"的學者深刻感受到，對於這些清朝新征服的少數民族地區，對於這些被"大一統"統進中國的新臣民，他們如何記録、如何看待清朝的統治，僅僅憑藉由漢人記載的漢文史料是遠遠不夠的，非要從他們自己的文獻中才能得到較爲真實和客觀的答案，而他們的文獻，大多數採用的是他們自己的文字。何況清朝統治者與他們來往的官方檔案文書，直到清朝中葉甚至以後，也多用滿

文書寫，所以“新清史”的學者特別强調對於滿文、蒙古文和藏文等少數民族史料的運用（引自 Mark Elliott：Manchu Studies in Europe and the United States：Past，Present，and Future for International Symposium，Frontiers of East Asian Studies，Gakushuuin University，Tokyo，未刊稿）。

㊳ 見《姚薇元北朝胡姓考序》一文。

㊴ 見前引楊啓樵《雍正帝及其密摺制度研究》一書，第57頁，《胤禵易名説》一節。

㊵ 見《滿族研究中的幾個問題》一文，載《清史新考》。

㊶ 見《明清史講義》下册，第三編《總論》第一章《清史在史學上之位置》；《清史稿應否禁錮之商榷》一文，載《明清史論著集刊續編》。

㊷ 見《清聖祖遺詔考辨》一文結尾，載《王鍾翰學術論著自選集》。

㊸《滿族形成中的幾個問題》一文，《清史新考》，第56頁。

㊹ 見《清政府對臺灣鄭氏關係之始末》一文，撰於1982年，載《清史新考》。

㊺ 參見《試論理藩院與蒙古》、《雍正西南改土歸流始末》、《清代民族宗教政策》等文。

㊻ 見《四庫禁燬書研究》，北京出版社1999年版，第16頁。

㊼ 同上書，第5頁。

㊽ 文載《清史論叢》第二輯，中華書局1980年；後改名爲《瀋陽太平寺錫伯碑文淺釋》，收入《清史新考》。

Professor Wang Zhonghan's Academic Accomplishments And His Position in The Historiographical Field

Zhong Dizi

Summary

Professor Wang Zhonghan is a famous Chinese historian of modern times. In his 60-ol-year career of research, he has made great contributions to modern China studies of Qing Dynasty history, the Manchu Nationality and Chinese Nation history. Following Profs. Meng Sen and Zheng Tianting, he became and has been all along an outstanding representative of the Qing historians in modern China. He is engaged in initial researches on Qing Dynasty laws and institutions, the Qing people's social formation before their entering the Shanhai Pass, and a series of important problems of the earlier Qing period. Prof. Wang is a founder and pioneer of Manchu history and Manchu-ology in modern China. His studies into the Manchu's origin, formation and evolution, the Manchu and Han nationalities' mutual relations, infiltration and amalgamation and lots of important institutions in Manchu society promote greatly the development of this discipline. His fusing together the studies of Qing and Manchu histories embodies his unique academic style and ideological foresightedness. Researching into Manchu history against a background of Qing historiography, he enriches the contents of Manchu historical study and furnishes it with the character of modern historiography; while in his study of Qing history, he pays full attention to the application of historical data in both Manchu and Chinese and to the investigation of Manchu characteristics in the system of government, thus, to speak essentially, he develops and deepens traditional Qing historiography, which heralds new prospects of the discipline. Moreover, Prof. Wang has made excellent accomplishments in the systematization of the basic Manchu and Chinese literature handed down from the Qing period, as well as in the study of the Chinese Nation's history.

《燕京學報》新一期至新二十五期目錄

新一期

新二期

新三期

新四期

新五期

新六期

新七期

新八期

新九期

新十期

新十一期

新十二期

新十三期

新十四期

新十五期

新十六期

新十七期

新十八期

新十九期

新二十期

新二十一期

新二十二期

新二十三期

新二十四期

新二十五期